全国普通高等院校
信息管理与信息系统专业规划教材

信息系统分析与设计
（第2版）

杨选辉　郭路生　王果毅　主编

清华大学出版社
北京

内 容 简 介

本书全面系统地阐述信息系统建设的基本理论、方法和工具。全书共11章。第1、2章介绍信息系统的相关概念和开发概论等；第3～7章采用传统的结构化开发方法，按照信息系统的生命周期详细地介绍信息系统的开发过程，包括信息系统的规划、需求分析、设计、实施、运行与维护等；第8～10章着重介绍当前最流行的面向对象的信息系统分析与设计方法；第11章介绍信息系统建设过程中的项目管理知识。每章均提供了习题。全书结构清晰，内容系统，素材丰富，突出实例教学，强调实用，能帮助读者在较短的时间内熟悉和掌握信息系统的开发流程及常用的方法和工具。

本书可作为高校信息管理与信息系统专业、计算机应用专业的教材，也可作为从事信息系统建设和计算机应用工作的技术人员、管理人员的参考书。

本书封面贴有清华大学出版社防伪标签，无标签者不得销售。
版权所有，侵权必究。举报: 010-62782989, beiqinquan@tup.tsinghua.edu.cn。

图书在版编目(CIP)数据

信息系统分析与设计/杨选辉，郭路生，王果毅主编. —2版. —北京: 清华大学出版社, 2019
(2024.6重印)
(全国普通高等院校信息管理与信息系统专业规划教材)
ISBN 978-7-302-52970-5

Ⅰ. ①信… Ⅱ. ①杨… ②郭… ③王… Ⅲ. ①信息系统－系统分析－高等学校－教材 ②信息系统－系统设计－高等学校－教材 Ⅳ. ①G202

中国版本图书馆 CIP 数据核字(2019)第 085522 号

责任编辑: 焦　虹　战晓雷
封面设计: 何凤霞
责任校对: 时翠兰
责任印制: 刘　菲

出版发行: 清华大学出版社
网　　址: https://www.tup.com.cn, https://www.wqxuetang.com
地　　址: 北京清华大学学研大厦A座
邮　　编: 100084
社 总 机: 010-83470000
邮　　购: 010-62786544
投稿与读者服务: 010-62776969, c-service@tup.tsinghua.edu.cn
质量反馈: 010-62772015, zhiliang@tup.tsinghua.edu.cn
课件下载: https://www.tup.com.cn, 010-83470236

印 装 者: 三河市龙大印装有限公司
经　　销: 全国新华书店
开　　本: 185mm×260mm
印　　张: 19.5
字　　数: 451千字
版　　次: 2007年7月第1版　2019年9月第2版
印　　次: 2024年6月第8次印刷
定　　价: 56.00元

产品编号: 071039-02

前言

1. 本书第 2 版说明

本书的初版于 2007 年出版,书中对信息系统开发的过程做了全面介绍,十多年来,深受读者的好评。随着信息技术的快速发展,信息理论与方法也在不断完善,为此,作者推出了第 2 版,对教材的框架做了一些调整,对内容也做了一定的修改和整合,这一版由原来的 14 章精简为 11 章,使其与信息系统的开发生命周期更加吻合。

2. 本书内容及学习目标

本书首先从信息系统的基本概念出发,按照传统的结构化开发方法由浅入深地系统介绍了信息系统的规划、需求分析、设计、实施、运行与维护的全过程;然后着重介绍了当前最为流行的面向对象的信息系统分析与设计方法;最后介绍了一些信息系统项目管理方面的知识。

期望学生通过本书的学习达到以下目标:在具备了程序设计、计算机网络、数据库等知识的基础上,系统地掌握信息系统开发的基本理论知识、开发技术和方法,建立信息系统开发的总体思路,培养开发信息系统的初步能力,为今后从事信息管理和信息系统的开发工作打下坚实的理论基础。

3. 本书特点

本书的主要特点如下。

(1) 实用。本书精选信息系统开发过程中最基本、最实用的知识进行详细介绍,注重可读性、实用性和可操作性,尽可能让学生在较短的时间里掌握信息系统分析与设计最重要、最核心的内容。

(2) 精练。本书按照教学规律精心设计内容和结构,按照循序渐进、由易到难的原则进行合理编排,从理论到方法,再从方法到实践,突出实例教学。全书内容系统精练,例题具有代表性,语言简单明了、通俗易懂。

（3）方便。本书每章最后均提供了习题，供学生巩固所学知识和自测使用。通过登录 http://ncu.fanya.chaoxing.com 搜索课程名"网站设计与开发"或作者名可找到支撑本书学习的网络教学平台，大大方便了老师的教与学生的学。

4. 本书编写分工说明

本书由南昌大学的杨选辉和郭路生、北京中联环信科技有限公司的王果毅拟订大纲并担任主编。第 1、2 章由郭路生、刘春年编写、第 3～8 章和附录由杨选辉编写，第 9、10 章由王果毅、张婕钰、赵珑编写，第 11 章由胡小飞、尧志华编写。

本书得到了南昌大学教材出版项目的资助。

由于作者水平有限，书中难免有不足之处，敬请读者批评指正。

作者

2019 年 6 月

目 录

第 1 章 信息系统导论 ... 1

- 1.1 信息 ... 1
  - 1.1.1 信息的概念 ... 1
  - 1.1.2 信息的特性 ... 2
  - 1.1.3 信息的分类 ... 3
  - 1.1.4 信息与决策 ... 3
- 1.2 系统 ... 5
  - 1.2.1 系统的概念 ... 5
  - 1.2.2 系统的特性 ... 5
  - 1.2.3 系统的分类 ... 6
  - 1.2.4 系统方法 ... 7
- 1.3 信息系统 ... 8
  - 1.3.1 信息系统的概念 ... 8
  - 1.3.2 信息系统的发展 ... 9
  - 1.3.3 信息系统的功能 ... 11
  - 1.3.4 信息系统的结构 ... 14
  - 1.3.5 信息系统的应用 ... 16
- 1.4 信息化与信息社会 ... 29
- 1.5 信息意识、信息道德和信息素质 ... 31
- 习题 1 ... 34

第 2 章 信息系统开发概论 ... 36

- 2.1 信息系统的用户及其需求 ... 36
- 2.2 信息系统的开发规律 ... 37
- 2.3 信息系统的生命周期 ... 39
- 2.4 信息系统的开发方法 ... 41
  - 2.4.1 早期开发方法的不足 ... 41

2.4.2　结构化开发方法 …………………………………………… 42
　　　2.4.3　原型法 …………………………………………………… 45
　　　2.4.4　面向对象的开发方法 ………………………………………… 48
　　　2.4.5　开发方法的选择 …………………………………………… 49
　2.5　信息系统的开发环境 ……………………………………………… 49
　　　2.5.1　信息系统的开发方式 ………………………………………… 49
　　　2.5.2　信息系统建设的技术部门 …………………………………… 50
　习题 2 …………………………………………………………………… 51

第 3 章　信息系统规划 …………………………………………………… 53

　3.1　信息系统规划概述 ………………………………………………… 53
　　　3.1.1　信息系统规划的概念 ………………………………………… 53
　　　3.1.2　信息系统规划的特点 ………………………………………… 53
　　　3.1.3　信息系统规划的原则 ………………………………………… 54
　3.2　信息系统规划的主要内容 ………………………………………… 54
　　　3.2.1　信息系统的战略规划内容 …………………………………… 54
　　　3.2.2　业务流程规划 ………………………………………………… 55
　　　3.2.3　总体结构规划 ………………………………………………… 56
　　　3.2.4　项目实施与资源分配规划 …………………………………… 57
　3.3　信息系统规划的步骤 ……………………………………………… 57
　3.4　信息系统规划方法 ………………………………………………… 59
　　　3.4.1　企业系统规划法 ……………………………………………… 60
　　　3.4.2　战略目标集转移法 …………………………………………… 62
　　　3.4.3　关键成功因素法 ……………………………………………… 64
　　　3.4.4　3 种系统规划方法的比较 …………………………………… 65
　3.5　可行性研究 ………………………………………………………… 66
　　　3.5.1　可行性研究概述 ……………………………………………… 66
　　　3.5.2　可行性研究的步骤和工具 …………………………………… 66
　　　3.5.3　可行性研究的内容 …………………………………………… 70
　　　3.5.4　可行性研究报告 ……………………………………………… 74
　习题 3 …………………………………………………………………… 75

第 4 章　信息系统的需求分析 …………………………………………… 76

　4.1　需求分析概述 ……………………………………………………… 76
　　　4.1.1　需求分析的任务和目的 ……………………………………… 76
　　　4.1.2　需求分析的难点 ……………………………………………… 77
　　　4.1.3　需求分析的步骤 ……………………………………………… 77

4.1.4 需求分析的原则 ……………………………………………………… 78
　　　4.1.5 需求分析方法 …………………………………………………………… 78
　4.2 结构化分析方法 ……………………………………………………………………… 79
　　　4.2.1 数据流图 ………………………………………………………………… 79
　　　4.2.2 数据字典 ………………………………………………………………… 88
　　　4.2.3 加工逻辑的描述 ………………………………………………………… 92
　　　4.2.4 需求分析的其他工具 …………………………………………………… 96
　4.3 需求分析文档及评审 ………………………………………………………………… 99
　习题 4 ……………………………………………………………………………………… 101

第 5 章 信息系统的设计 …………………………………………………………………… 103

　5.1 系统设计的基本原理和优化规则 …………………………………………………… 103
　　　5.1.1 系统设计的基本原理 …………………………………………………… 103
　　　5.1.2 系统设计的优化规则 …………………………………………………… 108
　5.2 总体设计概述 ………………………………………………………………………… 110
　　　5.2.1 总体设计的目的和任务 ………………………………………………… 110
　　　5.2.2 总体设计说明书 ………………………………………………………… 112
　　　5.2.3 总体设计的图形工具 …………………………………………………… 112
　5.3 面向数据流的总体设计方法 ………………………………………………………… 114
　　　5.3.1 数据流图的类型 ………………………………………………………… 115
　　　5.3.2 变换分析 ………………………………………………………………… 116
　　　5.3.3 事务分析 ………………………………………………………………… 121
　　　5.3.4 混合结构分析 …………………………………………………………… 122
　　　5.3.5 总体设计的实例 ………………………………………………………… 123
　5.4 详细设计概述 ………………………………………………………………………… 125
　5.5 详细设计的工具 ……………………………………………………………………… 127
　5.6 结构化程序设计方法 ………………………………………………………………… 134
　5.7 人机界面设计 ………………………………………………………………………… 136
　　　5.7.1 用户的使用需求分析 …………………………………………………… 136
　　　5.7.2 人机界面设计原则 ……………………………………………………… 138
　　　5.7.3 人机界面设计经验 ……………………………………………………… 139
　习题 5 ……………………………………………………………………………………… 141

第 6 章 信息系统的实施 …………………………………………………………………… 145

　6.1 信息系统的程序编码 ………………………………………………………………… 145
　　　6.1.1 程序设计语言 …………………………………………………………… 145
　　　6.1.2 程序的编码风格 ………………………………………………………… 148

6.2 信息系统的测试 ………………………………………………………… 154
6.2.1 系统测试的基本概念 ……………………………………………… 154
6.2.2 系统测试的步骤 ………………………………………………… 159
6.2.3 系统测试方案的设计 ……………………………………………… 164
6.2.4 实用综合测试策略 ………………………………………………… 176
6.3 系统调试 ………………………………………………………………… 179
6.3.1 系统调试的过程 …………………………………………………… 179
6.3.2 系统调试的方法 …………………………………………………… 179
6.3.3 系统调试的原则 …………………………………………………… 181
习题 6 ………………………………………………………………………… 182

第 7 章 信息系统的运行与维护 …………………………………………… 186
7.1 信息系统的运行 ………………………………………………………… 186
7.1.1 运行的组织 ………………………………………………………… 186
7.1.2 建立系统运行的规章制度 ………………………………………… 187
7.1.3 日常运行的管理 …………………………………………………… 187
7.2 信息系统的维护 ………………………………………………………… 188
7.2.1 系统维护的基本概念 ……………………………………………… 189
7.2.2 系统维护工作量的估算和影响因素 ……………………………… 191
7.2.3 系统维护的策略 …………………………………………………… 192
7.2.4 系统维护任务的实施 ……………………………………………… 193
7.2.5 系统的可维护性 …………………………………………………… 195
习题 7 ………………………………………………………………………… 197

第 8 章 面向对象的信息系统开发基础 …………………………………… 199
8.1 面向对象方法概论 ……………………………………………………… 199
8.1.1 面向对象的含义及基本思想 ……………………………………… 199
8.1.2 面向对象方法的发展及现状 ……………………………………… 200
8.1.3 面向对象的基本概念 ……………………………………………… 201
8.1.4 面向对象的基本特征 ……………………………………………… 203
8.1.5 面向对象方法的优势 ……………………………………………… 206
8.1.6 面向对象系统开发过程 …………………………………………… 207
8.1.7 面向对象的方法、开发语言和建模工具 ………………………… 208
8.2 面向对象建模语言 UML ……………………………………………… 209
8.2.1 UML 发展历史 …………………………………………………… 209
8.2.2 UML 基本构成要素 ……………………………………………… 210
习题 8 ………………………………………………………………………… 217

第 9 章　面向对象的系统分析 ……………………………………………… 218

9.1　面向对象的系统分析概述 …………………………………………… 218
9.1.1　面向对象分析的概念 ……………………………………… 218
9.1.2　面向对象分析的内容 ……………………………………… 218
9.2　建立需求模型 …………………………………………………………… 219
9.2.1　确定系统边界 ……………………………………………… 220
9.2.2　发现参与者 ………………………………………………… 220
9.2.3　定义用例 …………………………………………………… 222
9.2.4　确定用例与参与者之间的关系 …………………………… 225
9.2.5　建立用例之间的关系 ……………………………………… 225
9.2.6　绘制和审查用例图 ………………………………………… 227
9.3　建立分析模型 …………………………………………………………… 229
9.3.1　静态分析 …………………………………………………… 229
9.3.2　动态分析 …………………………………………………… 235
9.4　面向对象的需求分析实例 …………………………………………… 236
9.4.1　系统的功能需求分析 ……………………………………… 236
9.4.2　建立需求模型 ……………………………………………… 238
9.4.3　系统分析 …………………………………………………… 240
习题 9 ………………………………………………………………………… 243

第 10 章　面向对象的系统设计 …………………………………………… 244

10.1　设计概述 ……………………………………………………………… 244
10.2　系统架构设计 ………………………………………………………… 244
10.3　子系统设计 …………………………………………………………… 246
10.4　设计类的建立 ………………………………………………………… 247
10.4.1　设计类图的构建 ………………………………………… 247
10.4.2　交互图的设计 …………………………………………… 249
10.5　数据库的设计 ………………………………………………………… 251
10.6　人机交互部分的设计 ………………………………………………… 255
10.6.1　人机交互部分的需求分析 ……………………………… 255
10.6.2　人机交互部分的实现 …………………………………… 255
10.7　面向对象系统设计的实例 …………………………………………… 258
习题 10 ……………………………………………………………………… 263

第 11 章　信息系统项目的管理 …………………………………………… 264

11.1　信息系统项目的成本管理 …………………………………………… 264

  11.1.1 资源计划 ·········· 265
  11.1.2 成本估算 ·········· 265
  11.1.3 成本预算 ·········· 267
  11.1.4 成本控制 ·········· 267
 11.2 信息系统项目的风险管理 ·········· 268
  11.2.1 风险分类 ·········· 268
  11.2.2 风险识别 ·········· 269
  11.2.3 风险预测与评估 ·········· 269
  11.2.4 风险管理 ·········· 271
 11.3 信息系统项目的时间管理 ·········· 272
  11.3.1 信息系统项目进度的控制 ·········· 272
  11.3.2 常用的进度计划方法 ·········· 273
 11.4 信息系统项目的质量管理 ·········· 276
  11.4.1 项目质量的定义 ·········· 276
  11.4.2 项目质量的度量和评价 ·········· 277
  11.4.3 项目质量的保证 ·········· 278
 11.5 信息系统项目的人员管理 ·········· 280
  11.5.1 项目的人员组织方式 ·········· 280
  11.5.2 项目开发中的人力资源分配 ·········· 282
 11.6 信息系统项目的文档管理 ·········· 284
  11.6.1 文档的内容与归类 ·········· 284
  11.6.2 文档编制的质量要求 ·········· 286
  11.6.3 文档的规范化管理 ·········· 287
习题 11 ·········· 289

附录 A 课程实验 ·········· 291

参考文献 ·········· 300

第 1 章

信息系统导论

1.1 信 息

1.1.1 信息的概念

1. 信息的定义

信息（information）作为与物质、能源并列的三大资源之一，在现代社会发展过程中发挥着越来越重要的作用。特别是随着知识经济时代的到来，以信息为基础的知识已经成为决定经济增长的直接因素。当前信息化的发展水平已经成为衡量一个国家、一个地区现代化水平和综合实力的重要标志。

信息是一个较为抽象的概念，其概念已渗透到信息论、控制论、生物学、管理科学等许多领域，因此信息的定义应具有普遍性，能适应其所涉及的一切领域。一般认为，信息是关于客观事实的可通信的知识。这个定义可以从以下 3 方面来理解：首先，信息反映的是客观世界各种事物的特征；其次，信息是可以通信的，信息通信是客观事物联系的基本方式之一；最后，信息与人类认知能力相结合，可以形成知识。

信息涉及诸多学科，不同学科对其也有不同的理解。从信息管理与信息系统的角度出发，信息可定义为经过加工后的数据，它对接收者的决策或行为具有现实或潜在的价值。

信息不同于数据。数据是记录客观事物的可鉴别的符号，这些符号不仅指数字，而且包括文字、图形、声音等。数据本身没有意义，具有客观性，数据要经过处理和解释后才有意义，才成为信息。可以说，信息是经过加工并对客观世界产生影响的数据。例如，MIS 这本身只是数据，没有任何意思，只有经过解释后被翻译为"管理信息系统"，才成为信息。数据与信息的关系可以看作原材料与产品的关系，如图 1-1 所示。

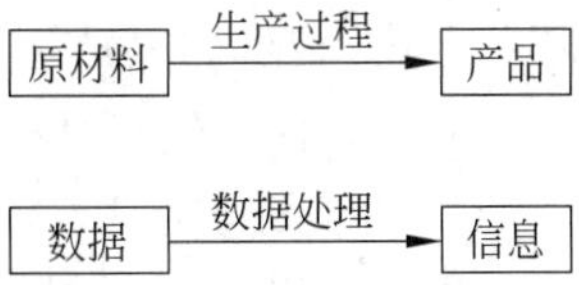

2. 信息循环

信息的运动存在于事物的相互联系与相互作用之中。

图 1-1 数据与信息的关系

在信息运动过程中,信息的发生者称为信源,信息的接收者称为信宿,传播信息的媒介称为载体,信源和信宿之间信息交换的途径与设备称为信道。信源、信宿与载体构成了信息运动的 3 个要素。当然,在信息运动过程中,由于事物的作用是相互的,所以信源与信宿也是相对而言的。如果把信息接收者(信宿)作为主体,将信源作为客体,主体接收来自客体的信息,进行处理(分析、评价、决策),客体根据处理后的信息付诸行动(实施),这种主体的行动反过来又影响客体的活动,称为信息反馈。信息从客体传输到主体,经过接收、处理、实施各环节反馈到客体,就形成了一个信息运动的循环,称为信息循环,如图 1-2 所示。

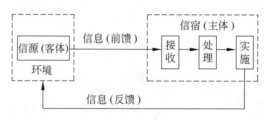

图 1-2　信息循环

1.1.2　信息的特性

从信息系统的角度看,信息具有以下基本特性。

(1) 事实性。事实性是信息最基本的属性,它是指信息是客观存在的,同时信息又是符合客观事实的。只有遵循事实的信息才有价值,否则,不仅没有价值,而且价值可能为负,害人害己。

(2) 扩散性。扩散性是信息的本性。信息可以通过各种渠道向各方传播,俗话"没有不透风的墙"就说明了信息扩散的威力。信息的扩散性存在两面性:既有利于知识的传播,又造成信息贬值,不利于保密。因此,在信息系统的建设中,若没有很好的保密手段,就可能给用户带来损失,造成系统开发的失败。

(3) 共享性。信息可以共享,这与物质不同。物质不能共享,例如,给别人一支笔,自己就少一支笔。而信息不同,例如股票信息为股民共享,不会因某人获得信息而使他人获得的信息减少。

(4) 不完全性。关于客观事实的知识不可能全部得到,往往也没有必要收集全部信息,应根据需要收集有关信息,但不能主次不分。只有正确地舍弃无用的和次要的信息,才能正确地使用信息。

(5) 时效性。信息从获取、传输、存储、加工到使用有一定的时间间隔。信息超过时限就失去或者削弱了利用的价值。上述处理过程的时间间隔越短,信息的利用越及时,利用的效率就越高,其产生的价值也就越大。

(6) 等级性。信息具有等级性,不同级别的管理者对同一事物所需的信息也不同。企业的信息一般分为战略级、战术级和作业级(分别对应公司级、工厂级、车间级),处在不同级别的管理者有不同的职责,处理的决策类型不同,所需的信息也不同。

1.1.3 信息的分类

信息从不同角度可以分成不同类型。

（1）按产生信息的客体的性质来划分，信息可分为自然信息、生物信息、机器信息和社会信息。

自然信息包括瞬时发生的声、光、热、电，形形色色的天气变化，缓慢的地壳运动，天体演化等。生物信息是生物为繁衍生存而表现出来的各种形态和行为，如遗传信息、生物体内的信息交流、动物种群内的信息交流等。机器信息是机器在运行中产生的信息。社会信息是指人与人之间交流的信息，既包括通过手势、身体、眼神所传达的非语义信息，也包括用语言、文字、图表等所传达的语义信息，即一切对人类社会运动变化状态的描述。按照涉及人类活动领域的不同，社会信息又可分为科技信息、经济信息、政治信息、军事信息和文化信息等。

（2）以信息所依附的载体为依据，信息可以划分为文献信息、口头信息和电子信息。

文献信息是指以文字、符号、声像等为载体，经人们筛选、归纳和整理后记录下来的信息。它与人工符号本身没有必然的联系，但要通过符号系统实现其传递。文献信息是一种相对固化的信息，一经"定格"在某种载体上，就不能随外界的变化而变化了。其优点是易识别、易保存、易传播；缺点是不能随外界的变化而变化，固化是文献信息老化的原因。

口头信息是指存在于人脑记忆中，通过交谈、讨论、报告等方式交流传播的信息。它反映了人们的思考、见解、看法和观点，是研究的起源。口头信息具有出现早、传递快、偶发性强的特点，但缺乏完整性和系统性，大部分转瞬即逝，难以保存。

电子信息是计算机技术、通信技术、多媒体技术和高密度存储技术迅速发展的产物，它是当今发展最快，最具应用价值和发展前途的新型信息。

（3）以管理的层次为依据，信息可以划分为战略级信息、战术级信息和作业级信息。

战略级信息是指帮助高层管理人员制定组织的长期发展战略和进行重大决策的信息，如未来经济状况的预测信息。战略级信息一般来自企业外部。

战术级信息是帮助中层管理人员监督和控制业务活动，有效地分配资源的信息，如各种报表信息，一般来自企业所属各部门并跨越各部门，属于企业内部信息。

作业级信息是反映组织具体业务情况的信息，如应付款信息、入库信息等，一般用于解决日常性的问题，用于保证切实地完成具体任务。

信息分类还有其他一些方法。例如，以信息的记录符号为依据，可划分为语音信息、图像信息、文字信息、数据信息等；以信息的运动状态为依据，可划分为连续信息、离散信息；以信息的加工层次为依据，可划分为原生信息（或初始信息）和再生信息（或二次信息、三次信息等），后者是对原生信息进行加工后的输出结果，也是信息检索的主要对象；以信息在系统中的流向为依据，可划分为输入信息、中间信息和输出信息等。

1.1.4 信息与决策

信息是管理的基础，其对管理的支持归根到底是对决策的支持。"知己知彼，百战不殆",说明内外信息在指挥决策中的重要地位。

1. 信息是决策的关键因素

以西蒙(A. Simon)为代表的决策理论学派认为,整个管理过程就是一系列的决策过程,"管理就是决策",而信息是决策的关键因素。根据西蒙建立的决策过程的基本模型,决策过程包括 3 个阶段,如图 1-3 所示。

(1) 情报阶段(Intelligence Phase)。决策的第一步是调查企业内外的情况,搜集有关数据并进行分析处理,以发现问题,寻找机会。

(2) 设计阶段(Design Phase)。问题确立之后,提出各种解决问题的可能方案,对这些方案进行可行性分析,排除不可行的方案,将可行的方案及其优缺点整理出来,作为下一阶段进行抉择的依据。在进行分析时,可能发现第一阶段收集的数据不够,这时应返回第一阶段。

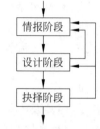

图 1-3　西蒙决策模型

(3) 抉择阶段(Choice Phase)。设计阶段结束后,决策者按共同的准则对可行的方案进行比较,选出一种方案并付诸实施。在方案实施过程中,决策者还应进行监督,收集反馈信息,对行动方案进行必要的调整与修正。

在第三阶段也可能发现第二阶段提供的几种方案都不能令人满意,或因某种不确定因素而无法判定方案优劣。这时决策者就要返回第二阶段重新设计方案,或返回第一阶段进一步收集数据,以减小这些不确定性。

可见,信息贯穿了整个决策过程。

2. 结构化决策与非结构化决策

所谓结构化决策,是指建立在清楚的逻辑基础上的决策。这类决策可事先规定明确的决策规则,这些决策规则可以用文字形式的决策步骤来表示,也可以用数学公式或决策树、决策表来表示。由于决策规则明确,结构化决策的制定不需要专门的知识和丰富的经验,可以由企业中较低层次的人员完成。人们可以根据习惯或按标准的作业规程做出决策,也可以建立专门机构,负责处理大量的日常决策问题。这类决策还可以由计算机自动做出,所以又称为程序化决策。

非结构化决策是没有明确决策规则的决策。之所以没有明确的决策规则,可能是人们还没有理清其中的逻辑,也可能是这类决策问题过去没有遇到,而且今后也很难遇到,因而不值得花过高的代价去探讨其中的逻辑。由于没有明确的决策规则作依据,在做出非结构化决策时,决策者往往凭自己的经验、学识和创造力作直觉判断,或用探索法、经验规则和反复试验的办法做出决策。

应当指出,管理人员所面临的许多决策,既不是绝对的结构化决策,又不是完全的非结构化决策,而是介于二者之间的所谓"半结构化决策"。对于这类问题,有一些规律可循,但又不完全确定。还应指出,这种划分不是绝对的,它反映了人们对所决策问题的认识程度。随着人们对该问题认识的不断深化,非结构化问题可转化为半结构化问题,进而转化为结构化问题。但无论是哪种决策,信息都将起重要作用。

1.2 系　　统

1.2.1 系统的概念

系统是由处于一定环境中的若干相互联系和相互作用的要素组成并为达到整体目的而存在的集合。在第二次世界大战前夕,美国生物学家路德维西·冯·贝塔朗菲提出一般系统概念和一般系统理论,随后系统论得到长足的发展。一般可以从以下3个方面来理解系统的概念。

(1) 系统是由若干要素(部分)组成的。这些要素可能是一些个体、元器件、零件,也可能其本身就是一个系统(或称为子系统)。例如,运算器、控制器、存储器、输入输出设备组成了计算机的硬件系统,而硬件系统又是计算机系统的一个子系统。

(2) 系统有一定的结构。一个系统是由其构成要素组成的集合,这些要素相互联系、相互制约。系统内部各要素之间相对稳定的联系方式、组织秩序及控制关系的内在表现形式就是系统的结构。例如,钟表是由齿轮、发条、指针等零部件按一定的方式装配而成的,但一堆齿轮、发条、指针随意放在一起却不能构成钟表。

(3) 系统有一定的功能,或者说系统要有一定的目的性。系统的功能是指系统在与外部环境相互联系和相互作用中表现出来的性质、能力和功能。例如,信息系统的功能是进行信息的收集、传递、存储、加工、维护和使用,辅助决策者进行决策,帮助组织实现目标。

1.2.2 系统的特性

根据系统的概念,系统一般具有以下基本特性。

(1) 整体性。系统的整体性是指系统是由若干要素组成的具有一定功能的有机整体,各个要素一旦组成系统,就表现出独立要素所不具备的性质和功能。整体性是系统最重要的特性,是系统论的基本原理。系统的核心思想就是"1＋1＞2",即系统的整体贡献大于各组成要素贡献之和。系统作为一个整体存在,其目的就在于利用整体的优势产生大于简单各要素贡献之和的最终贡献值。

(2) 目的性。目的是系统赖以存在的前提,无论是自然系统还是人造系统,其存在方式和演进依据都在于系统的目的性。系统的目的性是系统发展变化中表现出来的特点,系统在与环境的相互作用中,在一定的范围内,其发展变化表现为坚持趋向某种预先确定的状态。所以可以认为系统的目的就是系统作为一个整体长期趋向的目标。

(3) 相关性。相关性是指系统内的各要素相互制约、相互影响、相互依存的关系。组成系统的各要素不是孤立存在于系统之中的,它们之间必然存在特定的联系。它们之间的这种联系形式构成了系统的结构。

(4) 动态性,也称为环境适应性。环境支撑着系统的存在及系统的运转,任何系统都生存于一个特定的环境之中,其存在和发展都受到环境的约束。环境是更高层次的系统,系统与环境构成一个和谐的整体。系统的环境是不断变化的,系统要满足环境的要求,也必然随之变化。系统通过与环境进行物质、能量和信息的交换,从而调节自身的行为,适应环境,并保持与环境之间的动态平衡。

1.2.3 系统的分类

系统有各种形态,可以从不同角度对系统进行分类。

(1) 按系统的复杂性分类,可将系统分为人类社会及宇宙系统、生物系统和物理系统三大类,每大类又各分为三个等级,如图1-4所示。这种分类方法也叫三类九等分类。

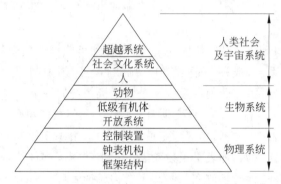

图 1-4 系统复杂性等级

其中,人类社会及宇宙系统是最复杂的系统大类;而框架结构,如桥梁、房子之类的有机结构,是最简单的系统等级。本书讨论的信息系统属于社会文化系统。

(2) 按系统起源分类,可以将系统分为自然系统和人工系统。

自然系统是自然进化形成的、不可还原的整体。如物理学中的亚原子系统、生物学中的生命系统等都是自然系统。只要宇宙的式样和规律不发生根本性的变化,这些系统就不可能是别的样子,这是自然系统的显著特征。

人工系统又包括人工物理系统、人工抽象系统和人类活动系统3种类型。

人工物理系统起源于人类的某个目的,是为某个目的设计出来的,它的存在也是服务于该目的。例如火车、锤子、火箭等都属于人工物理系统,火车是为了运输而发明和制造的,它有一定的物理形态,而且一旦形成后不易改变。

人工抽象系统是人类有序、有意识的系统,如数学、诗歌、软件和哲学等,它们本身比较抽象,必须借助于书、磁带、图纸、计算机等人工物理系统作为载体才能为人们所把握。

人类活动系统是有目的的人类活动的集合,这类活动起源于人的自我意识。人类活动系统与自然系统的根本区别在于:后者一旦显现出来就再也不能是别的样子,而前者在观察者的眼中往往不会有唯一的(可检验的)认识,观察者可根据个人世界观的不同而对其有不同的理解。需要指出的是,人类活动系统离不开其他一些系统。例如,铁路是人类活动的场所,它将人类活动系统与人工物理系统(铁路网、火车站、铁轨、机车补给站等)联系在一起。

(3) 按照系统的抽象程度分类,可将系统分为实体系统、概念系统和逻辑系统。

实体系统又称为物理系统或实在系统，它是最具体、最确定的系统，是已经存在或完全实现的系统，其组成部分是完全确定的存在物。

概念系统是最抽象的系统。它是人们根据系统目标和以往的知识构思的系统雏形，它是将要实现的系统的高度概括和抽象，表述了系统的主要特征，描绘了系统的大致轮廓。

逻辑系统是介于实体系统与概念系统之间的系统，它描述"系统是什么"的问题。

对系统的这种划分方法可以帮助人们在构造系统时做到由浅入深、阶段明确、步骤清楚。研制与开发系统的过程是一个"具体—抽象—具体"的过程。通过对现行系统的初步调查，明确新系统的目标和功能框架，构造出概念系统；在系统分析阶段，通过对现行系统的详细调查与分析，参考新系统的概念模型，构造出新系统的逻辑模型。与概念模型相比，逻辑模型更具体，此阶段将新系统的子系统划分、子系统的内部结构、数据之间的相互关系都明确下来。在论证和确定逻辑模型的基础上设计出系统的物理模型，它将子系统划分为层次结构的功能模块，并设计出系统的存储结构和数据库，这是系统设计阶段的工作。系统设计完成之后，按照系统设计的结果进行编程、系统调试和系统切换，从而完成一个实体系统，此阶段称为系统实施。

（4）按照系统与环境的关系分类，可将系统分为开放系统和封闭系统。

开放系统是指与外部环境进行物质、能量或信息交换的系统，它需要从环境中接收信息反馈以改变或继续维持目前的系统状态。例如，生命系统、社会系统都是开放系统。封闭系统是一个相对自我封闭的，与环境之间没有任何物质、能量或信息交换的系统，因而不能从外部环境得到信息反馈，例如，温箱和黑匣子等都是封闭系统。

系统的开放与封闭是相对的，严格意义上的封闭是不存在的，因而对系统的开放性与封闭性不能绝对化。系统具有边界，边界划分系统与环境。边界的概念可以帮助人们理解开放系统与封闭系统的区别，封闭系统具有不可贯穿的边界，而开放系统的边界具有可渗透性。

1.2.4 系统方法

从认识论角度看，系统是人们认识和把握事物本质规律的一种观点和方法。采用系统观点看待事物时，一般强调把握事物的整体性，把事物分解为多个部分或要素，分析各个部分在整体事物中的位置和作用以及各个部分之间的相互联系和结构。

无论复杂或简单的事物，都可以采用系统观点来认识。可以把宇宙作为一个系统，也可以把一个电子或质子作为系统。因为无论是电子还是质子，都可以把它分解为更小的组成单位。系统方法是用系统的观点来认识和处理问题的方法，即把对象当作系统来认识和处理的方法。系统方法强调整体和部分的统一，分析方法与综合方法的统一，定性描述与定量描述的统一，确定性描述与不确定性描述的统一，理论方法与经验方法的统一，精确方法与近似方法的统一，科学理性与艺术直觉的统一，等等。

系统方法要求运用系统的观点，从系统整体与部分、功能与结构、系统与环境之间的相互联系和相互作用出发考察事物。它的基本特点是整体性、综合性和最优化。在系统方法中，人们一般采用 A.D.霍尔提出的逻辑维、时间维和知识维的三维结构方法。

1. 逻辑维

逻辑维反映从系统观点解决一个问题需要的 7 个逻辑步骤。

（1）问题描述。描述所要解决的问题。主要包括问题的提出、问题的阐述、问题的迁延变化过程和现状以及说明问题的资料和数据。

（2）确定目标。确定解决问题的目标以及目标是否实现的评价标准。

（3）系统分析。从系统整体出发，把问题分解为多个要素和方面，分别加以考察和认识，并根据系统目标，把分析的结果描述为系统的逻辑模型，通过模型来反映人们所认识和理解的系统。

（4）提出方案。根据分析的结果，从系统整体出发，根据人们的需要对问题提出多个备选的解决方案。

（5）方案优化。对提出的备选方案进行择优。根据目标要求，对所提出的方案进行比较和排队，最后确定能够满足目标要求的最优方案。

（6）决策。确定系统逻辑模型以及解决问题的最优方案。

（7）实施计划。按照问题的解决过程，实施所选择的最优方案。

这 7 个逻辑步骤具有一定的逻辑顺序，但其顺序并不十分严格，也可能会出现交叉和反复。

2. 时间维

时间维指从系统工程角度出发解决一个问题需要经过的时间阶段。系统方法一般可以分为 7 个阶段：规划阶段、制定方案阶段、研制阶段、生产阶段、安装实验阶段、运行阶段和更新阶段。

3. 知识维

知识是系统方法的基础和保证。系统方法需要运用多方面的知识，包括共性知识和不同领域（如工程、医药、建筑、商业、法律、管理、社会科学、艺术等）的专业知识。共性知识和专业知识构成了系统方法的知识维。

1.3 信息系统

1.3.1 信息系统的概念

信息系统（Information System，IS）是指利用计算机、网络、数据库等现代信息技术处理组织中的数据、业务、管理和决策等问题，并为组织目标服务的综合系统。

信息系统除了具有系统的一般特征之外，还具有一些独有的特性。

（1）信息性。信息性是信息系统的显著特征，也是信息系统区别于其他系统的主要特性。信息是信息系统的主要构成要素，对信息进行加工处理是信息系统的主要功能，产生对外部系统有用的信息，与环境构成一个有机的信息网络是信息系统的目的。在信息系统中也存在物质要素和物质活动,但这些物质要素是存储信息和加工信息所必需的部分,物质活动也是伴随信息活动所必需的活动。

(2) 综合性。综合性是信息系统的一个十分显著的特征。信息系统综合了多种复杂的系统要素,可以分为信息要素和物质要素两大类。信息要素是信息系统的主体,物质要素是存储信息和处理信息的必需部分。信息系统的综合性还体现在它与外部环境的关系上。所有信息系统都是开放系统,与外部环境构成和谐的、更大范围的系统。另外,信息系统综合了对信息的收集、整理、存储、加工、变换、传输、输出等完整的信息处理过程。信息系统中对信息的处理也体现了高度的综合性。

(3) 集成性。集成是指把多个相对独立的构件或部分根据目标的需要构成和谐、兼容和相互联系的整体。信息系统以集成方式构成,包括系统集成、平台集成和数据集成。其中,系统集成是指信息系统由多个子系统集成而成。例如,企业信息系统就集成了生产、计划、供应、销售、人事、财务等多个子系统。多个相对独立的信息系统也可以集成为更大规模的信息系统。平台集成是指信息系统可由多个异构的网络、计算机等系统平台集成而成。数据集成是指信息系统的数据可由分布、异构的数据库系统集成而成。

(4) 多样性。信息系统具有多种形式。从功能上可以把信息系统划分为信息处理系统、管理信息系统、决策支持系统、办公信息系统和主管信息系统。根据信息系统所服务的应用领域,又具有各种不同应用类型的信息系统,如地理信息系统、医院信息系统、航天信息系统、学校信息系统、政府信息系统等。信息系统的规模也表现出多样性,大的如国际信息系统、国家信息系统、区域信息系统等,小的如财务管理系统、工资发放系统、税率计算系统等。

(5) 发展性。信息系统的内涵与外延处在急剧的发展变化过程之中。建立在现代信息技术基础之上的信息系统是近几十年建立和发展起来的,而且其应用的领域、系统的规模和信息处理的能力也以惊人的速度向广度和深度发展。在20世纪50年代出现的信息系统仅能够对企业中的一些简单业务进行处理,如工资计算、报表制作、生产报告等。而如今,跨国、跨地区的具有高度复杂和综合处理能力的信息系统已经十分普遍。可以预测,今后信息系统将以更快的速度向纵深发展,整个世界形成一个综合的、一体化的信息系统将成为现实。

1.3.2 信息系统的发展

信息系统的发展是与计算机技术和管理科学的发展紧密相关的。虽然信息系统和信息处理在人类文明开始就已存在,但直到电子计算机问世以来,随着信息技术的飞跃以及现代社会对信息需求的日益增长,它们才获得迅速发展。计算机信息系统的发展总趋势是从初级到高级,从单项到系统,从单纯的事务管理到综合的辅助决策,从单机模式到网络模式,从按命令执行到自主智能化操作。从整个发展过程来看,信息系统的应用大致经历了以下4个发展阶段。

1. 单项事务处理

最初,企业利用计算机系统来处理日益增长的交易数据。之后,信息系统在管理信息处理中,除担负数据计算职能外,文书、档案处理、各种报表生成等业务也逐步计算机化了。这时的信息系统职能一般限于某个单项事务处理,例如用于数据处理的电子数据处理(Electronic Data Processing,EDP)系统。由于有关管理业务在计算机上是按项目分别进行的,不同项目之间在计算机上没有联系,因此,称这一阶段为单项事务处理阶段,它是信息系统的雏形阶段。在这个阶段,计算机主要用于支持企业运行层的日常具体业务,其处理的问题位于管理工作的底层,其目的是迅速、及时、正确地处理大量数据,提高数据处理的效率,实现简单事务处理的自动化,将人们从繁重的手工工作中解放出来,提高工作效率。

2. 系统处理

随着计算机网络技术和数据库技术的成熟和推广,企业信息系统应用开始从单项事务处理向系统处理过渡。20世纪60年代,管理信息系统(Management Information Systems,MIS)开始发展起来,其最大的特点在于高度集中,能将企业中的数据和信息集中起来,进行快速处理,容易使用。所以,它是一个为实现企业的整体目标,对管理信息进行系统的、综合的处理,辅助各级管理决策的计算机硬件、软件、通信设备、规章制度及有关人员的统一体。

3. 决策支持

系统处理阶段的信息系统在应用过程中缺乏对企业组织机构和不同层次管理人员决策行为的深入研究,无法支持人的决策行为。随着对信息系统支持作用要求的不断提高,到了20世纪70年代中期,斯科特·马顿(Scott Marton)首先提出了决策支持系统(Decision Support System,DSS)的概念。决策支持系统不同于传统的管理信息系统,后者主要是为管理者提供预定的报告,而前者则通过人机交互的方式帮助管理者探索可能的决策方案,为管理者提供决策所需的信息。

支持决策是现代信息系统的一项重要内容。在实际的管理应用中,决策支持系统只能以某种形式"嵌入"已建立的信息系统中,才能对管理决策进行有效的支持。同时决策支持系统又是以传统管理信息系统管理的信息为基础的,是管理信息系统功能的延伸,它是信息系统的新的发展。20世纪90年代以来,随着人工智能技术的发展,决策支持系统与人工智能、计算机网络技术等结合,形成了智能决策支持系统(Intelligent Decision Support System,IDSS)。此外,战略信息系统(Strategic Information System,SIS)、主管信息系统(Executive Information Systems,EIS)都是以支持决策为主要任务的信息系统。

4. 综合集成

20世纪90年代,随着业务流程重组(Business Process Reengineering,BPR)概念和企业资源计划(Enterprise Resource Plan,ERP)思想的提出,重组和集成的思想日益在管理学中受到重视,信息系统也向综合集成的方向发展,进入一个崭新的阶段。系统集成是一种思想、观念和哲理,是一种指导信息系统的总体规划、分步实施的方法和策略,它不仅包含技术,而且包含艺术成分。从广义角度看,系统集成包含人员的集成、企业内部组织的集成、各种管理上的集成、各种技术上的集成、计算机系统平台的集成等。从狭义角度看,系统集成的主要对象和内容包括人员的集成、硬件的集成、软件的集成、信息的集成等。系统集成在概念上绝不仅仅是连通,更强调有效地组织。系统集成的理论和实践意义就在于它能够最大限度地提高系统的有机构成、系统的效率、系统的完整性、系统的灵活性等,简化系统的复杂性,并最终为企业提供一套切实可行的完整的解决方案。综合集成阶段扩大了信息系统的作用范围以及处理问题的深度与广度。

表 1-1 概括了信息系统应用的 4 个发展阶段。随着 Internet 的迅猛发展,计算机信息系统的内容和形式都在不断地发生着重大的变化。

表 1-1 信息系统应用的 4 个发展阶段

阶段	年代	主要目标	典型功能	核心技术	代表性系统
单项事务处理	20 世纪 50—70 年代	提高文书、统计、报表等事务处理工作的效率	统计、计算、文字处理	高级语言、文件管理	电子数据处理系统
系统处理	20 世纪 60—80 年代	提高管理信息处理的综合性、系统性、及时性和准确性	计划、综合统计、管理报告生成	数据库技术、数据通信与计算机网络	早期的管理信息系统
决策支持	20 世纪 70—90 年代	支持管理者的决策活动以提高管理决策的有效性	分析、优化、评价、预测	人机对话、模拟管理、人工智能的应用	决策支持系统、现代的管理信息系统
综合集成	20 世纪 90 年代以来	提高管理者的素质,创造良好的工作、学习与生活环境	为管理者的智能活动、决策分析、研究、学习提供支持	Internet/Intranet 技术、多媒体技术、人工智能应用	基于 Web 的信息系统、ERP 系统、电子商务、供应链管理

1.3.3 信息系统的功能

信息系统的功能包括信息处理、业务处理、组织管理和辅助决策。

1. 信息处理

信息处理(information processing)是信息系统必备的基本功能,它一般包括信息的收集和输入、传输、处理、存储及输出等。

1) 信息的收集和输入

信息系统是对信息进行加工处理的系统,信息的收集和输入是信息系统应该具备的基本功能。信息的收集和输入实际上包括以下 4 个基本环节。

(1) 信息收集。信息收集是指从信息系统的外部和内部广泛地收集信息系统所需要的基础信息,这些信息将成为信息系统的信息源。信息收集有多种方式和途径:一是通过收集人员进行收集和整理的手工方式,组织内部的数据收集大部分需要通过手工方式,这种方式效率低,差错率高,但在没有其他自动化手段时,又是一种必须采用的方式;

二是利用社会信息网所提供的信息,随着Internet的应用和普及,大量外部信息可以通过这种方式来收集;三是实时采集方式,这种方式通过自动化手段来收集组织系统中的各种自动化生产装置、检测装置上的信息。

(2) 信息整理。信息整理是指对收集到的信息按信息系统所需要的格式进行整理。

(3) 信息输入。信息输入是指把经过整理的信息输入到信息系统中,一般由操作人员或系统人员通过键盘或其他信息录入设备输入信息。来自网络的外部信息或实时采集的信息直接可以进入信息系统,无须再手工输入。

(4) 信息检查。为了保证输入信息的正确性,要对输入的信息进行正确性检查,这样经过检查的信息才能够被系统采用。

2) 信息传输

信息传输是指在信息系统内部各子系统之间或信息系统外部和信息系统之间进行的信息传递。信息系统分布在组织的各个部门和各个业务处理过程之中,信息系统的各子系统之间存在着广泛的信息联系,要实现信息处理,就需要传输信息。信息系统可以直接从外部系统传输信息,也可以把自己的信息传输给外部其他信息系统。信息传输需要通过计算机网络、通信设备或手工手段才能进行。

3) 信息处理

信息处理也称为信息加工,它是信息系统最基本的功能。信息系统的作用就是把各种基础信息加工处理成对企业生产经营和管理有用的信息。信息加工的方法很多,计算、统计、查询、汇总、求模、排序和优化等都是常用的信息处理方法。

4) 信息存储

信息系统要保存大量的历史信息、处理的中间结果和最后结果,还要保存大量的外部信息。因此,信息系统需要提供信息存储功能。随着计算机的存储能力和数据库技术的发展,数据的存储已经变得十分方便和灵活。只有具备了强大的信息存储能力,信息系统才能发挥更大的作用。

5) 信息输出

信息系统中经加工后的有用信息需要输出,以被组织生产经营和管理所用。因此,信息输出是信息系统必备的功能。信息有多种输出途径,可以通过显示屏、打印机、语音等方式,也可以输出到硬盘、磁带等存储介质上或输出到其他信息系统中。信息输出的形式也多种多样,可以通过文字、图形、报表、微缩胶片等多种形式输出。

2. 业务处理

信息系统还具备业务处理(transaction processing)的功能。其实,信息处理蕴藏于组织的业务过程之中,组织的每个业务处理过程都必须有相应信息的记录和反映,业务处理过程也就是信息的加工处理过程。例如,一个企业的产品部件加工车间,在其产品部件的加工过程中就伴随着大量的信息处理,包括计划部门给车间以计划表的形式下达本月产品部件的加工计划,在加工计划中列出了本月加工产品部件量、原材料的领用量、生产过程的人员数量和产品部件的质量要求等内容。可见,业务处理是信息系统的基本功能。信息系统通过业务处理来支持企业管理和实现信息系统的目标。根据处理类型,可以把信息系统的业务处理分为联机事务处理和脱机事务处理两种类型。

1)联机事务处理

联机事务处理(On-Line Transaction Processing,OLTP)也称为实时事务处理(Real-Time Transaction Processing,RTTP),它是指利用计算机网络,将分布于不同地理位置的业务处理计算机设备或网络与业务管理中心网络连接,从而实现网络所有节点统一、实时的业务处理。OLTP具有以下特点。

(1)信息处理与事务处理同时进行。信息系统直接参与到事务处理过程之中,信息处理过程与事务处理过程密切交融,信息系统成为事务处理过程的有机组成部分。

(2)事务处理具有实时性。联机事务处理能够实现事务的实时处理,事务处理的实时性一般根据业务要求和技术水平来确定。例如,飞机联机售票系统一般能够在几秒内响应客户的购票要求,几分钟内可以处理一张机票的销售工作。

2)脱机事务处理

脱机事务处理(Off-Line Transaction Processing,OFTP)是指信息系统并不直接参与实际的业务过程,而是在各业务处理结束后,定期将业务处理过程中的有关信息输入信息系统,并对输入信息进行处理,输出组织管理和决策所需要的有用信息。与联机事务处理相比,脱机事务处理对信息录入的时限没有严格要求,系统故障不会影响实际的业务处理过程,但它一般难以提高业务处理的效率和质量。

3. 组织管理

对组织管理(organization management)的支持也是信息系统的主要功能之一。信息系统应该支持处于组织中层的组织管理,具体表现在两方面:从管理职能看,信息系统支持组织的计划、统计、生产、质量、技术工艺、财务、供应、销售、科研、人事劳资、后勤服务、党群工会等全面的中层管理;从管理能力看,信息系统应该具有对各管理职能的信息的收集提取、统计分析、控制反馈和组织中层的结构化决策支持等功能。

4. 辅助决策

信息系统还能提供辅助决策(assistant decision)功能。决策是管理的重要功能,决策存在于战略层、战术层、作业层的各层活动之中。组织高层管理者的主要工作就是进行决策,确定组织的长远发展战略,制订组织的产品开发计划,确定组织的产品销售布局,制订组织的设备改造计划和新技术新工艺计划,制订组织的人才需求和培养计划,等等,这些都需要决策。组织中层也存在多种形式的决策活动,根据组织总体目标和总体发展规划制订部门的发展规划,确定部门的人才需求计划,将企业的综合计划分解为部门的作业计划,等等,这些也需要决策。

信息系统可以提供与决策有关的系统的内外部信息,收集和提供企业有关行为的反馈信息,存储、管理和维护各种决策模型和分析方法,运用模型及分析方法,对数据进行加工分析,以求得所需的预测、决策及综合信息,并提供方便的人机交互接口和快速响应时间。

1.3.4 信息系统的结构

信息系统结构是对信息系统各构成要素及其关系的描述。由于信息系统是一个复杂体,信息系统建设又需要一个漫长的过程,因此从不同角度、不同层面和不同时段看,信息系统会呈现出不同的构成要素和构成关系,从而形成不同的结构描述。

1. 信息系统的概念结构

信息系统的概念结构是从抽象的概念层次表示信息系统的宏观结构,是对信息系统特征的宏观描述。信息系统概念结构呈现为管理维、职能维和功能维的三维宏观逻辑结构,如图 1-5 所示。

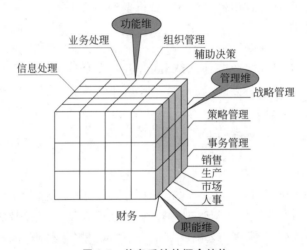

图 1-5 信息系统的概念结构

1) 管理维

管理维分为事务管理、策略管理和战略管理 3 个层次,这 3 个层次越来越抽象和宏观。事务管理属于具体的业务型管理,一般包括日常办公处理、经营管理、生产控制、辅助设计、生产检测和质量检测等;策略管理处在中层,包括生产经营计划、中短期销售市场预测、综合财务管理及分析、近期企业人才需求等;战略管理属于高层宏观决策层,包括企业战略规划、决策支持、中长期宏观预测、中长期产品市场预测、高层职能管理支持等。

2) 职能维

职能维是组织应该包括的管理职能。不同的组织具有不同的职能维,例如,学校信息系统的职能维包括计划、教学、科研、学生、专业管理、财务、人力资源、设备、后勤等,因此,需要根据具体的组织目标和组织结构来确定组织的职能维。

3) 功能维

功能维主要考虑信息系统能够向组织提供的各方面的服务功能,信息系统所提供的服务也正好体现为信息系统所应该具有的功能。它主要包括信息处理、业务处理、组织管理和辅助决策 4 个方面。

2．信息系统开发的软件体系结构

目前信息系统开发的软件体系结构主要有 C/S 和 B/S 两种。

1) C/S 结构

C/S(Client/Server,客户机/服务器)结构把数据库内容放在远程的服务器上,在客户机上需安装相应的软件,如图 1-6 所示。它由两部分构成:前端是客户机,通常是安装了相应的客户端软件的 PC,接收用户的请求,并向数据库服务器提出请求;后端是服务器,进行数据管理,根据客户机的请求将数据返回给客户机,由客户机对返回的数据进行计算并将最终结果呈现给用户。客户端软件还要提供完善的安全保护及对数据的完整性处理等功能,并允许多个客户机同时访问同一个数据库。在这种结构中,客户机功能强大,承担了绝大部分的计算功能,是一种"胖"客户端,因此客户机的硬件必须具有足够的处理能力。

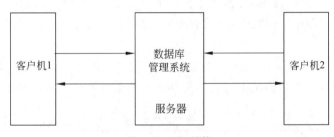

图 1-6 C/S 结构

C/S 结构在技术上已经很成熟,它的主要特点是交互性强,具有安全的存取模式,网络通信量低,响应速度快,有利于处理大量数据。但是该结构的程序是有针对性地开发的,变更不够灵活,维护和管理的难度较大。另外,由于该结构中的每台客户机都需要安装相应的客户端软件,分布式功能弱且兼容性差,不能实现快速部署和配置,因此缺少通用性,具有较大的局限性。C/S 结构在 2000 年前占主流,但随着 B/S 结构的发展,目前其主流地位已被 B/S 结构所取代。

2) B/S 结构

B/S(Browser/Server,浏览器/服务器)结构是随着 Internet 技术的兴起而产生的,是对 C/S 结构的一种变化和改进。在这种结构中,客户端采用通用的浏览器来运行,所有的软件或程序都安装和运行在服务器上。这种结构利用了不断成熟的 WWW 浏览器技术,是一种全新的软件系统构造技术。

在 B/S 结构中,用户通过浏览器向 Web 服务器发出请求,Web 服务器把用户请求的网页返回给浏览器进行显示,如图 1-7 所示。对于静态网页可由 Web 容器直接返回,而动态网页的生成一般要通过应用服务器对数据进行加工、运算和访问数据库,当然也可以直接访问数据库来生成。随着浏览器技术的成熟和广泛使用,B/S 结构已成为当今 Web 应用软件的首选体系结构。

B/S 结构的应用程序相对于传统的 C/S 结构的应用程序来讲无疑是一个巨大的进步。其主要优点有以下几点。

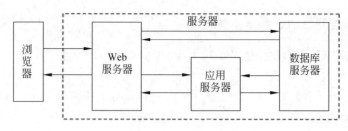

图 1-7 B/S 结构

(1) 开发、维护成本较低。C/S 结构的软件，当客户端的软件要升级时，所有的客户端都必须进行升级安装或重新安装，而 B/S 结构的软件只需在服务器端发布，客户端浏览器无须维护，因而极大地降低了开发和维护成本。

(2) 可移植性高。C/S 结构的软件，不同的开发工具开发的程序，一般情况下互不兼容，而且主要运行在局域网中，移植困难。而 B/S 结构的软件运行的互联网提供了异种网、异种机、异种应用服务的联机、联网的服务基础，客户端安装的是通用浏览器，不存在移植的问题。

(3) 用户界面统一。C/S 结构的软件的客户端界面由其安装的客户端软件所决定，因此不同软件的客户端界面是不同的。而 B/S 结构的软件都是通过浏览器来使用的，操作界面基本统一。

从以上的分析可以看出，B/S 结构的软件有着 C/S 结构的软件无法比拟的优势。从国外的发展趋势来看，也验证了这一点。目前，国外大型企业管理软件要么已经是 B/S 结构的，要么正在经历从 C/S 结构到 B/S 结构的转变。从国内诸多软件厂商积极投入开发 B/S 结构软件的趋势来看，B/S 结构的大型管理软件势必很快占据管理软件领域的主导地位。

1.3.5 信息系统的应用

随着信息技术的迅速发展，信息系统目前已经广泛应用于国民经济和社会生产的各个方面，在各个领域都取得了长足的发展，成为人们社会生活不可或缺的部分。下面介绍一些信息系统的典型应用领域，包括企业资源计划、客户关系管理、供应链管理、电子商务、电子政务、地理信息系统和办公信息系统。

1. 企业资源计划

1) 企业资源计划的概念

企业资源计划(Enterprise Resource Planning，ERP)是指建立在信息技术基础上，以系统化的管理思想，为企业决策层及员工提供决策支持手段的管理平台。作为企业管理思想，它是一种新型的管理模式，而作为一种管理工具，它同时又是一套先进的计算机管理系统，从而成为企业在信息时代生存、发展的基石。ERP 的核心思想是实现对整个供应链(资金流、物流、信息流)的有效管理，形成企业最佳运作状态。

2) ERP 的发展沿革

追溯 ERP 的发展历程，它经历了以下 6 个主要的发展阶段。

(1) 订货点法(order point method)阶段。20世纪40年代,计算机系统还没有出现,为了控制库存,人们提出了订货点法。具体是指:某种物料或产品由于生产或销售的原因而逐渐减少,当库存量降低到某一预先设定的点时,即开始发出订货单以补充库存。在库存量降低到安全库存时,发出的订单所订购的物料刚好到达仓库,补充前一时期的消耗,此一订货的库存量数值点即称为订货点。此种方法是为解决现实库存中的超储和缺货而设计的,但由于供货周期不稳定、运输时间不确定等因素而存在一定的局限性,为保证生产,往往会有库存积压的现象。

(2) 物料需求计划(Material Requirement Planning,MRP)阶段。20世纪60年代,随着计算机系统的发展,使得短时间内对大量数据的复杂运算成为可能,人们为解决订货点法的缺陷,提出了MRP理论,它以物料计划人员或存货管理人员为核心,借助计算机的运算能力及系统对客户订单、在库物料、产品构成的管理能力,依据客户订单,按照产品结构清单展开并计算物料需求计划,以达到减少库存,优化库存的管理目标。

(3) 闭环MRP(close-loop MRP)阶段。20世纪70年代,随着人们认识的加深及计算机系统的进一步普及,在MRP的基础上发展为闭环MRP,也就是在MRP的基础上增加了对投入与产出的控制。以这一理论为支撑,这一时期出现了著名的丰田生产方式(看板管理)、TQC(Total Quality Control,全面质量管理)、JIT(Just In Time,准时制)生产等控制生产流程的方式。

(4) 制造资源计划阶段(Manufacturing Resource Planning,MRP Ⅱ)。20世纪80年代,随着计算机网络技术的发展,企业内部信息得到充分共享,使采购、库存、生产、销售、财务等子系统有机融合成为可能。MRP虽然解决了物料的计划与控制问题,实现了物料信息集成,但是它还没有说明计划执行结果带来的效益是否符合企业的总体目标。效益是用资金表达的,因此,还必须把物料信息同资金信息集成起来,也就是把成本和财务系统纳入系统中来,实现物料信息同资金信息的集成,这样就发展出了MRP Ⅱ理论。MRP Ⅱ是以面向企业内部业务为主的管理系统,不能适应市场竞争全球化、管理整个供需链的需求。MRP Ⅱ阶段的代表技术就是CIMS(Computer Integrated Manufacturing System,计算机集成制造系统)。

(5) 企业资源计划阶段(Enterprise Resource Planning,ERP)。20世纪90年代初期,美国加特纳咨询公司首先提出了ERP,它是在MRP Ⅱ和财务管理软件的基础上发展起来的,增加了包括财务预测、生产能力、调整资源调度等方面的功能,成为企业进行生产管理及决策的平台工具。ERP把企业的物流、人流、资金流、信息流统一进行管理,以求最大限度地利用企业现有资源,实现企业经济效益的最大化。到了20世纪90年代末期,随着ERP的扩展,除了管理企业内部的信息,还将企业外部信息也管理了起来,由此发展出CRM(Customer Relationship Management,客户关系管理)、SCM(Supply Chain Management,供应链管理)等系统,最大范围地使用了信息化手段,大大提高了企业信息的有效性和共享性。

(6) 电子商务时代的ERP阶段。到了21世纪,Internet技术的成熟为ERP系统增加了与客户或供应商实现信息共享和直接的数据交换的能力,从而强化了企业间的联系,形成共同发展的生存链,体现了企业为生存而竞争的供应链管理思想。随着信息技术手段的飞速发展,ERP还在不断优化与提升,第三方支付、财务共享、全面预算、大数据、云应用、人工智能等管理方式与技术手段的革新将不断推进着ERP的发展。

3) ERP的管理思想

ERP的管理思想主要体现在以下3个方面。

(1) 对整个供应链资源进行管理的思想。现代企业的竞争已经不是单一企业与单一企业间的竞争,而是一个企业供应链与另一个企业供应链之间的竞争,即企业不但要依靠自己的资源,还必须把经营过程中的有关各方(如供应商、制造工厂、分销网络、客户等)纳入一个紧密的供应链中,才能在市场上获得竞争优势。

(2) 精益生产、同步工程和敏捷制造的思想。精益生产的思想是指:当企业按大批量生成方式组织生成时,把客户、销售代理商、供应商、协作单位纳入生产体系,由原来的简单业务往来关系转变为利益共享的合作伙伴关系,这种合作伙伴关系组成了一个企业的供应链;同步工程和敏捷制造的思想是指:当市场发生变化,企业遇到特定市场和产品需求时,企业的基本合作伙伴不一定能满足新产品的开发生产的要求。企业会组织一个由特定的供应商和销售渠道组成的短期或一次性的供应链,形成虚拟工厂,把供应和协作单位看作企业的一个组成部分,运用同步工程组织生产,用最短的时间将新产品打入市场,时刻保持产品的高质量、多样化和灵活性。

(3) 事先计划与事中控制的思想。ERP系统中的计划体系主要包括主生产计划、物料需求计划、能力计划、采购计划、销售执行计划、利润计划、财务预算和人力资源计划等,而且这些计划功能与价值控制功能已完全集成到整个供应链系统中。ERP系统通过定义事务处理相关的会计核算科目与核算方式,在事务处理发生的同时自动生成会计核算分录,保证了资金流与物流的同步记录和数据的一致性,从而根据财务资金现状可以追溯资金的来龙去脉,并进一步追溯企业所发生的相关业务活动,便于实现事中控制和实时做出决策。

4) ERP系统的功能结构

2003年6月4日,中华人民共和国信息产业部发布的《企业信息化技术规范 第1部分:企业资源规划(ERP)规范》(SJ/T 11293—2003),该标准于2003年10月1日起正式实施。该标准比较详细地规定了对ERP系统的功能技术要求。在该标准中,给出了20个功能模块的功能描述、评比标准以及每个功能描述的重要程度。这20个功能模块如图1-8所示。当然,ERP的具体应用与企业的生产环境和内部条件密切相关,其系统应用应该根据企业实际环境和具体应用要求来选择合适的功能结构。

5) ERP系统的发展

当前,随着计算机网络技术的不断发展,特别是Internet/Intranet技术的不断成熟,制造业的国际化倾向以及制造业信息化的不断深入给ERP带来了新的发展机会,并将制造业管理信息系统的发展推到了一个新阶段。综合来说,ERP系统的发展呈现以下特点和趋势。

(1) 在功能上不断扩展。ERP系统通过与客户关系管理(CRM)的整合,实现市场、销售、服务的一体化,使CRM的前台客户服务与ERP的后台处理过程集成,向客户提供个性化服务,使企业具有更好的顾客满意度。ERP系统通过与供应链的整合,实施与业

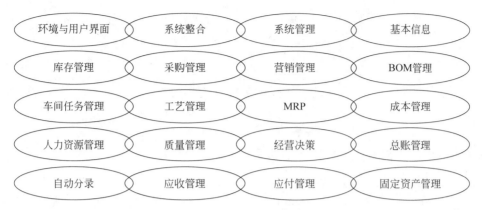

图 1-8 《企业信息化技术规范 第 1 部分：企业资源规划（ERP）规范》(SJ/T 11293—2003)
标准中的 ERP 系统功能模块

务合作伙伴(供应商、客户等)协同商务的供应链管理,加强了对企业外部资源(如供应商、客户和营运商)的协调管理。

(2) 管理的深度从原先的生产计划与控制的联机事务处理向下扩展到覆盖办公自动化、无纸化处理,向上扩展到决策支持的联机分析处理,横向扩展到设计和工程领域。

(3) 与先进技术集成。使用多数据库集成与数据仓库、XML 和 Internet/Extranet、软构件与中间件技术等核心技术,并采用 XML 等作为 ERP 系统的集成平台与技术。ERP 的不断发展与完善最终将促进基于 Internet/Extranet 的支持全球化企业合作与敏捷虚拟企业运营的集成化经营管理系统的产生和不断发展。

(4) ERP 软件应用范围拓宽,将覆盖制造业以外的许多领域。

2. 客户关系管理

1) 客户关系管理的内涵

客户关系管理(Customer Relationship Management, CRM)是一种以客户为中心的经营策略。现代企业以信息技术为手段,对工作流程进行重组,赋予企业更完善的客户交流能力,提高客户的忠诚度和满意度,从而最大化客户的收益率。

2) 客户关系管理的实施过程

企业客户关系管理的实施过程如图 1-9 所示,它实质上是一个与客户进行沟通的过程,是一个动态循环的过程。作为电子商务实施者,企业首先根据以往反馈信息制定相应的沟通策略,具体包括确定信息沟通的对象(即客户群的分段重组)、沟通的目的、沟通的内容以及选择沟通渠道,然后进入具体实施阶段。实施过程如下。

(1) 企业通过建立的各种沟通渠道(具体包括面对面交流、网上交流、传真/邮件、电话等)与客户进行信息沟通,然后按照一定的方式在沟通过程中提取有用的客户信息。这一步的实施效果与企业建立的信息沟通平台以及沟通人员的素质密切相关,企业可以采用一些辅助措施来增强信息提取的效果,例如对电话交流进行录音,在网上交流中采用交互式与客户自由发言相结合等。

(2) 企业将在沟通中提取的信息存入企业数据库中,这一步工作涉及企业数据库系

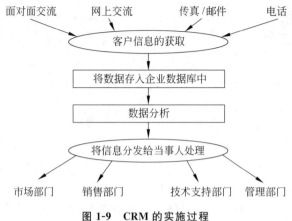

图 1-9 CRM 的实施过程

统建设问题。

(3) 对数据库中的信息进行分析,这是客户关系管理实施过程中最核心的阶段。企业应该在数据库海量信息中分析出对企业有用的信息,这就要求企业数据分析具有发现信息的能力。因为在客户关系管理的数据分析过程中不仅要进行日常的联机事务处理,还要进行联机分析处理,所以为了达到数据分析中的联机分析处理能力,一般需要建立企业的数据仓库,通过数据挖掘技术来分析数据,发现隐藏的信息。

(4) 将数据分析的结果及时分发给企业相关部门的当事人进行处理。例如,将反映市场情况的信息及时传递到市场部门。

客户关系管理的实施过程是一个周而复始、不断循环的渐进过程,需要各部门工作人员的配合。例如,企业进行顾客群分段重组就是依据以往与客户沟通过程不断积累下来的信息并进行数据分析的结果,而它又成为企业在下一步与客户沟通过程中制定沟通策略的依据。

3) 客户关系管理系统

客户关系管理系统是支持企业进行客户关系管理的软件。以前,在一些公司和行业曾经尝试过使用一些简单的规则和业务数据库来进行客户关系管理,但是这些系统在实际运行中遇到了许多问题,尤其是在客户分析功能方面有所欠缺,使得系统开发没有成功。现代企业的客户关系管理是企业为提高业务水平、改善管理、增强市场反应和盈利能力而进行的针对客户关系的分析和管理活动。为了实施这种分析管理,必须有能力将企业生产、销售和财务数据整合在一起,并建立便于分析者使用的数据仓库等基础设施。

现代 CRM 软件一般都是基于上述特征的信息系统。它基于网络、通信、计算机等信息技术和数据分析技术,能实现企业前台、后台不同职能部门的无缝连接;它是以客户为中心的思想的固化和程序化,以协助管理者更好地完成客户关系管理的两项基本任务——识别客户和保持有价值客户。目前,CRM 系统软件一般由客户信息管理、销售过程自动化、营销自动化、客户服务与支持管理、客户分析系统 5 大主要功能模块组成。CRM 系统已经成为实施客户关系管理必不可少的一套技术和工具集成支持平台。

3. 供应链管理

1) 供应链与供应链结构模型

供应链管理(Supply Chain Management,SCM)的概念是在20世纪80年代末提出的。近年来随着全球制造的出现,供应链在制造业管理中得到普遍应用,成为一种新的管理模式。供应链是围绕核心企业,通过信息流、物流、资金流等,将供应商、制造商、分销商、零售商直到最终用户连成一个整体的功能网链结构模式。它是一个范围更广的企业结构模式,包含所有加盟的节点企业,从原材料的供应开始,经过链中不同企业的制造、加工、组装、分销等过程,直到最终用户。它不仅是一条从供应商到用户的物料链、信息链、资金链,而且还是一条增值链,物料在供应链上因加工、包装、运输等过程而增加其价值,给相关企业都带来收益。供应链中的活动包括订单处理、原材料或半成品存储、生产计划、作业排序、货物运输、产品库存、顾客服务等。

根据供应链的定义,可以得出供应链的结构模型。从核心企业层面来看的供应链结构模型如图1-10所示。从中可以看出,供应链由一系列节点企业组成,一般有一个核心企业。节点企业在需求信息的驱动下,通过供应链的职能分工与合作(生产、分销、零售等),以资金流、物流和工作流为媒介实现整个供应链的不断增值。SCM的基本思想是将供应链上各组成部分视为一个进行统一管理与协调的整体,满足最终用户需求是供应链上每个成员的共同目标。

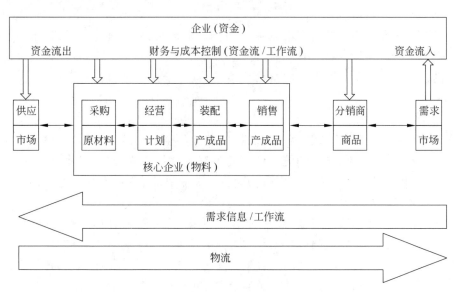

图1-10 供应链结构模型

2) 供应链的特征

从供应链的结构模型可以看出,供应链是一个网链结构,由围绕核心企业的供应商、供应商的供应商和用户、用户的用户组成。一个企业是一个节点,节点企业之间是一种需求与供应关系。供应链主要具有以下特征。

(1) 复杂性。因为供应链节点企业组成的跨度(层次)不同,供应链往往由多种类型的企业甚至多国企业构成,所以供应链的结构模型比一般单个企业的结构模型更为复杂。

(2) 动态性。供应链管理应适应企业战略和市场需求变化的需要,其中的节点企业需要不断地动态更新,这就使得供应链具有明显的动态性。

(3) 面向用户需求。供应链的形成、存在和重构都是基于一定的市场需求而发生的,并且在供应链的运作过程中,用户的需求拉动是供应链中信息流、物流、工作流和资金流运作的驱动源。

(4) 交叉性。节点企业可以是这个供应链的成员,同时又可以是另一个供应链的成员,众多的供应链形成交叉结构,增加了协调管理的难度。

对供应链上各组成部分的整体协调功能以及对市场信号反应的敏捷性、可重组性、可扩展性是对 SCM 的基本要求。与 ERP 相比,供应链管理更强调供应链整体的集成和协调,要求各成员围绕物流和资金流进行信息共享和经营协调,实现柔性的、稳定的供需关系。

3) 供应链管理

供应链管理是一种集成的管理思想和方法,它执行供应链中从供应商到最终用户的物流的计划和控制等职能,把供应链上的各个企业看作一个不可分割的整体,使供应链上各企业分担的采购、生产、分销和销售的职能成为一个协调发展的有机体。它更注重企业之间的相互合作,以提高整个供应链的效率为最终目的。

供应链管理主要涉及 4 个方面:供应、生产计划、物流和需求。它以同步化、集成化生产计划为指导,以各种信息技术为支持,尤其以 Internet/Intranet 为依托,围绕供应、生产作业、物流(主要是指制造过程的物流)、满足需求来实施的。供应链管理主要包括计划、合作以及控制从供应商到用户的物料(零部件和成品等)和信息。供应链管理的目标在于提高用户服务水平和降低总的交易成本,并且寻求这两个目标的平衡(这两个目标往往有冲突)。

4) 供应链管理系统

所谓供应链管理系统,就是为了实现供应链上各企业的共同目标,对整个供应链的物流与信息流进行集成的管理和统一协调的计算机软件系统、网络与通信系统、有关数据、规章制度和人员的统一体。可以认为它是计算机技术、信息系统理论与供应链管理思想综合应用的成果。

高效的供应链管理系统可以帮助企业实现以下功能:随时掌握各地各网点的销售情况;全面掌握所有供应商的详细情况;合理规划异地库存的最佳效益;合理安排进货的批次、时间以及运输;合理调整公司的广告策略和价格政策;向企业(供应商)提供有偿信息服务;网上订货和电子贸易;随时把商店的动态告诉每一位想了解的客户;等等。

4. 电子商务

随着 Internet 的发展和商业化利用,电子商务正迅速发展,成为现代社会经济活动中新的增长点。

1) 电子商务的概念

电子商务(Electronic Commerce,EC)从狭义上讲,是指在网上进行交易活动,包括通过Internet买卖商品和提供服务；从广义上讲，是指利用Internet、Intranet、Extranet来解决商业交易问题，降低产、供、销成本，开拓新的市场，创造新的商机，通过采用最新网络技术手段，增加企业利润的所有商务活动。

2）电子商务系统的组成

电子商务系统是信息系统向商务应用领域发展的新趋势，它是指进行电子商务活动的计算机硬件、软件、计算机网络与通信设备、有关人员与组织以及有关法律、制度、标准、规范的统一体。完整的基础电子商务系统建立在Internet信息系统的基础上，由以下3方面组成：参与交易的信息化企业、信息化组织和使用Internet的消费者主体，提供实物配送服务和支付结算服务的机构，以及提供网上商务服务的电子商务服务商。电子商务系统不仅是一个人机系统，更是一个社会系统。它包括以下几个基本组成部分：

- Internet信息系统。
- 电子商务服务商。
- 企业、组织和消费者。
- 实物配送中心。
- 支付结算服务机构。
- 认证中心。

3）基于Internet的企业电子商务系统的构成

现代企业电子商务系统是面向Internet的信息系统。基于Internet基础上的企业电子商务系统构成如图1-11所示。

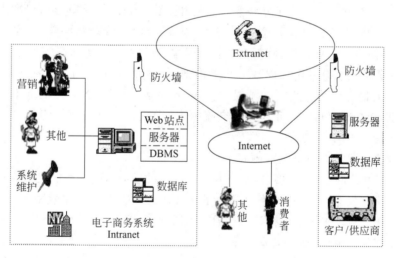

图1-11 基于Internet的企业电子商务系统构成

基于Internet的企业电子商务系统包括以下3个部分：

（1）企业内部和外部网络系统。为了方便企业内计算机联网和信息共享，可以将Internet的联网技术应用到企业局域网中，组建成企业内部网（Intranet）。其组网方式与Internet一样，只是使用范围局限在企业内部。为方便企业同业务联系紧密的合作伙伴进行信息资源共享和保证交易安全，通过防火墙（Firewall）来控制无关人员和非法人员进入企业网络系统,只有那些经过授权的成员才可以进入网络,一般将这种网络称为企业外联网(Extranet)。如果企业的信息可以对外界公开,那么企业可以直接连接到Internet上,实现信息资源最大限度的开放和共享。

(2) 企业管理信息系统。企业管理信息系统是功能完整的电子商务系统的重要组成部分。企业管理信息系统是一个有机整体,在组织中发挥着收集、处理、存储和传送信息以及支持组织进行决策和控制的作用。其最基本的系统是数据库管理系统(DataBase Management System,DBMS),它负责收集、整理和存储与企业经营相关的一切数据资料。

(3) 电子商务站点。电子商务站点是指在企业内部网上建设的具有销售功能的、能连到Internet上的WWW站点。电子商务站点起着信息交流平台的作用。一方面,它连接到Internet,企业的客户或者供应商可以直接通过站点了解企业信息,并直接通过站点与企业进行交易;另一方面,它将市场信息同企业内部管理信息系统连接在一起,将市场需求信息传送到企业管理信息系统,以便企业根据市场的变化组织经营管理活动。

5. 电子政务

1) 电子政务的概念

电子政务是指政府机构为了适应经济全球化和信息网络化的需要,通过应用、服务及网络3个层面,运用现代信息和通信技术,将政务处理和政务服务的各项职能通过网络技术进行集成,在Internet上实现组织结构和工作流程的优化重组,超越时间、空间与部门分隔的限制,全方位地向社会提供优质、规范、透明的管理和服务,以实现提高政府管理效率、精简政府管理机构、降低政府管理成本、改进政府服务水平等目标。

电子政务的实质是一个面向政府机关内部、其他政府机构、企业以及社会公众的基于网络技术的信息系统。它不同于仅建立Web网站发布信息,处理的也不仅是政府机关内部信息,而是包括可在一定范围内交流的信息和可以公开发布的信息。

2) 电子政务的基本内容

电子政务一般包含以下基本内容。

(1) 政府办公网络化。将政府本身及其各部门的职能、职责、组织机构、办事程序、规章制度等在网上发布,并利用网络化平台完成相应的职能,提高办事效率。

(2) 信息上网。在网上公布政府部门各项活动,把网络作为政务公开的一个渠道,以加大政府工作的透明度,接受公众监督。

(3) 网上监测调控。例如,可以建立国民经济信息监测网以实现对国民经济的全面监测,通过电子化管理财务税收等。

(4) 网上专业市场交易。例如进行政府电子采购。

(5) 网上与公众沟通。建立政府与百姓沟通的网络平台。

3) 电子政务系统的构成

电子政务系统是信息系统向政府机构的延伸,是政府信息化的新进展。电子政务系统的直接目的是为了提高办公效率和服务质量,做到政务公开透明。当前电子政务系统

已经由起初仅是政府机关工作中从属的辅助工具向主流工作手段方向发展。其应用目标如下:

(1) 将信息服务延伸到政府机构各部门、企业用户和社会公众。

(2) 在集成技术平台上实现与政府外部用户的交互。

(3) 与传统技术和系统集成。

(4) 重构核心业务流程,以提供更快和更有效的服务。

为了达到上述目标,一般电子政务系统由以下几个部分构成,如图 1-12 所示。

(1) 网络应用平台系统。它是为政府机构内部网建设的一个先进的、标准的和安全的网络运行平台,保证网络服务的完整性、开放性和可伸缩性。

图 1-12　电子政务系统的构成

(2) 网络安全管理系统。对政府机构内部网用户和网上业务系统进行统一管理,为用户授权,对入网服务进行分发授权,保证整个网络的安全运行。

(3) 信息发布系统。提供统一的信息共享环境,不论共享信息在物理上如何分布,用户都可以在本系统内快速得到。政府机构能够方便地将业务运转过程中产生的共享信息在网上动态发布。

(4) 公文运转系统。创建一个协同办公的网络环境,使各种业务处理可完全在网络环境下完成,从而提高政府机构办公效率,增强决策的协调性,全面提高政府机构的决策效能。

(5) 计划管理系统。为综合管理部门提供便利的计划编制工具,提高制定计划的效率和能力。

(6) 项目管理系统。提供项目管理功能,动态跟踪项目的全过程,为政府机构决策提供依据。

电子政务系统不仅能促使政府机构转变工作方式,显著提高政府机构办公效率和质量,而且对改进政府机构与社会各界的关系,防止腐败滋生,改善政府机构形象,提高政府机构威信也有非常重要的作用。

6. 地理信息系统

1) 地理信息系统的基本概念

地理信息系统(Geographical Information System,GIS)也称为空间信息系统(Spatial Information System,SIS),它是指在计算机软硬件系统支持下采集、存储、管理、运算、分析、显示和描述与地球表面位置相关的数据信息的技术系统。GIS 是一门新兴学科,它是集计算机科学、空间科学、信息科学、测绘遥感科学、环境科学和管理科学等于一体的新兴边缘学科。GIS 在当前发展非常迅速,特别是在城市化建设和物流管理领域,已经成为信息系统应用的一个新的亮点。

GIS 最早出现在 20 世纪 60 年代。1963 年,加拿大测量学家汤姆林森(R. F.

Tomlinson)首先提出了地理信息系统这一术语,并建立了世界上第一个 GIS——加拿大地理信息系统(CGIS),用于对自然资源的管理与规划。之后随着信息技术、地理科学以及遥感技术的不断成熟发展,GIS 也获得了长足的发展,目前已成为多学科集成并应用于各领域的基础平台,成为地理学空间信息分析的基本手段和工具。它在测绘、地质矿产、农林水利、气象海洋、环境监控、城市规划、国防建设、物流管理等诸多领域中发挥着越来越重要的作用。

GIS 管理的对象是反映空间位置关系的地理信息。地理信息是有关地理实体的性质、特征及运动状态的表征和一切有用的知识,是对表达地理特征与地理现象之间关系的地理数据的解释。地理数据是各种地理特征和现象间关系的符号化表示,包括空间位置、属性特征(简称属性)和时域特征 3 部分。

2) GIS 的构成

简单 GIS 的组成如图 1-13 所示。

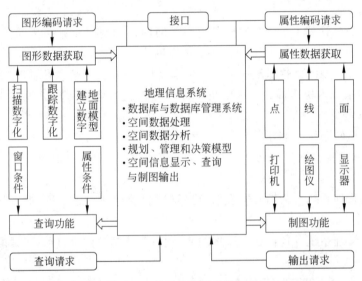

图 1-13　地理信息系统的组成

(1) 硬件系统。

GIS 硬件配置一般包括以下 4 个部分:计算机主机;数据输入设备,如数字化仪、扫描仪、手写笔、光笔、键盘、通信端口等;数据存储设备,如光盘刻录机、磁带机、移动硬盘、磁盘阵列等;数据输出设备,如笔式绘图仪、喷墨绘图仪、激光打印机等。

(2) 软件系统。

GIS 软件系统包括以下 3 个部分:计算机系统软件,地理信息系统软件和其他支撑软件,应用分析程序。

(3) 地理空间数据。

地理空间数据是指以地球表面空间位置为参照的自然、社会和人文景观数据,可以是图形、图像、文字、表格和数字等,由系统的工作人员通过数字化仪、扫描仪、键盘、磁带机或其他通信系统输入系统,然后存储在空间数据库中,由数据库管理系统进行数据管理。地理空间数据是系统程序操作的对象。

（4）系统开发、管理与使用人员。

人是 GIS 中的重要组成因素。GIS 在从设计、建立、运行到维护的整个生命周期中处处离不开人的作用。人在系统组织、管理、维护和数据更新、应用程序开发中都起到了至关重要的作用。

3）GIS 的应用

GIS 的应用非常广泛，主要包括以下几方面。

（1）资源清查和开发。资源清查和开发是 GIS 最基本的职能。GIS 可将各种来源的地理数据汇集在一起，最后提供区域多种条件组合形式的资源统计和进行原始数据的快速再现，并为资源的合理开发利用提供信息支持。以土地利用类型为例，可以输出不同土地利用类型的分布和面积、按不同高度带划分的土地利用类型、不同坡度区内的土地利用现状以及不同时期的土地利用变化等，为资源的合理利用、开发和科学管理提供依据。

（2）城市与区域规划。城市与区域规划中涉及资源、环境、人口、交通、经济、教育、文化和金融等多个地理变量和大量数据，GIS 可将这些数据归并到统一系统中，最后进行城市与区域多目标的开发与规划。这些规划包括城镇总体规划、城市建设用地适宜性评价、环境质量评价、道路交通规划、公共设施配置以及城市环境的动态监测等。

（3）物流管理。GIS 当前在物流分析中应用非常广泛，企业可以利用 GIS 强大的地理数据功能来完善物流分析技术。国外许多公司已经开发出成熟的基于 GIS 进行物流分析的工具软件，集成了车辆路线模型、最短路径模型、网络物流模型、分配集合模型和设施定位模型等。目前，GIS 已经成为全程物流管理中不可或缺的组成部分。

（4）灾害监测。借助遥感遥测数据，可将 GIS 有效地用于森林火灾的预测预报、洪水灾情监测和洪水淹没损失的估算，为救灾抢险、防洪决策提供及时而准确的信息。

（5）环境管理。环境管理也是 GIS 应用的重点领域。包含 GIS 技术的环境管理信息系统可以为环境管理部门提供数据和信息存储方法；可以提供环境管理的数据统计、报表和图形编制方法；可以建立环境污染的若干模型，为环境管理决策提供支持；可以为环境保护部门提供办公软件；可以提供信息传输的方法与手段。

（6）宏观决策。GIS 利用拥有的数据库，通过一系列决策模型的构建和分析，为国家宏观决策提供依据。例如，对土地承载力进行研究，可以解决土地资源与人口容量的规划。

此外，GIS 还广泛应用于以下领域。

（1）管道网络、交通模拟模型设计。包括天然气管道、污水管道、输电线路、铁路、公路等的网络模型研究。

（2）导航系统建设。包括空中管制、海图制作等。

（3）城市规划。包括居民点、商业网点、道路的设计，各种管网工程的设计与管理，各种城市景观的规划与设计。

（4）教练与模拟。基于 GIS 和虚拟现实（Virtual Reality，VR）技术，可以实现飞行、军事演习等的模拟。

(5)商业分析。利用 GIS 空间分析功能,可以实现企业网点优化布设与选址、最佳路径分析等。

4) GIS 的发展

随着 Internet 技术的不断发展和人们对 GIS 的应用要求不断提高,利用 Internet 在 Web 上发布空间数据,为用户提供空间数据浏览、查询和分析的功能,已经成为 GIS 发展的必然趋势。于是,基于 Internet 技术的万维网地理信息系统(WebGIS)就应运而生。WebGIS 是地理信息系统在万维网上的实现,它是利用万维网技术对传统地理信息系统的改造和发展。WebGIS 将 Internet 技术应用于 GIS 开发,使得 GIS 通过 WWW 功能得以扩展,真正成为一种大众使用的工具。Internet 用户可以从 WWW 的任意一个节点浏览 WebGIS 站点中的空间数据,制作专题图,以及进行各种空间检索和空间分析,从而使 GIS 进入千家万户,扩大了其使用范围。

7. 办公信息系统

1) 办公信息系统的概念

办公信息系统(Office Information System,OIS)也称为办公自动化系统(Office Automation System,OAS),是由人和办公技术环境构成的一体化信息系统,它能够和谐、高效地处理办公业务,提供办公事务所需要的信息服务,辅助决策。

2) 办公信息系统的构成

OIS 一般由以下 6 个方面的要素构成。

(1)办公人员。是办公信息系统的主体和中心,包括以下类型:信息使用人员(管理人员、决策人员)、办公业务人员(文秘、财务等人员)、系统服务人员(系统管理员、系统维护人员和数据录入员)。

(2)办公机构。即办公实体所处的办公组织。

(3)办公制度和办公例程。其中,办公例程是指规范化的办公过程和办公程序。办公过程的制度化和规范化对 OIS 有重要意义。在 OIS 建成之后,办公制度和办公例程又成为其必要的组成部分。

(4)技术工具。指 OIS 建设所需的技术、设备、手段等。办公信息系统必须建立在以计算机、通信网络为中心的现代信息技术和现代办公设备的基础之上。

(5)办公信息。是办公信息系统处理的对象。从信息处理角度看,办公活动实际上是对各类办公信息(数据、文字、声音、图形、图像等)进行采集、存储、处理、传递和输出的过程。

(6)办公环境。指办公实体之外的外部环境,包括社会组织、上下级部门、服务与被服务的对象等。办公环境是 OIS 的支撑和制约因素。

3) 办公信息系统的功能

办公信息系统主要包括以下功能。

(1)办公信息处理。包括日常办公信息处理、业务统计数据处理和数据的定量化处理等。

(2)文档管理。包括公文的准备、起草、审批、发布、下达、批转、汇报以及各种数据、报表、文件、档案数据的存储、查询和处理等。

(3) 信息通信。利用计算机网络等现代化通信技术，使办公室的各类信息能够相互传输，以达到信息互通和共享的目的。

(4) 时程管理。包括办公计划、业务、会议日程编排，工作文件的准备，会议记录、备忘录的落实，等等。

(5) 辅助办公决策。为决策者提供办公所需要的各种信息，并辅助办公者的各项决策。

1.4 信息化与信息社会

1. 信息化

信息化的概念是在 20 世纪 60 年代初提出的。一般认为，信息化是指信息技术和信息产业在经济和社会发展中的作用日益加强并发挥主导作用的动态发展过程。它以信息产业在国民经济中的比重、信息技术在传统产业中的应用程度和信息基础设施建设水平为主要标志。从内容上看，信息化可分为信息的生产、应用和保障三大方面。信息生产即信息产业化，要求发展一系列信息技术及产业，涉及信息和数据的采集、处理、存储技术，包括通信设备、计算机、软件和消费类电子产品制造等领域。信息应用即产业和社会领域的信息化，主要表现在利用信息技术改造和提升农业、制造业、服务业等传统产业，大力提高各种物质和能量资源的利用效率，促使产业结构调整、转换和升级，促进人类生活方式、社会体系和社会文化发生深刻变革。信息保障指保障信息传输的基础设施和安全机制，使人类能够可持续地提升获取信息的能力，包括基础设施建设、信息安全保障机制、信息科技创新体系、信息传播途径和信息能力教育等。

20 世纪 90 年代以后，国际信息化浪潮此起彼伏。1991 年，美国政府宣布因特网向社会公众开放，宣告了因特网商业化应用的开始。1993 年，美国又率先提出国家信息基础设施（即信息高速公路）。之后，各国也纷纷推出本国的信息化计划。我国的信息化建设起步可追溯到 20 世纪 80 年代初期，从国家大力推动电子信息技术应用开始，经历了准备阶段、启动阶段、展开阶段和发展阶段。

(1) 准备阶段(1993 年以前)。在这个阶段，我国政府逐步认识到发展信息产业的重要性，并强调电子工业的发展应该从过去的以研究制造计算机硬件设备为中心迅速地转向以普及应用为重点，并以信息技术的普及应用来带动其研究发展、生产制造、外围配套、应用开发、技术服务和产品销售等工作。1988—1992 年，国家经济委员会、机电部、国家科学技术委员会和电子信息技术推广应用办公室在推动传统产业技术改造、EDI 技术、CAD/CAM 等领域做了大量工作，不断推动电子信息技术应用向纵深发展。

(2) 启动阶段(1993—1997 年)。1993 年，我国信息化正式起步，国家提出信息化建设的任务，启动了金卡、金桥、金关等重大信息化工程，拉开了国民经济信息化的序幕。1994 年 5 月，成立了国家信息化专家组，作为国家信息化建设的决策参谋机构，为建设国家信息化体系、推动国家信息化进程提出了许多重要建议。1996 年以后，中央和地方都确立了信息化在国民经济和社会发展中的重要地位,信息化在各领域、各地区形成了强劲的发展潮流。1996年1月,成立了以国务院副总理邹家华任组长,由20多个部委领导组成的国务院信息化工作领导小组,统一领导和组织协调全国的信息化工作。

(3) 展开阶段(1998—2000年)。经过1993—1997年的建设与发展,符合我国国情的信息化发展思路已经初步形成。国务院信息化工作领导小组确立了国家信息化的定义和国家信息化体系六要素,进一步充实和丰富了我国信息化建设的内涵;提出了信息化建设"统筹规划,国家主导;统一标准,联合建设;互联互通,资源共享"的24字指导方针。1999年,信息产业部推动了电信体制改革,进行了电信重组和结构调整,初步形成了中国电信、中国移动、中国联通、中国网通、中国铁通等多家电信运营公司开展市场竞争的格局。同时,信息产业部会同有关部门,积极推动政府上网工程、企业上网工程和电子商务。2000年,十五届五中全会提出要走一条新型的工业化道路,就是要以信息化带动工业化,以工业化支持信息化。

(4) 发展阶段(2001年至今)。在这个阶段,我国信息化建设高速发展,越来越多的企业借助信息化平台融入世界经济一体化进程。我国信息化建设有力地促进了信息产业的发展。信息产品的制造业规模已跃居全国各个工业部门首位,信息产业已成为我国的基础产业、支柱产业和先导产业。同时,我国信息化的相关法律法规建设取得积极进展,信息安全保障体系日臻完善。随着《电子签名法》《电信条例》的实施和《政府信息公开条例》《个人信息保护法》等法律法规的研究和制定,信息化发展的环境得到了不断改善。

信息化是由工业社会向信息社会演化的动态过程,它反映了从有形的物质产品起主导作用的社会到无形的信息产品起主导作用的社会的转型。信息化的发展加快了世界范围内的产业结构的调整和升级,加速了经济全球化的进程,有力地推动了经济增长和社会的发展。当前,信息化水平的高低已经成为衡量一个国家、一个地区现代化水平和综合实力的重要标志。当然,信息化在迅猛发展的同时,也给人类带来负面、消极的影响。这主要体现在以下几方面。

(1) 信息化对全球和社会发展的影响极不平衡,信息化给人类社会带来的利益并没有在不同的国家、地区和社会阶层得到共享。

(2) 数字化差距或数字鸿沟加大了发达国家和发展中国家的差距,也加大了一国国内经济发达地区与经济不发达地区间的差距。

(3) 信息技术的广泛应用使劳动者对具体劳动的依赖程度逐渐减弱,对劳动者素质特别是专业素质的要求逐渐提高,从而不可避免地带来了一定程度上的结构性失业。

(4) 数字化生活方式的形成使人类对信息手段和信息设施及终端的依赖性越来越强,在基础设施不完善、应急机制不健全的情况下,一旦发生紧急状况,将对生产、生活造成极大影响。

另外,信息安全与网络犯罪、信息爆炸与信息质量、个人隐私权与文化多样性的保护等也是信息化带给人类社会的新的挑战。

2. 信息社会

信息社会也称信息化社会,是脱离工业社会以后,信息将起主要作用的社会。在农业社会和工业社会中,物质和能源是主要资源,社会所从事的是大规模的物质生产。而在信息社会中,信息成为比物质和能源更为重要的资源,以开发和利用信息资源为目的信息经济活动迅速扩大,逐渐取代工业生产活动而成为国民经济活动的主要内容。

信息社会的特点表现为以下几方面。

（1）在信息社会中,信息（知识）成为重要的生产力要素,和物质、能量一起构成社会赖以生存的三大资源。

（2）社会经济的主体由制造业转向以高新科技为核心的第三产业,即信息和知识产业占据主导地位。

（3）在信息社会,劳动力主体不再是机械的操作者,而是信息的生产者和传播者。

（4）贸易不再主要局限于国内,跨国贸易和全球贸易将成为主流,交易结算不再主要依靠现金,而是主要依靠信用。

（5）知识以"加速度"方式积累（知识爆炸）,并以多种形式提供针对人的多种感官的信息。

信息社会存在着以下一些问题。

（1）信息污染。主要表现为信息干扰、信息无序、信息缺损、信息过时、信息冗余、信息误导、信息泛滥以及虚假信息、垃圾信息、不健康信息等。信息污染是一种社会现象,它像环境污染一样应当引起人们的高度重视。

（2）信息犯罪。主要表现为黑客攻击、网上诈骗、窃取信息等。

（3）信息侵权。主要是指侵犯知识产权,还包括侵犯个人隐私权。

（4）计算机病毒。它是具有破坏性的程序,通过复制、网络传输潜伏于计算机的存储器中,在时机成熟时发作。发作时,轻者消耗计算机资源,使效率降低；重者破坏数据、软件系统,有的甚至破坏计算机硬件或使网络瘫痪。

（5）信息侵略。信息强势国家通过信息垄断和大肆宣扬自己的价值观,用自己的文化和生活方式影响其他国家。

信息社会也常被称为知识社会,但两个概念的侧重略有不同。在知识社会,知识、创新成为社会的核心。信息社会的概念是建立在信息技术进步的基础之上,知识社会的概念则包括更加广泛的社会、伦理和政治方面的内容。信息社会仅仅是实现知识社会的手段,信息技术革命带来社会形态的变革,从而推动面向知识社会的下一代创新。

1.5 信息意识、信息道德和信息素质

1. 信息意识

信息意识是人们在信息活动中产生的认识、观念和需求的总和。在现代社会中,随着信息技术的不断普及和发展,信息应用的领域不断拓宽,人们对信息的认识也在不断

地加深。信息意识的建设和培养是非常必要的,因为人们对信息认识的程度将在很大程度上决定信息最终发挥的作用的大小。

首先,信息意识是人对信息及其运动规律的抽象的、概括的、总体的认识,即对信息的一般认识。其中,对信息的一般概念及作用的认识是信息的一般认识的基础,在人的信息意识的构建上具有特别重要的意义。在当代社会,信息是最重要的资源,对整个社会的发展具有决定性的作用。社会是一个极为庞大、复杂的系统,信息在其中的作用如同神经系统在人体中的作用,信息运行良好,才能使社会经济有序运行,否则,将会导致整个社会经济的崩溃。

其次,信息意识是人对各种具体的事物信息的认识,是人从信息的角度对万事万物的个别认识。信息是各个或各种事物运动的状态和状态改变的方式,人就是通过对具体的信息的认识来认识事物,进而认识和改造整个世界的。人认识世界和改造世界的过程是一个不断从外部的客观世界和主观世界获取信息,再对信息进行加工处理,然后反作用于外部世界的过程。信息意识强的人会自觉地从信息的角度来感受、理解、评价事物,敏锐地发现、捕获别人难以发现的有价值的信息,全面、深刻地认识信息,认识事物。

再次,信息意识是人对信息的自觉需求,是人自觉地掌握信息、利用信息的自我要求。现代社会处在信息时代,信息是其主导资源。大力开发和利用信息资源,是社会发展的迫切需要,也是社会对民众个人的迫切要求。现代社会是以知识经济为基础的社会,社会生产力和经济发展主要依靠劳动者的知识和智慧。社会对劳动者的科学文化知识水平提出了比过去高得多的要求。现代社会竞争越来越激烈,竞争成败的关键在于是否敏捷、有效地掌握、利用有价值的信息。谁领先掌握和利用了有价值的信息、知识、技术,谁就获得了优势。社会对信息的要求势必会为人的意识所反映,激发其对信息的需求和欲望,化为人自觉地获取、掌握、利用信息的内在要求。

综上所述,信息意识主要包括以下3个方面。

(1) 能认识到信息在信息时代的重要作用,确立在信息时代尊重知识、终身学习、勇于创新的新理念。

(2) 对信息有积极的内在需求。每个人除了自身有对信息的需求外,还应善于将社会对个人的要求自觉地转化为个人内在的信息需求,这样才能适应社会发展的需要。

(3) 对信息有敏感性和洞察力。能迅速有效地发现并掌握有价值的信息,并善于从他人看来微不足道、毫无价值的信息中发现信息的隐含意义和价值,善于识别信息的真伪,善于将信息与实际工作、生活、学习迅速联系起来,善于从信息中找出解决问题的关键。

2. 信息道德

在信息时代,信息为人类创造了巨大的物质财富和精神财富,但是信息如果使用不当也会给社会带来一定程度的混乱,这些混乱往往是由于从事信息工作的相关人员的道德以及自身素质引起的,所以信息人员自身的道德素质问题越来越受到关注。人们对信息道德的关注源于个人隐私和商业领域的侵权问题。信息技术的发展是一把双刃剑,既大大促进了经济的发展和社会的进步,同时也带来了许多新的社会问题,主要包括隐私问题、犯罪问题、健康问题、工作条件问题、个性问题、雇用问题等,这些都属于信息道德的范畴。

道德是关于对或错的信念,它是一系列社会规范的总和。道德是历史性的习俗,有一系列规则,这些习俗是在一定社会背景下积累、发展而形成的,并具有一定的稳定性。信息道德是调整人们之间以及个人与社会之间信息关系的行为规范的总和,是在信息领域调整人们之间相互关系的行为规范和社会准则,它是信息社会最基本的伦理道德之一。作为信息社会中的现代人,应认识到信息和信息技术的意义及其在社会生活中所起的作用与影响,要有信息责任感,能抵制信息污染,遵循一定的信息道德,规范自身的信息行为,主动参与理想的信息社会的创建。

道德与法律不相同。法律具有强制性,所以法律问题一方面要加强法律观念的教育,另一方面要按照法律条文严格执法。而道德问题只能通过长期的潜移默化的教育,所以信息道德的培养要通过不断的学习和积累才能实现,是一个长期的过程。而对于一个企业来说,其信息道德建设是企业文化建设的一个部分。

3. 信息素质

信息社会带来的知识爆炸产生了深远影响,改变了人类的生活、工作环境和习惯。为适应未来社会的发展,人们应该学会理性思考和创造性思维,学会解决问题,学会管理和检索信息以及进行有效的交流,通过掌握信息问题的解决技能,为适应信息社会和高科技产业做好准备。随着信息社会的不断发展,社会对人的生存和发展提出了更高的要求,所以必须加强人们信息素质的培养。信息素质是人认识、创造、利用信息的品质和素养。信息素质是包含诸多要素的综合体,构成人们信息素质的要素除了前面讲过的信息意识和信息道德以外,还包括信息知识和信息能力等。

信息知识是指有关信息的本质、特性、信息运动的规律、信息系统的构成及其原则、信息技术和信息方法等方面的知识。其中,信息技术是指有关信息产生、检测、变换、存储、传递、处理、显示、识别、提取、控制等的技术,它包括传感技术、通信技术和计算机技术,其核心是计算机技术。信息方法是指用信息的观点来分析自然和人们思维中的问题和矛盾,以求得解决问题和矛盾的最佳方案的方法。常用的信息方法有信息综合分析法、行为功能模拟法、系统整体优化法等。信息方法是形成人的信息能力的前提条件。

信息能力是一个能力集群,包括信息的需求、检索、评价、组织以及信息应用与交流的整个过程中涉及的各种能力,简言之,即人们获取信息、处理信息、创造和利用信息的能力。具体来讲,信息能力分为以下 7 个方面。

(1) 信息技术理念:信息能力可以看作使用信息技术来进行信息的检索和交流。

(2) 信息源理念:信息能力可以看作从适当的信息源中获取所需信息。

(3) 信息处理理念:信息能力可以看作执行一个信息相关处理活动的过程。

(4) 信息控制理念:信息能力可以看作对信息进行控制的行为。

(5) 知识建构理念:信息能力可以看作在一个新的领域中建构个人的知识库。

(6) 知识延展理念:信息能力可以看作根据个人的观察积累与知识信息的结合而产生新的认识和观点。

(7) 智慧理念：信息能力可以看作有智慧地使用信息来为他人服务。

信息素质的各要素是一个相互联系、相互依存的统一体：信息意识是先导，信息知识是基础，信息能力是核心，信息道德则是培养信息素质的准则或保证。

信息社会给人们带来了巨大的挑战，知识和信息已成为经济发展和社会进步最根本的动力。只有具备信息素质的人才知道如何学习，如何更有效地组织信息，如何寻找并利用信息，从而有效地学习知识。基于这一认识，信息素质将成为人们赖以生存和发展不可缺少的重要素质之一。

习 题 1

1. 名词解释

信息、信息循环、结构化决策和非结构化决策、系统、系统方法、信息系统、ERP、CRM、SCM、GIS、信息化、信息素质

2. 选择题

(1) "没有不透风的墙"反映的是信息的（　　）特性。
　　A. 事实性　　　　B. 扩散性　　　　C. 共享性　　　　D. 时效性
(2) 决策的基础是（　　）。
　　A. 管理者　　　　B. 客户　　　　　C. 信息　　　　　D. 规章制度
(3) 以下不是 B/S 结构特点的是（　　）。
　　A. 客户端界面统一　　　　　　　　B. 响应速度快
　　C. 可移植性高　　　　　　　　　　D. 易于管理和维护
(4) 系统通过与环境进行物质、能量和信息的交换，从而调节自身的行为，适应环境，并保持与环境之间的动态平衡。这是指系统的（　　）。
　　A. 动态性　　　　B. 目的性　　　　C. 整体性　　　　D. 相关性
(5) ERP 是在（　　）的基础上发展而来的。
　　A. MRP　　　　　B. MRPⅡ　　　　C. 闭环 MRP　　　D. SCM
(6) 客户关系管理系统各功能模块中最基本的是（　　）。
　　A. 客户信息管理　　　　　　　　　B. 销售过程自动化
　　C. 营销自动化　　　　　　　　　　D. 客户服务与支持管理

3. 简答题

(1) 简述信息与数据的区别。
(2) 决策过程分哪几个阶段？各阶段的任务是什么？
(3) 简述信息系统的发展历程。
(4) 简述信息系统的功能。
(5) 分析信息系统的概念结构。

(6) 简述 B/S 模式的基本结构,并分析其优点。
(7) 简述 ERP 系统的功能结构。
(8) 简述客户关系管理的内涵。
(9) 简述供应链管理的基本思想。
(10) 简述 GIS 系统的构成和应用情况。
(11) 信息素质包括哪些方面的要求?

第 2 章 信息系统开发概论

2.1 信息系统的用户及其需求

信息系统用户是企业各级人员,而在企业运行过程中,各级人员是按照一定的组织方式构成的群体。所以,要研究信息系统用户的需求,必须先分析企业的组织结构,了解企业相关运作和决策过程中各级人员的职责。

近年来,企业组织结构的变革方兴未艾。作为精简机构和企业流程重组的一部分,许多公司简化了管理层次,企业的组织结构呈扁平化趋势。图 2-1 是典型的企业组织结构模型,它比较清晰地表达了企业的功能和组织层次。

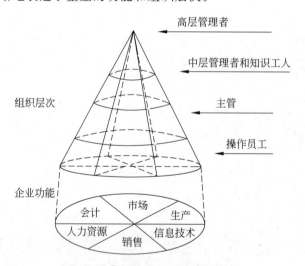

图 2-1 典型的企业组织结构模型

下面依次分析企业组织中各类用户对信息的需求。

1. 高层管理者

高层管理者的工作是制定战略规划,决定企业的所有任务和目标。为了策划未来的进程,高层管理者要对企业大方向的方针战略进行决策。战略规划影响企业未来的生存与发展,其中包括长期的 IT 规划。高层管理者致力于整个企业的发展并规划企业的进程与方向。为了确定一个战略规划,高层管理者还需要掌握企业外部的信息,如经济预测、技术趋势、竞争威胁和政府政策等。高层管理者用得比较多的是战略信息系统。

2. 中层管理者和知识工人

中层管理者在企业组织结构层次中仅次于高层管理者,大多数企业都有这一管理层次。中层管理者的职责主要是贯彻高层管理者的决策和执行相关领域的管理职能,为下一层的主管提供方向、必要的资源和信息反馈。中层管理者的精力集中于较短时间的目标框架上,所以其所需的信息比高层管理者更详细,比管理日常运行的主管更全面。中层管理者常常利用决策支持系统来完成他们的职责。

知识工人是处理企业相关事务的专业职员,如系统分析员、程序员、会计师、研究员、培训员和人力资源专家等。他们是企业组织必然的组成部分,企业需要他们来完成相应的专业事务。知识工人利用知识工作系统为组织的基本功能提供支持。

3. 主管

主管又称为小组领导,他们负责管理操作员工,完成日常职责。他们需要按照上层要求调整操作任务和人员,做出必要的决定,确保操作员工得到正确的工具、材料和培训。像其他管理者一样,主管在系统中需要借助主管信息系统来完成他们的职责。

4. 操作员工

操作员工包括依靠事务处理系统输入和接收数据的人员。在系统中,操作员工需要信息支持来完成相关任务。同时,随着现代企业的发展,许多企业通过授权的方式赋予操作员工更大的责任和义务,所以操作员工在主管授权的领域还要进行相关的决策。通过这种授权的方式,企业可以大大提高操作员工的能动性和满意度。操作员工用得最多的是办公信息系统。

2.2 信息系统的开发规律

信息系统的发展有其自身的规律。自 20 世纪 80 年代以来,许多专家学者总结了信息系统建设发展的成败经验,研究了其内在规律,其中最著名的是诺兰(Nolan)模型。

1. 诺兰模型的提出

信息系统在组织(企业、部门)中的应用一般要经历从初级到成熟的成长过程。美国哈佛大学教授里查德·诺兰通过对 200 多个公司、部门发展信息系统的实践经验的总结,于 1973 年首次提出了信息系统发展的 4 阶段论(开发阶段、普及阶段、控制阶段和成熟阶段)。此后,经过实践进一步验证和完善,诺兰又于 1980 年将其调整为 6 阶段论(初装阶段、蔓延阶段、控制阶段、集成阶段、数据管理阶段和成熟阶段),人们称之为诺兰模型。诺兰模型把信息系统的成长过程划分为 6 个阶段,如图 2-2 所示。

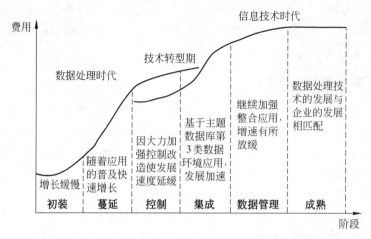

图 2-2 诺兰模型

(1) 初装阶段。从企业购置第一台计算机开始就进入了初装阶段,一般先应用在财务部门和统计部门。该阶段的特点是:组织中只有少数人使用计算机,计算机是分散控制的,没有统一的计划。

(2) 蔓延阶段。随着计算机的初步应用取得较好成效,其应用面迅速扩大,从企业少数部门扩展到各个部门,便进入蔓延阶段。在此阶段,计算机数据处理能力得到飞速发展,但在组织内部又出现了数据冗余、数据不一致以及数据难以共享等许多问题,导致了计算机使用效率不高等问题,迫切需要对信息系统的建设进行协调管理。这个阶段投资迅速增长,但只有一部分系统取得实际效益。

(3) 控制阶段。为了解决蔓延阶段信息系统的组织协调问题,企业开始制定管理方法,控制对计算机的随意使用,使得计算机的使用正规化、制度化。一般成立由企业领导和职能部门负责人参加的领导小组,实现对整个系统建设的统筹规划。在这一阶段,一些职能部门内部实现了网络化,如财务系统、人事系统、库存系统等,但各软件系统之间还存在"部门壁垒"和"信息孤岛",信息系统呈现单点、分散的特点,系统和资源利用率不高。这个阶段投资增长较慢。

(4) 集成阶段。在控制阶段的基础上,企业开始重新进行规划设计,对硬件进行重新连接,在软件方面建立集中式数据库以及能充分利用和管理各种信息的系统,企业的IT建设开始由分散和单点发展到成体系。这个阶段由于各种硬件、软件设备大量扩充,投资迅速增长。诺兰认为,前3个阶段属于"计算机时代",从第4阶段开始进入"信息时代"。

(5) 数据管理阶段。诺兰认为,在集成阶段之后才会真正进入数据管理阶段。在这一阶段中,企业开始选定统一的数据库平台、数据管理体系和信息管理平台,统一数据的管理和使用,各部门、各系统基本实现资源整合、信息共享,这时,数据真正成为企业的重要资源。由于美国在20世纪80年代时多数企业还处在第4阶段,因此诺兰对第5阶段还无法给出详细的描述。

(6) 成熟阶段。到了这一阶段,信息系统已经可以满足企业各个层次的需求,从简单的事务处理到支持高效管理的决策。企业真正把 IT 同管理过程结合起来,将组织内部、外部的资源充分整合和利用,从而提升企业的竞争力和发展潜力。

2. 诺兰模型的意义

诺兰模型总结了发达国家信息系统建设的经验教训,具有普遍的指导意义。一般认为,诺兰模型中的各阶段是不能跳跃的。因此,在进行信息系统建设时,企业必须明确自己当前所处的生长阶段,再根据该阶段的特点制定发展规划,确定开发策略,才会少走弯路,提高效率。

2.3 信息系统的生命周期

任何事物都有产生、发展、成熟、消亡(更新)的过程,信息系统也不例外。信息系统从申请立项、确定功能、设计到成功开发、投入使用,并在使用过程中不断修改、增补和完善,直到它不再适应新的需求被淘汰,被新系统替代,这一过程称为信息系统的生命周期。信息系统的生命周期可以分为系统规划、系统分析、系统设计、系统实施、系统运行维护 5 个阶段,如图 2-3 所示。

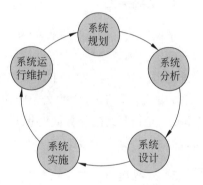

图 2-3 信息系统的生命周期

1. 系统规划

系统规划阶段的任务是对企业的环境、目标、现行系统的状况进行初步调查,根据企业目标和发展战略,分析各级管理部门的信息需求,确定信息系统的目标、功能、规模、资源,对建设新系统的需求做出分析和预测,并且根据需求的轻重缓急、现有资源状况和应用环境的约束,合理安排建设计划,从经济、技术等方面研究建设新系统的必要性和可能性。根据需要与可能,给出拟建系统的备选方案。对这些方案进行可行性分析,写出可行性分析报告。如果可行性分析报告审议通过,将新系统建设方案及实施计划编写成系统设计任务书。

2. 系统分析

系统分析阶段的任务是根据系统设计任务书所确定的范围,对现行系统进行详细调查,描述现行系统的业务流程,指出现行系统的局限性和不足之处,确定新系统的基本目标和逻辑功能要求。可见,其目的是建立新系统的逻辑模型,所以这个阶段又称为逻辑设计阶段。这个阶段是整个系统建设的关键阶段,也是信息系统建设与一般工程项目的重要区别所在。这一阶段的主要工作是从业务调查入手,分析业务流程,分析数据与数据流程,分析功能与数据之间的关系,并根据用户的需求,确定新系统的逻辑模型,编写系统分析报告。

系统分析阶段的工作成果体现在系统需求说明书中,这是系统建设的必备文件。它既是给用户看的,也是下一阶段的工作依据。因此,系统需求说明书既要通俗,又要准确。用户通过它可以了解拟建系统的功能,判断是不是其所要求的系统。另外,系统需求说明书是系统设计的依据,也是将来验收系统的依据。

3. 系统设计

系统设计阶段的任务是根据系统需求说明书中规定的功能要求,考虑实现逻辑模型的具体设计方案,即设计新系统的物理模型,所以这个阶段又称为物理设计阶段。其中又可分为总体设计和详细设计两个阶段。这个阶段的技术文档是系统设计说明书。如果说系统分析阶段的任务是回答系统"做什么"的问题,那么系统设计阶段要回答的问题是"怎么做"。这一阶段的主要工作是根据系统分析报告所确定的逻辑模型,结合实际条件,确定新系统的物理模型,即新系统实现的技术方案,包括总体设计、数据库设计、输入输出设计、模块结构和功能设计等,并编写系统设计报告。

4. 系统实施

系统实施阶段是将设计的系统付诸实践的阶段。该阶段的任务是根据系统设计报告所确定的物理模型,将设计方案转换为计算机上可实际运行的人机信息系统,并编写系统实施报告。这一阶段的主要工作包括:计算机等设备的购置、安装和调试,程序的编写和调试,人员培训,数据文件转换,系统调试与转换,等等。这一阶段的特点是几个互相联系、互相制约的任务同时展开,必须精心安排、合理组织。系统实施是按实施计划分阶段完成的,每个阶段都应写出实施进度报告。系统测试之后写出系统测试分析报告。

5. 系统运行维护

信息系统建设完成并交付使用后,便进入系统运行维护阶段。这个阶段的工作主要包括系统评价和系统维护。系统评价的主要任务是在系统运行期间,根据用户的反映和系统日常运行情况记录,定期对系统的运行状况进行综合考核,评价系统的工作质量和经济效益,为系统维护及再建设提供依据。系统维护的主要任务是记录系统运行情况,在原有系统的基础上进行修改、调整和完善,使系统能够不断适应新环境、新需要。

在信息系统建设过程中,软件开发是一项重要工作,而在软件工程领域已经形成了成熟的软件生命周期的概念。软件生命周期的概念与信息系统生命周期的概念类似,是指软件从开始研制到废弃不用的整个过程。波姆(Bohem)于1976年提出瀑布流开发模型,将软件生存周期划分为定义、开发和运行3个阶段,每个阶段又划分为若干步骤。在表2-1中,第2栏是戴维斯(G. B. Davis)对软件生命周期各阶段的步骤的描述,第3栏是软件生命周期各阶段、各步骤与信息系统生命周期的5个阶段的对比,第4栏列出了软件工程中瀑布流开发模型对应的步骤。

表 2-1　软件生命周期和信息系统生命周期以及瀑布流开发模型的阶段/步骤对比

软件生命周期的阶段	阶段中的步骤	信息系统生命周期的阶段	瀑布流开发模型的步骤
定义	提出定义	系统规划	问题定义
	可行性研究		可行性研究
	信息需求分析	系统分析	需求分析
开发	概念设计	系统设计	总体设计 详细设计
	物理系统设计		
	数据库设计		
	程序开发	系统实施	编码 测试
	规程开发		
运行	转换	系统运行维护	运行与维护
	运行与维护		
	系统评价		

2.4　信息系统的开发方法

随着信息技术的发展和信息系统应用领域的不断拓宽,人们日益感到需要建立一种科学的系统开发方法理论,从而摆脱早期系统开发过程中的随意性和缺乏方法论指导的不足。随着信息系统开发研究的不断深入,如今已经建立起一些较为成熟的系统开发方法体系,其中常用的有结构化开发方法、原型法和面向对象的开发方法等。

2.4.1　早期开发方法的不足

在 20 世纪 60 年代,随着信息技术的发展,特别是数据库技术的出现,出现了信息系统发展的第一个高潮。计算机的应用使企业的面目焕然一新,提高了工作效率,增强了企业的竞争力,因而使用计算机成为一种时尚。同样,我国在 20 世纪 70 年代末至 80 年代初也经历了一个相似的计算机应用的高潮,许多企业纷纷引进计算机,进入了诺兰模型中的蔓延阶段。然而这个高潮过后,问题开始显现。昂贵的计算机往往没带来预想的巨大经济效益,反而造成亏损,甚至导致企业倒闭。这种情况促使人们开始分析其中的原因。

造成系统开发失败有多方面的原因,如缺乏科学管理基础,领导重视只停留在口头上,业务人员有顾虑甚至有抵触情绪。人们对信息系统的复杂性缺乏足够的认识,将信息系统开发等同于"大程序"的编制工作,缺乏行之有效的信息系统开发方法的指导。

信息系统开发失败的原因可以归纳为以下 3 点。

1. 目标模糊

信息系统是管理系统的子系统,是为实现企业目标服务的。对于企业的目标没有明确的认识,对于信息系统要达到的目标没有明确的、恰当的规定,开发人员想当然地设计系统,危险性当然很大。对管理人员来讲,目标模糊表明对未来系统的状况没有明确的概念。这样,双方的想法必然产生差距,设计出来的系统肯定会有问题。

2. 通信误解

开发信息系统,需要各级管理人员与开发人员密切配合。但这两方面的人员往往专业背景和经历极不相同,彼此不精通对方的业务,这就造成交流思想的困难,容易产生误解,而这种误解会给系统造成巨大的隐患。例如,在实际工作中常常遇到这样的情况,许多管理人员精通自己的业务,但不善于把业务过程明确地表达出来,他们觉得某项业务理所当然地就应该这么做,或者是凭经验、直觉就该这么做,而不是根据信息流或逻辑判断应当怎么做。加上用户往往缺乏计算机知识,不了解计算机能做什么,不能做什么,更不可能用开发人员熟悉的术语介绍业务过程。而开发人员因为缺乏用户的业务知识,不知道该问什么问题。这样,开发人员对用户的要求理解不透,有许多疏漏和误解。根据这种理解开发的系统当然有许多缺陷,甚至根本不是用户所要求的。

3. 步骤混乱

信息系统的开发是一项长期的、复杂的工程,各个工作环节之间有着内在的逻辑关系,跳过某个阶段就会出现问题,造成返工和浪费。例如,先买计算机,再想如何使用,就是许多浪费现象的根源;不经过深入的系统分析,只是根据对系统的肤浅理解就进行程序设计,这不仅不能保证各部分的正确衔接,而且肯定会造成返工和重复劳动。

4. 缺乏管理控制

信息系统的开发往往需要多方面的人员较长时间的合作。在开发期间常有人员、环境的变动。因此,缺乏计划性和没有必要的管理控制,势必使系统的建设节奏涣散,难以协调,不能达到最终目的。

2.4.2 结构化开发方法

在现有的众多信息系统开发方法中,基于系统生命周期的结构化开发方法在实践中发展得最为成熟,得到了广泛应用。

1. 结构化开发方法的产生

结构化开发方法产生于20世纪70年代中期。"结构化"一词出自程序设计,即"结构化程序设计"。在结构化程序设计方法出现之前,程序员按照各自的习惯和思路编写程序,没有统一的标准,也没有统一的方法。同样一件事情,不同的程序员编写的程序所占用的内存空间、运行时间可能差异很大。更严重的是,这些程序的可读性和可修改性很差,一个程序员编写的程序,别人可能看不懂,修改更困难。

1964年,波姆和雅科比尼(G. Jaeopini)提出结构化程序设计的理论,认为任何一个程序都可以用顺序、选择和循环3种基本逻辑结构来编制。迪杰斯特拉(E. Dijkstra)等人主张在程序中避免使用 goto 语句,而仅用上述 3 种结构反复嵌套来构造程序。在这一思想指导下,一个程序的详细执行过程可按"自顶向下、逐步求精"的方法确定,即把一个程序分成若干个功能模块,这些模块之间尽可能彼此独立,用作业控制语句或过程调用语句把这些模块联系起来,形成一个完整的程序。这种方法大大提高了程序员的工作效率,提高了程序质量,增强了程序的可读性和可修改性。在修改程序的某一部分时,对其他部分的影响也不太大。可以说,这种方法使程序设计由一种"艺术"成为一种"技术"。

人们从结构化程序设计中受到启发,把模块化思想引入到系统设计中来,将一个系统设计成层次化的程序模块结构,这些模块相对独立,功能单一。为了使设计的系统满足用户的要求,在设计之前,先应正确理解和准确表达用户的要求,这就是系统分析阶段的基本任务。结构化系统分析强调系统分析员与用户一起按照系统的观点对企业活动由表及里地进行分析,通过调查分析明确系统的逻辑功能,并用数据流程图等工具把系统功能描述清楚。用户可以判断未来的系统是否满足其功能要求,而系统设计人员根据这种描述进行系统设计,保证系统功能的实现,这就是结构化开发方法的由来。

2. 结构化开发方法的基本思想和原则

结构化开发方法是用系统工程的思想和工程化的方法,按照用户至上的原则,采取结构化、模块化、自顶向下的方法对系统进行分析与设计。它是在生命周期法基础上发展起来的,其开发过程严格按照信息系统开发的生命周期划分为 5 个相对独立的阶段(系统规划、系统分析、系统设计、系统实施、系统运行维护),如图 2-4 所示。在前 3 个阶段坚持自顶向下地对系统进行结构化划分:在进行系统调查和理顺管理业务时,应从最顶层的管理业务入手,逐步深入至最基层;在进行系统分析、提出目标系统方案和进行系统设计时,应从宏观整体入手,先考虑系统整体的优化,然后再考虑局部的优化问题。在系统实施阶段,则坚持自底向上地逐步实施,即组织人员从最基层的模块做起(编程),然后按照系统设计的结构,将模块拼接到一起进行调试,自底向上、逐步地构成整个系统。

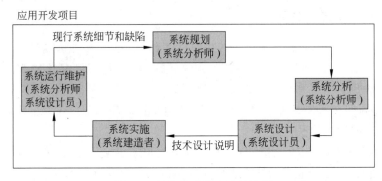

图 2-4 结构化开发方法的过程

为了保证系统开发过程顺利进行,结构化开发方法强调遵循以下 5 个基本原则。

(1)坚持面向用户的观点。用户的要求是系统开发的出发点和归宿。信息系统是为用户服务的,最终要交给管理人员使用。系统的成败取决于它是否符合用户的要求,用户对它是否满意。因此,必须动员、吸引管理人员积极参与系统的研制过程。在开发的各个阶段都应该有用户的参与,从用户的角度去看待系统的开发。实践证明,用户的参与,尤其是领导的介入,是系统成功的关键。在整个开发过程中,系统开发人员应该始终与用户保持联系,从调查研究入手,充分理解用户的信息需求和业务活动,不断地让用户了解工作的进展情况,校准工作方向。

(2) 严格区分工作阶段,每个阶段有明确的任务和应得的成果。混淆工作阶段是开发工作延期甚至失败的重要教训之一。结构化开发方法强调按时间顺序、工作内容将系统开发划分为几个工作阶段,如系统分析阶段、系统设计阶段、系统实施阶段以及系统运行维护阶段等。对于复杂的系统,更要强调和加强前期工作,强调深入细致地分析、设计,以避免后期返工,造成投资浪费和负社会效益。结构化开发方法各阶段的主要成果及审核安排如图 2-5 所示。

(3) 按照系统的观点,自顶向下地完成系统的开发工作。在系统分析阶段,按全局的观点对企业进行分析,自上而下,从粗到精,由表及里,将系统逐层逐级进行分解,最后进行逆向综合,构成系统的信息模型。在系统设计阶段,先把系统功能作为一个大模块,然后逐层分解,完成系统模块结构设计。在系统实施阶段,先实现系统的框架,自上而下完善系统的功能。程序的编写遵循结构化程序设计的原则,自顶向下,逐步求精。

(4) 充分考虑变化的情况。信息系统的环境在不断变化之中,因此用户对系统的要求也在不断变化之中。结构化开发方法充分考虑到这种变化的情况,在系统设计中,把系统的可变更性放在首位,运用模块结构方式来组织系统,使系统的灵活性和可变更性得以充分体现。

(5) 工作成果文献化、标准化。系统开发是一项复杂的系统工程,参与人员多,经历时间长。为保证工作的连续性,每个开发阶段的成果都要用文字、图表表达出来,资料格式要标准化、格式化。这些资料在开发过程中是开发人员和用户交流思想的工具,工作结束之后是系统维护的依据。因此,资料必须简要、明确,无二义性,既便于开发人员阅读,又便于用户理解。

3. 结构化开发方法的不足

结构化开发方法克服了传统开发方法的许多弊端,是非常成熟、应用很广泛的一种工程化方法,特别适合开发那些能够预先定义需求、结构化程度又比较高的大型系统。当然,这种方法也有不足和局限性,具体如下。

(1) 开发周期长。大系统开发过程需 1~3 年,可能系统尚未开发出来就已经过期,难以适应环境的急剧变化。

(2) 系统需求难以确定。用户往往不能确切地描绘现行信息系统的状况,导致系统分析员理解上的偏差,造成了系统需求定义的不准确。结构化开发方法不适合开发信息需求不明确的系统,而且对用户需求的变更不能做出迅速的响应。

(3) 文档对后期的影响大。若上个阶段文档不明确或有错,将造成后续工作的失败和无效。

(4) 不直观,用户最后才能看到真实的系统。

这些问题在实践中有的已得到解决,同时也产生了其他一些方法,如原型法、面向对

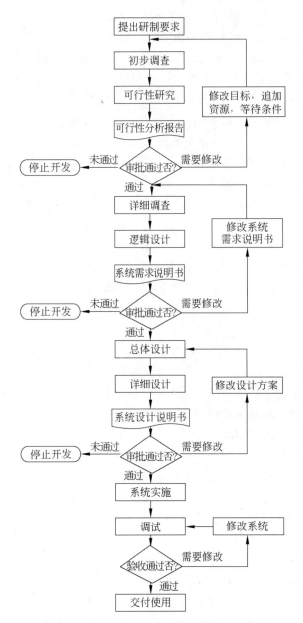

图 2-5 结构化开发方法各阶段的主要成果及审核安排

象方法。

2.4.3 原型法

1. 原型法的基本思想

原型法(prototyping approach)是 20 世纪 80 年代初兴起的一种开发模式,其动机主要是弥补传统生命周期法缺乏弹性的缺陷,缩短开发周期,减少开发风险。原型的观念很快受到开发人员的注意,陆续开发出相关的技术、方法和工具。这种开发方法有效地增进了用户与系统分析员的沟通,在分析与设计过程中用户处于主导地位。一个可实际运行的原型系统可以帮助系统分析员辨认动态的用户需求。某些需求在用户缺乏系统使用经验时,用户本身也无法预先知道。在原型运行过程中,用户可以发现这些需求,并将这些需求告诉开发人员。

结构化方法和面向对象方法都强调在开发之初要明确系统目标,锁定系统边界。这往往是十分困难的事,有时甚至是办不到的。原型法不要求在开发之初明确系统目标,而试图用探索的方法逐步逼近系统目标。

原型法的基本思想是:在投入大量的人力、物力之前,在限定的时间内,用最经济的方法开发出一个可实际运行的系统原型,以便尽早明确系统需求。在原型系统的运行中,用户发现问题,提出修改意见;技术人员完善原型,使它逐步满足用户的要求。这种思想也是借鉴自技术工程中的建模方法,例如,没有制造万吨水压机的经验,可先造一台百吨水压机以便取得经验。原型法将仿真的手段引入系统分析的初始阶段,首先根据系统分析人员对用户要求的理解,利用先进的开发工具,模拟出一个系统原型,然后就这个原型展开讨论,征求用户意见,与用户进行沟通,在使用中不断修改完善原型,逐步求精,直到用户满意为止。

2. 原型法的基本步骤

原型法既可以作为生命周期法的补充而当作辅助工具使用,也可以单独作为开发信息系统的工具。原型法的基本步骤如下。

1) 明确用户的基本信息需求

开发人员对系统进行初步调查,与用户一起弄清楚用户对系统的基本要求。这一阶段不像结构化方法那样要详细定义用户需求,而是要在几天或几个星期内分析用户的主要功能要求和实现这些要求的数据规范、报告格式、屏幕要求等。这个阶段不产生对外的正式文件,但对规模较大的系统,应准备一个初步需求文件。这时对系统要求的认识是不完全的,比较容易描述的。

2) 建立初始原型

在对系统功能、性能有了初步了解的基础上,开发人员借助软件开发工具(通常采用第 4 代自然语言开发工具),在短期内制作一个初始原型。一般对这个原型只要求满足上一步骤提出的基本要求,是一个可以实际运行的系统。构建原型时要注意两个原则,具体如下。

(1) 集成原则。尽可能用现成软件和模型来构建,这需要相应的工具。

(2) 最小系统原则。耗资一般不超过总投资的 10%,但能反映系统的基本特性,并能扩充和完善。

3) 评价原型

用户在开发人员协助下,运行原型系统。这样用户就可以在一个实实在在的系统应用过程中不断评价系统的优点和不足。这样,通过用户对原型的评价,可进一步明确用户要求,得出修改原型系统的具体意见。

4) 修改和完善原型

经过上一步骤,开发人员进一步明确了系统原型中存在的问题和缺陷,然后尽快修改原型系统,得出一个更完善的原型,并交给用户运行。

上述步骤如图 2-6 所示。需要注意的是,后面两步是反复进行的,修改后的原型交给用户试用、评价、提出意见,然后再修改,如此反复,直到用户和开发人员满意为止。

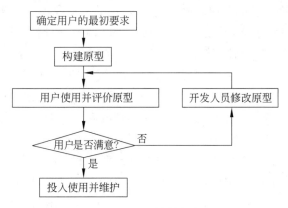

图 2-6 原型法的基本步骤

3. 原型法的优点与不足

原型法有以下优点。

(1) 原型法体现了从特殊到一般的认识规律,更容易为人们所普遍掌握和接受。人们认识一个新生事物都是渐进的,一开始不可能对它有全面的了解,所以迅速开发出原型有利于更好地辨识用户的需求,特别是辨识动态的用户需求。系统分析的困难之一是用户与开发人员之间的沟通,尤其是一些动态需求,不容易用语言文字来描述。可以实际运行的系统原型有助于开发人员发掘和验证这类不易用一般语言来描述的动态需求。

(2) 增进用户与开发人员之间的沟通。在传统的开发方法中,用户主要靠阅读大量的文件了解系统,然后向系统分析员表达他们对系统需求的意见。原型法展示给用户的是可以实际运行的原型系统,用户通过试用可以很清楚地把他们的意见告诉给系统分析员。通过多次的沟通也有利于用户对系统的了解和使用,减少用户的培训时间。

(3) 用户在系统开发过程中起主导作用。结构化方法强调了面向用户的观点,但用户参与较多的是系统分析阶段。而采用原型法进行系统开发,用户在整个开发过程中起主导作用,随时提供现场的第一手资料,帮助开发者认识用户的真正需求。

(4) 易于启发衍生式的用户需求。在系统投入运行之前,有些功能用户也无法预先知道。复印机刚发明时,人们曾认为其功能只是代替复写纸,在使用实践中才认识到远非如此,因此复印机才得以有今天这么广泛的应用。信息系统也与之类似。衍生式需求是指当系统投入运行之后,用户有了使用经验而提出的需求。在整个开发过程中,原型系统可以启用户提出衍生式需求,并把这些需求告诉开发者。决策支持系统就常常出现这类需求,适合用原型法进行开发。

(5) 原型法充分利用最新的软件开发工具,开发效率非常高,从而缩短了开发周期,减少了开发费用。原型法以用户为主导,能更有效地辨识用户需求,不仅使系统分析的时间大为缩短,而且减少了开发人员对用户需求的误解,从而降低了系统开发的风险。

(6) 采用原型法开发的系统更灵活,便于不断进行修改与扩充。

当然,原型法也有许多不足之处。原型法不如结构化开发方法成熟和便于管理控制。原型法需要有自动化工具的支持。由于用户的大量参与,也会产生一些新的问题,如原型的评估标准是否完全合理。原型的开发者在修改过程中容易偏离原型的目的。用户在看到原型的功能逐步完备之后,以为原型可以联机使用了,而疏忽了原型对实际环境的适应性及系统的安全性、可靠性等要求,便直接将原型系统转换成最终产品。这虽然缩短了系统开发时间,但损害了系统质量,增加了维护成本。

由上面的分析可以看出,原型法的优点主要在于能更有效地辨识用户需求,可以应用于分析层面难度大、技术层面难度不大、有比较成熟的经验的系统开发。一般的处理过程明确、简单的系统以及涉及面窄的小型系统适合采用原型法开发;而对于大型、复杂系统以及难以模拟的系统则不宜采用原型法。原型法和结构化开发方法的不同之处如表 2-2 所示。一般也可将原型法与结构化生命周期法结合起来使用,用原型法进行需求分析,以经过修改、确定的原型系统作为系统开发的依据,在此基础上完善系统需求说明书。

表 2-2 原型法与结构化开发方法的比较

比 较 项 目	原 型 法	结构化开发方法
开发路径	循环、迭代型	严格顺序型
开发文档数量	较少	多
用户参与程度	高	一般
对功能需求和环境变化的适应性	较好	较差
对用户的信息反馈	及时	不及时
对开发环境、软件工具要求	高	低
对开发过程的管理和控制	难	较容易

2.4.4 面向对象的开发方法

面向对象的思想最早起源于一种名为 Simula 的计算机仿真语言。20 世纪 70 年代问世的名为 Smalltalk 的计算机高级语言首次提出面向对象这一概念。到了 20 世纪 80 年代,由于 Smalltalk-80 和 C++ 语言的推出,使面向对象的程序设计语言趋于成熟,并为越来越多的人所理解和接受,从而形成了面向对象的程序设计(Object-Oriented Programming,OOP)这一新的程序设计方法。OOP 使程序设计的思想方法更接近人们的思维方式,从而为人们提供了更有力的认识框架,并使这一认识框架迅速地扩展到程序设计范围之外。

从 20 世纪 80 年代中后期开始,人们将面向对象的思想引入系统开发中,进行了在系统开发各个环节中应用面向对象概念和方法的研究，出现了面向对象的分析（Object-Oriented Analysis，OOA）、面向对象的设计（Object-Oriented Design，OOD）等涉及系统开发其他环节的方法和技术，它们与面向对象的程序设计结合在一起，形成了一种新的系统开发方法，即面向对象（Object-Oriented，OO）的开发方法。它将客观世界抽象成若干相互联系的对象，然后根据对象和方法的特性研制出一套工具，使其能够映射为系统结构和进程，实现开发工作。随着应用系统日趋复杂、庞大，面向对象方法以其直观、方便的优点获得了广泛应用。面向对象开发方法以类、类的继承、聚集等概念描述客观事物及其联系，为信息系统开发提供了新的思路。

第8章会对面向对象的开发方法做详细介绍。

2.4.5 开发方法的选择

针对不同的情况可以采用不同的开发方法，下面给出一些建议。

（1）系统需求可以明确提出且需求稳定的，首选结构化开发方法。

（2）开发周期短、需求不明确、用户不熟悉计算机、系统分析员不熟悉用户专业的，可以考虑选用原型法。

（3）对于环境复杂多变、功能和数据庞大类型复杂、不稳定且容易变化的情况，选择面向对象的开发方法。

2.5 信息系统的开发环境

2.5.1 信息系统的开发方式

信息系统的开发方式有多种，如自行开发、委托开发、合作开发、咨询开发和外购商业化软件等。每种开发方式都有其优点和不足之处，应该根据企业自身资源、技术力量、外部环境等各种因素进行选择。不论采用哪种方式，都必须有本企业人员参加，且在系统开发过程中要注意培养、锻炼本企业的系统开发和维护人员队伍。下面简要地介绍各种开发方式的特点。

1. 自行开发

自行开发即企业完全以自己的力量进行开发。对于拥有系统开发所需人才和技术的企业来说，自行开发是一种较好的选择。其优点是易于协调，可以保证进度；开发人员熟悉企业情况，可以较好地满足用户的需求；方便系统将来的运行和维护。其缺点是开发周期较长，成功率低，系统的技术水平和规范程度往往不高。

2. 委托开发

委托开发也称为交钥匙工程，即企业将开发项目完全委托技术服务商来完成，系统开发完成后再交付给企业使用。采用这种开发方式的企业并不多，因为信息系统开发项目与其他项目建设不同,它与企业管理密切相关,需要不断变化,而开发单位往往由于沟通障碍的存在,对用户需求难以正确把握,开发的软件不能完全满足企业的需求,而且将来系统的运行维护也可能存在相应的问题。

3. 合作开发

合作开发即企业与外部的开发单位合作,双方共同开发。这种方式结合了以上两种方式的优点,更加有利于企业人员熟悉和维护系统,也能充分利用开发单位的经验,有利于提高系统水平,因而这种方式被广泛采用。合作开发的问题主要在于企业如何选择合适的开发伙伴。开发伙伴应该有技术实力,有类似的企业信息系统开发的经验,熟悉行业特点,多为大专院校和科研院所。采用这种方式时,一般以招标的形式选择开发伙伴。

4. 咨询开发

咨询开发即以企业自己的力量为主,外请专家进行咨询的方式。一般聘请系统分析员进行咨询指导,如由其帮助企业进行系统的总体规划和系统分析;而系统的开发是由企业自己进行。这种方式是对自行开发方式的一种补充。

5. 外购商业化软件

近年来,随着软件产业的发展,外购商业化软件作为一种新型的开发方式,既节省时间,又能保证软件的质量,成功率高。当然这种开发方式有时存在难以满足企业特殊需求,需要进行二次开发的问题。此时如果企业不具备二次开发能力,往往采用外包方式,将系统二次开发项目交由专业软件公司完成。

2.5.2 信息系统建设的技术部门

企业信息系统建设的技术部门一般是企业的信息技术(IT)部,由其负责企业信息系统的开发和维护工作。不同公司的 IT 部门结构也不相同。在小公司,一个人就可以处理所有计算机的技术支持活动和服务;而大公司则需要许多专业 IT 人才来提供信息技术支持。一般企业 IT 部门的职能如图 2-7 所示。

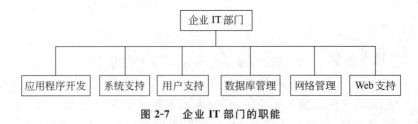

图 2-7 企业 IT 部门的职能

IT 部门的主要职能有以下 6 个方面:

(1)应用程序开发。IT 部门通常有一个应用程序开发小组,包括负责信息系统设计、开发和实施的系统分析员和程序员。当前,许多公司为完成这项任务,采用由用户、管理者和 IT 员工组成的部门团队。信息系统开发的流行模式是应用 RAD(Rapid

Application Development,快速应用开发)或JAD(Joint Application Development,联合应用开发)的面向项目的团队模式,由IT专业人员提供总体协调和技术支持。

(2) 系统支持。系统支持为企业信息系统内的计算机系统、网络、事务处理系统和公司IT设施提供硬件和软件支持。系统支持工作包括对操作系统、通信软件和集中式数据库管理系统的安装和维护工作,还为IT部门其他人员提供技术支持。

(3) 用户支持。用户支持功能通常称为服务热线或者信息中心,主要提供用户技术咨询、IT培训等。服务热线员工培训用户和管理者学习各种应用程序软件,用户支持专家回答或解决用户的各种问题。

(4) 数据库管理。数据库管理包括数据库设计、管理、安全、备份和用户访问等工作,在IT部门中担任该项工作的人员是数据库管理员。

(5) 网络管理。通信网络是信息系统的生命线。网络管理工作包括硬件和软件维护、支持和安全管理等。除了控制用户访问以外,网络管理员还要承担安装、调试、管理、监控、维护网络应用程序等工作。

(6) Web支持。Web支持是一项新的技术支持功能,在企业IT部门中担任该项工作的是Web站点管理员。其工作是支持企业的互联网站点和企业内部网的运行,具体包括:Web网页设计和建立,监控通信流量,管理硬件和软件,把公司现有的信息系统与基于Web的应用程序连接起来,等等。当前,可靠的、高质量的Web支持对于企业电子商务活动是非常重要的。

习 题 2

1. 名词解释

信息系统的生命周期

2. 选择题

(1) 诺兰模型把信息系统的发展过程归纳为6个阶段。从以计算机管理为主变为以数据管理为主的阶段是(　　)。

　　A. 集成阶段　　　B. 蔓延阶段　　　C. 控制阶段　　　D. 数据管理阶段

(2) 信息系统的生命周期起始阶段是(　　)。

　　A. 系统分析　　　B. 系统规划　　　C. 系统设计　　　D. 系统实现

(3) 下列各项中属于结构化系统开发方法特点的是(　　)。

　　A. 采用自下而上的开发方法　　　B. 系统开发周期短
　　C. 系统开发适应性强　　　　　　D. 适合开发需求比较明确的大型系统

(4) 以下关于原型法的阐述中不正确的是(　　)。

　　A. 原型法能及时反映用户需求

　　B. 原型法适合大型系统开发

　　C. 原型法对开发环境和软件工具要求高

D. 原型法符合人们认识事物的规律
(5) 企业开发信息系统广泛采用的方式是（　　）。
　　A. 自行开发　　　B. 委托开发　　　C. 合作开发　　　D. 咨询开发

3. 简答题

(1) 分析信息系统各类用户的需求。
(2) 简述诺兰模型的阶段划分及意义。
(3) 简述信息系统的生命周期各阶段包括的内容。
(4) 简述结构化系统开发方法的基本思想。
(5) 简述原型法的基本思想。
(6) 企业信息系统的开发方式有哪些？
(7) 简述企业信息系统建设部门(IT部门)的职能结构。

第3章 信息系统规划

3.1 信息系统规划概述

信息系统规划(Information System Planning,ISP)是信息系统生命周期的第一阶段,这一阶段的主要目标是明确系统整个生命周期内的发展方向、系统规模和开发计划。

3.1.1 信息系统规划的概念

信息系统建设是投资大、周期长、复杂度高的社会技术系统工程。科学的规划可以减少盲目性,使系统有良好的整体性和较高的适应性,使建设工作有良好的阶段性,以缩短系统开发周期,节约开发费用。系统规划是信息系统建设成功的关键之一,它比具体项目的开发更为重要。它的作用可以用以下公式来表示:

好的系统规划+好的开发=优秀的信息系统
好的系统规划+差的开发=好的信息系统
差的系统规划+好的开发=差的信息系统
差的系统规划+差的开发=混乱的信息系统

信息系统规划是基于企业发展目标与经营战略制定的,面向企业信息化发展远景的,关于企业信息系统的整个建设计划,包含信息系统的发展方向、目标以及信息系统的IT方案、实施策略和计划、预算等。信息系统规划可帮助企业充分利用信息技术来规范企业内部管理,提高企业工作效率和客户满意度,为企业获取竞争优势,实现企业的宗旨、目标和战略。

3.1.2 信息系统规划的特点

充分认识信息系统规划的特点有助于提高系统规划工作的科学性和有效性。信息系统规划具有以下几个特点:

(1) 信息系统规划是面向全局、长远的关键性的问题,具有较强的不确定性,结构化程度较低。信息系统领导小组全体成员必须密切配合协作。其中,系统分析师是信息系统规划的主要负责人,领导必须全力支持信息系统规划的工作。

(2) 信息系统规划是一个管理决策过程,高层管理者是工作的主体。

（3）信息系统规划要有概括性，宜粗不宜细。要给后续各阶段的工作提供指导，为系统的发展制定一个科学而又合理的目标和达到该目标的可行途径，而不是代替后续阶段的工作。

（4）信息系统规划是企业总体规划的一部分，要具有较强的应变能力。现代企业处于市场化、国际化的环境中，竞争越来越激烈。企业要生存和发展，就要不断调整和改革，对信息系统的适应性要求也越来越高。

（5）信息系统规划必须理论联系实际。必须从本单位的人力、物力、财力及资源实际出发，既要采用先进技术，又要制定切实可行的总体规划方案。总之，信息系统规划的方案必须考虑到可操作性和经济、技术上的可行性。

3.1.3 信息系统规划的原则

在进行信息系统规划时，应遵循以下原则：

（1）支持企业的战略目标。企业的战略目标是系统规划的出发点。系统规划应从企业战略目标出发，分析企业管理的信息需求，逐步导出信息系统的战略目标和总体结构。

（2）整体上着眼于高层管理，兼顾其他各管理层的要求。

（3）摆脱信息系统对组织机构的依从性。企业最基本的活动和决策可以独立于任何管理层和管理职责，只有这样，才能提高信息系统的应变能力。例如，不管企业的组织机构如何变动，库存管理子系统一旦形成，其工作过程大体上是不变的。

（4）保证系统结构有良好的整体性。信息系统的规划和实现的过程是一个"自顶向下规划，自底向上实现"的过程。采用自顶向下的规划方法，可以保证系统结构的完整性和信息的一致性。

（5）便于实施。系统规划应给后续工作提供指导，要便于实施。方案的选择应注重实用、经济、简单、易于实施，在技术手段上不片面求新。

3.2 信息系统规划的主要内容

信息系统规划的主要内容包括以下4方面：

（1）信息系统的战略规划。根据企业的发展目标与战略制定业务流程改革与创新的目标和信息系统的发展战略。

（2）业务流程规划。制定企业的业务流程规划，确定业务流程改革与创新的方案。

（3）总体结构规划。根据企业目标和业务流程规划确定信息系统的总体结构规划方案。

（4）项目实施与资源分配规划。落实项目实施方案，制定信息系统建设的资源分配方案。

3.2.1 信息系统的战略规划内容

企业战略（或企业经营战略）是对企业长远发展的全局性谋划，它是由企业的愿景和使命、政策环境、长短期目标及确定实现目标的策略等组成的总体概念。企业信息系统战略是企业信息化建设要实现的目标及实现这些目标的方法、策略、措施的总称。

信息系统服务于企业管理，其发展战略必须与整个企业的战略目标协调一致。首先要调查分析企业的目标和发展战略，评价现行信息系统的功能、环境和应用状况，再确定信息系统的使命，制定信息系统的战略目标及相关政策。

信息系统的战略规划内容主要包括以下几点。

（1）信息系统的建设目标、发展战略与总体结构。

根据企业发展的总目标，结合企业现状以及信息系统建设的相关因素，确定企业信息系统建设目标。信息系统建设目标是由总目标、分目标和多层次子目标构成的一棵目标树，如图 3-1 所示。

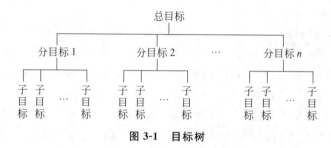

图 3-1　目标树

信息系统发展战略是实现信息系统建设目标的全局性谋划。信息系统发展战略制定的依据是企业发展战略和企业信息系统建设目标。信息系统发展战略应包括企业的方向、纲领、方针、政策、技术、业务等方面的内容。

信息系统总体结构即系统开发的框架。信息系统由多个子系统按照确定的关系模式构成，因此需要确定构成企业信息系统的各个子系统以及各子系统之间的关系。

（2）对当前信息系统状况的了解。

充分了解和评价当前信息系统的状况，包括软件、硬件设备、人员、各项费用、开发项目的进展及应用系统的情况，这是制定战略规划的基础。

（3）对相关信息技术发展的预测。

信息系统战略规划必然受到信息技术发展的影响。因此，对规划中涉及的软硬件技术和方法论的发展变化及其对信息系统的影响应作出预测。

（4）近期发展的计划。

战略规划涉及的时间跨度较大，应对近期的发展做出具体的安排，包括硬件设备的购置、项目开发、系统维护的时间安排、人力和资金的需求计划等。

3.2.2　业务流程规划

业务流程是指一个组织在完成其使命、实现其目标的过程中必需的、逻辑上相关的一组活动。企业的业务流程直接体现企业的核心能力，是企业完成其使命、实现其目标的基础。由于业务流程比企业内部的组织机构更稳定，面向业务流程的信息系统在企业的组织机构与管理体制变化时能够更好地保持工作能力。

在传统的企业管理模式下，企业的业务流程中非增值环节多，信息传递缓慢，同一流程各个环节之间和不同流程间关系混乱，特别是完整的业务流程被不同职能部门分割，大大降低了流程的效率与效益，难以及时抓住迅速变化的市场机会，致使整个企业效率与效益低下，竞争力弱，对市场形势与用户需求的变化反应迟钝，应变能力差。因此，必须应用现代信息技术与管理方法，对企业流程进行改革与创新。20世纪80年代，首先兴起的是业务流程改善（Business Process Improvement，BPI），然而，许多企业发现业务流程改善并不能从根本上解决企业面临的挑战问题。1990年，美国的哈默博士提出了业务流程重组（Business Process Reengineering，BPR）的概念，所谓业务流程重组就是对企业的业务流程做根本性的思考和彻底的重建，其目的是在成本、质量、服务和速度等方面取得显著的改善，使得企业能最大限度地适应以顾客、竞争、变化为特征的现代企业经营环境。

BPR以作业流程为中心，打破金字塔状的组织结构并使之扁平化，使企业能适应信息社会的高效率和快节奏，便于员工参与企业管理，实现企业内部的有效沟通，使企业具有较强的应变能力和较大的灵活性，其核心是"流程""根本""彻底"和"显著"。"流程"是指为完成企业目标和任务而进行的一系列相互关联的业务活动，业务流程重组的一切工作都是围绕业务流程展开的。"根本"表明业务流程重组所关注的是企业的根本问题，通过对这些问题的思考，企业可能发现自身的问题。"彻底"意味着改革而不是改良和调整，将抛弃陈规陋习，改变既有的结构和规程，设计和创造全新的工作模式。"显著"的含义是业务流程重组追求的不是一般意义上的业绩提升，而是要使企业的业绩有显著的增长。

在BPR中可以用到的技术和方法有很多，例如头脑风暴、德尔菲法、价值链分析法和竞争力分析法都是经典的管理方法和技术，而ABC成本法、标杆瞄准法、流程建模和仿真则是比较新的方法。将上面这些方法和技术综合在一起，就为业务流程重组团队提供了一整套有力的工具，可以在整个业务流程重组过程中运用。

3.2.3 总体结构规划

信息系统总体结构规划是信息系统规划的中心环节，这一环节要完成的任务是企业的信息需求分析、系统的数据规划、功能规划与子系统的划分以及信息资源配置规划。

（1）企业的信息需求分析是这一环节的基础工作，在准确识别和严格定义业务流程的基础上，要准确识别每个流程的高效率、高效益和应变能力需要什么信息支持，这些流程又会产生哪些信息以支持其他流程的运作。

（2）数据是信息系统最重要的资源。科学、系统的数据规划是信息系统成功的基本条件。数据混乱是导致信息系统失败的重要原因之一。因此，必须在企业的信息需求分析的基础上，分类定义各主题数据，严格确定各类数据的来源、用途与规范，为将来系统开发时的数据管理打下坚实的基础。

（3）功能规划与子系统的划分是信息系统总体结构规划的核心与关键所在。这一环节的任务是：在识别业务流程、明确组织信息需求、定义主题数据的基础上，确定信息系统为支持企业的目标与战略和业务流程的运作而必须及时、准确地提供的信息，以及为提供这些信息而需收集和加工的信息；根据业务流程的性质和范围划分支持与处理有关信息的子系统，明确这些子系统的功能和子系统之间的数据联系，这就形成了功能规划与子系统的划分的方案。

（4）信息资源配置规划的主要内容是：根据功能规划、使用要求以及技术发展趋势制定计算机软硬件配置方案的规划；根据组织资源的空间分布情况规划网络系统方案；在数据规划的基础上规划企业数据库的规模、内容以及数据资源的集中与分散相结合的配置方案；对信息管理与人员的总体方案进行规划。

3.2.4 项目实施与资源分配规划

1. 项目实施规划

通常把整个信息系统划分成若干个应用项目，分期分批实施，即根据发展战略和系统总体结构，确定系统和应用项目的开发顺序和时间安排。在确定一个应用项目的优先顺序时，应该确定其是否具有以下属性：

（1）该项目的实施对企业的改革与发展有显著的推动作用。
（2）该项目的实施预计可明显地节省费用或增加利润，这是一种定量因素的分析。
（3）该项目无法定量分析实施效果。例如，提高职工工资往往可以激发职工的工作积极性，但这种积极性究竟能产生多大的经济效益则是无法定量估计的。
（4）该项目涉及制度上的因素。为了保证整个系统的开发研制工作能有条理地进行，对于有些原先并没有包括在系统开发工作之内的项目也应给予较高优先级。
（5）该项目能满足系统管理方面的需要。例如，有些项目往往是其他一些项目的前提，那么对于这样的项目应该优先实施。

2. 资源分配规划

用于信息系统开发的各类资源总是有限的，这些有限资源无法同时满足全部应用项目的实施，同时，企业内部各部门信息系统建设的需求与具备的条件是不平衡的，应该依据这些应用项目的优先顺序合理分配资源。

因此，要对每个项目需要的软硬件、数据通信设备、人员、技术、服务、资金等进行估计，提出整个系统的建设概算。

3.3 信息系统规划的步骤

1. 信息系统规划的一般步骤

不同领域和不同规模的信息系统，其规划工作的步骤有所不同。下面给出信息系统规划的一般步骤，如图3-2所示。

（1）规划的准备。包括确定规划的年限、规划的方法，确定采用集中式还是分散式的规划以及进取还是保守的规划，邀请规划专家，组织规划小组，落实规划工作环境，启动

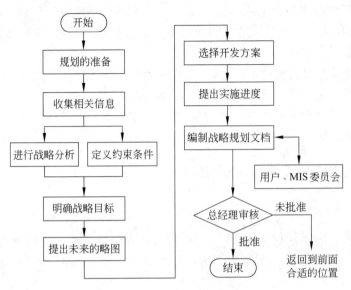

图 3-2　信息系统规划的一般步骤

规划等工作。

(2) 收集相关信息。进行必要的初步调查,调查内容包括企业发展战略、企业产品、市场定位、企业技术和设备、企业生产能力、企业综合实力、组织机构和管理、企业员工素质、企业面临的机遇和挑战、企业现行信息系统建设和管理水平以及信息技术现状。

(3) 进行战略分析。对信息系统的目标、开发方法、功能结构、计划活动以及信息部门的情况、财务情况、风险和政策等进行分析。

(4) 定义约束条件。根据企业或部门的财务资源、人力及物力等方面的限制,定义信息系统的约束条件和政策。

(5) 明确战略目标。这实际上由总经理和信息系统委员会来设置。根据(3)、(4)的结果,确定整个企业的目标和信息系统的开发目标,明确信息系统应具有的功能、服务范围和质量等。

(6) 提出未来的略图。给出信息系统总体框架、信息系统总体技术路线、信息系统建设路线以及各子系统的划分等。

(7) 选择开发方案。由于资源有限,不可能所有项目同时进行,只有选择一些好处最大、企业需求最为紧迫、风险适中的项目先进行。在确定优先开发的项目之后,还要确定总体开发顺序、开发策略和开发方法。

(8) 提出实施进度。估计项目成本和人员需求,并依次编制项目的实施进度计划。

(9) 编制战略规划文档。将战略规划写成文档,在此过程中,还要不断与用户、信息系统工作人员以及信息系统委员会的领导交换意见。

(10) 总经理审核。信息系统规划只有经过总经理批准后才可生效。

2. 初步调查

制定信息系统规划之前应该进行必要的调查。为制定信息系统规划所进行的调查称为初步调查或宏观调查,在业务和需求分析中还要做详细调查。初步调查主要围绕着规划工作进行,应立足于宏观和全局,不要过于具体和细致。

1) 初步调查的原则

初步调查原则是指在初步调查工作中应始终坚持的方法和指导思想,它们是确保调查工作客观、顺利地进行的重要保证。在调查工作中通常应注意以下几个方面:

(1) 采用工程化的工作方式。系统分析人员和用户首先要制订系统调查的进度计划,这样可以避免调查工作中的疏漏;然后,按照进度计划安排调查的时间和内容。另外,调查工作可能会干扰企业的当前工作,应该事先通知企业,以便企业安排工作。调查中所使用的表格、图例等应规范化,以便对调查结果整理归档。

(2) 确定调查顺序。调查工作应严格按照自顶向下的系统化观点全面展开。首先从企业管理工作的顶层开始,然后再调查为确保顶层工作的完成所必需的第二层管理工作的支持,再进一步深入调查为确保第二层管理工作的完成所必需的第三层管理工作的支持,以此类推,直至摸清企业的全部管理工作。

(3) 有良好的调查态度。调查工作的对象是性格各异的各类人员,因此必须善于做人的工作。在调查过程中应该虚心、耐心、热心、细心,才能取得理想的调查效果。

2) 初步调查的主要内容

企业提出信息系统的开发要求之后,必须对企业的要求以及现行系统进行初步调查,确定企业的开发要求是否具有可行性。初步调查主要围绕以下内容展开:

(1) 新系统的目的和要求。初步调查的第一步就是从企业对新系统的要求和提出新系统开发的缘由入手,调查企业对新系统的要求以及新系统预期达到的目标,包括对新系统的功能、性能的要求以及新系统的运行环境、限制条件等。

(2) 企业的概况。包括企业的性质、内部的组织结构、办公楼或生产车间等的布局、上级主管部门、横向协作部门、下属部门等。这些与系统开发可行性研究、系统开发初步建议方案以及详细调查直接相关,应该在初步调查中弄清。

(3) 现行系统的运行情况。在决定是否开发新系统之前一定要了解现行系统的运行状况、特点、存在的问题以及可利用的资源、技术力量和信息处理设备等。现行系统可以是计算机管理信息系统,也可能是手工处理信息的系统。

此外,还可以对以下方面进行调查:企业发展规划和战略,企业的产品和市场,在国内外同行中所处的位置,企业技术、设备和生产能力,企业综合实力,企业人才和员工素质,企业面临的机遇和挑战,企业现行信息系统建设水平和信息技术现状,等等,为可行性研究提供依据。在此阶段对系统的业务流程等不可能进行详细调查,只是对系统的当前状况、系统结构等做初步的了解。在确定新系统具有可行性并正式立项后,再投入大量的人力和物力,展开大规模的、全面的系统业务调查。

3.4 信息系统规划方法

制定信息系统规划的方法有很多种,这里只介绍 3 种常用的信息系统规划方法:企业系统规划法、战略目标集转移法和关键成功因素法。

3.4.1 企业系统规划法

企业系统规划(Business System Planning, BSP)是 IBM 公司在 20 世纪 70 年代开始采用的一种信息系统规划方法,它从企业目标入手,逐步将企业目标转化为管理信息系统的目标和结构,从而更好地支持企业目标的实现。由于 BSP 方法可操作性强,在信息系统规划中得到了广泛应用。

1. 企业系统规划法的基本思路

企业系统规划法的基本思路是:首先自顶向下识别企业目标、业务流程和数据,也就是从高层主管开始,了解并界定其信息需求,再依次往下进行,直到了解整个企业的信息需求,完成整体的系统构架为止(包括子系统与系统界面);再自底向上设计系统目标,最后把企业目标转化为信息系统规划。BSP 方法的基本思路如图 3-3 所示。

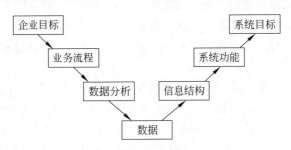

图 3-3 BSP 方法的基本思路

2. 企业系统规划法的基本步骤

用 BSP 方法制定规划是一项系统工程,其主要的工作步骤如下:
(1) 准备工作。成立由最高领导牵头的委员会,下设规划组,并提出工作计划。
(2) 调研。规划组成员通过查阅资料,深入各级管理层,了解企业有关决策过程、组织职能部门的主要活动和存在的主要问题。
(3) 定义业务流程(又称企业过程或管理功能组)。定义业务流程是 BSP 方法的核心。业务流程指的是企业管理中必要且逻辑上相关的、为了完成某种管理功能的一组活动,例如产品预测、材料库存控制等业务处理活动或决策活动。
(4) 业务流程重组。业务流程重组是在业务流程定义的基础上,找出哪些过程是正确的,哪些过程是低效的,需要在信息技术支持下进行优化处理,还有哪些过程不适合计算机信息处理的特点,应当取消。
(5) 定义数据类。数据类是指支持业务流程所必需的逻辑上相关的数据。对数据进行分类是按业务流程进行的,即分别从各项业务流程的角度,将与该业务流程有关的输入数据和输出数据按逻辑相关性整理出来,归纳成数据类。
(6) 定义信息系统总体结构。本步骤的目的是刻画未来信息系统的框架和相应的数据类,因此其主要工作是划分子系统,可利用 U/C 矩阵具体实现。

（7）确定总体结构中的优先顺序。对信息系统总体结构中的子系统按先后顺序排列，以确定开发计划。

（8）完成企业系统规划研究报告，提出建议书和开发计划。

3. U/C 矩阵的应用

BSP 方法将业务流程和数据类作为定义企业信息系统总体结构的基础，具体做法是：利用 U/C 矩阵来表达业务流程和数据类的关系，矩阵中的行表示数据类，列表示业务流程，并以 U 和 C 分别表示业务流程对数据类的使用（Use）以及数据的产生（Create）。

下面介绍利用 U/C 矩阵划分子系统的方法。表 3-1 是由企业内各业务流程和数据类的关系形成的 U/C 矩阵。其中，行、列交叉点上的"C"表示这类数据由相应的业务流程产生，U 表示这种业务流程使用相应的数据类。例如，"经营计划"业务流程需要使用成本和财务数据，则在"经营计划"行与"成本"和"财务"列交叉的两格中标上"U"；"经营计划"业务流程最后产生的是"计划"数据，则在"经营计划"行与"计划"列交叉的格中标上"C"。同理，"销售"业务流程需要使用"客户""订货"和"产品"数据，因此在相应的格中标上 U；而"销售区域"数据是由"销售"业务流程产生的，因此在相应的格中标上"C"。

表 3-1 原始的 U/C 矩阵

功能	客户	订货	产品	加工路线	材料表	成本	零件规格	原材料库存	成品库存	职工	销售区域	财务	计划	设备负荷	材料供应	工作令
经营计划						U						U	C			
财务规划						U				U		U	U			
产品预测	U		U								U		U			
产品设计开发	U		C	U			C									
产品工艺			U	C			U	U								
库存控制								C	C						U	U
调度		U												U		C
生产能力计划				U										C	U	
材料需求			U		U										C	
作业流程				C										U	U	U
销售区域管理	C	U	U													
销售	U	U	U								C					
订货服务	U	C	U													
发运		U	U						U							
会计	U		U							U						
成本会计		U				C										
人员计划										C						
人员招聘考核										U						

接下来,对表 3-1 进行重新排列。首先,将业务流程划分为组,在每一组中,业务流程按发生的先后次序排列;然后,调整数据类各列的顺序,使得 U/C 矩阵中的"C"最靠近对角线。调整后的结果如表 3-2 所示。在表 3-2 中,将"U"和"C"最密集的地方画框,并为该区域命名,就构成了一个子系统。框外的"U"说明了各个子系统之间的数据流向。按照这种划分,整个系统被划分为经营计划、技术准备、生产制造、销售、财会和人事 6 个子系统。

表 3-2 调整后的 U/C 矩阵

功能		计划	财务	产品	零件规格	材料表	原材料库存	成品库存	工作令	设备负荷	材料供应	加工路线	客户	销售区域	订货	成本	职工
经营计划	经营计划	C	U													U	
	财务规划	U	U													U	U
技术准备	产品预测	U											U	U			
	产品设计开发			C	C	U							U				
	产品工艺			U	U	C	U										
生产制造	库存控制						C	C	U		U						
	调度			U					C	U							
	生产能力计划									C	U	U					
	材料需求			U		U					C						
	作业流程								U	U		C					
销售	销售区域管理			U									C	U			
	销售			U									U	C	U		
	订货服务			U											C		
	发运			U				U							U		
财会	会计		U										U				U
	成本会计															U	C
人事	人员计划																C
	人员招聘考核																U

3.4.2 战略目标集转移法

系统规划最重要的任务之一是确定信息系统的战略和目标,使它们与组织总的战略和目标保持一致。在这些战略和目标指导下开发的信息系统,能够支持组织长期战略的需要。制定信息系统战略规划常用的方法是战略目标集转移法(Strategy Set Transformation,SST)。

1. 战略目标集转移法的基本思想

战略目标集转移法是 1978 年由威廉姆·金(William King)提出的一种确定信息系

统战略目标的方法,该方法把组织的总战略看成一个信息集合,包括使命、目标、战略以及其他组织支撑因素(如管理的复杂性、改革习惯以及重要的环境约束等)。战略目标集转移法的基本思想就是识别组织的战略目标集,并把组织的战略目标集转化为信息系统的战略目标集。其中信息系统的战略目标集通常由信息系统目标、信息系统战略和信息系统约束组成。图 3-4 给出了信息系统战略规划的过程。

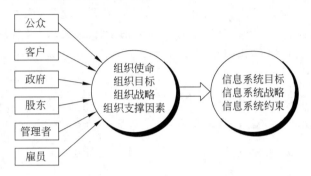

图 3-4　信息系统战略规划过程

2. 战略目标集转移法的步骤

SST 方法的应用基本包括以下两个步骤。

1) 识别组织的战略目标集

组织战略目标集是组织发展的宏观框架,包括组织使命、组织目标、组织战略和组织支撑因素。组织使命是对组织存在价值的长远设想;组织目标是组织在确定时限内应该达到的境地和标准,组织目标是根据组织使命制定的,通常表现为层次结构,有总目标、分目标和子目标;组织战略是为了实现既定目标所确定的对策和举措;组织支撑因素包括发展趋势、组织面临的机遇和挑战、管理的复杂性、改革面临的阻力、环境对组织目标的制约等。

组织的战略目标集应在该组织的战略及长期计划的基础上进一步归纳形成。为此,信息系统的战略规划者需要一个明确的战略目标集元素的确定过程。组织的战略目标集构造过程可按以下 4 个步骤进行。

(1) 刻画组织的关联集团。关联集团是指与该组织的有利害关系者,如顾客、股票持有人、雇员、管理者、供应商等。

(2) 确定关联集团的要求。组织的使命、目标和战略反映了每个关联集团的要求。为此,要对每个关联集团要求的特征做定性描述,还要对它们的这些要求被满足程度的直接和间接度量给予说明。

(3) 定义组织相对于每个关联集团的任务和战略。在每个关联集团要求的特征被确定以后,相对于这些关联集团的组织的任务和战略就要确定下来。

(4) 解释和验证组织的战略目标集。识别组织的战略后,应立即交给企业组织负责人审阅,收集反馈信息,经修改后进行下一步工作。

2) 将组织的战略目标集转化成信息系统的战略目标集

信息系统是为组织战略服务的,所以制定信息系统战略目标必须以组织战略目标为依据。信息系统有其目标、战略和约束条件。在确定信息系统目标、战略和约束条件的过程中,要逐一检查它是否对实现组织目标有利,并且要找出对组织战略目标有重大影响的因素予以重点考虑。

组织战略目标集与信息系统的战略目标集应该是一一对应的,包括系统目标、约束和设计原则。转化完成后,得到一个完整的信息系统的结构,并送交总经理审阅。图 3-5 为某企业运用战略目标集转移法进行信息系统战略规划的过程,这里的组织目标可以由不同群体引出,例如,组织目标 O1 由股票持有者 S、债权人 Cr 以及管理者 M 引出;组织战略 S1 由目标 O1 和 O6 引出,依次类推,这样就可以列出信息系统的目标、约束以及设计战略。

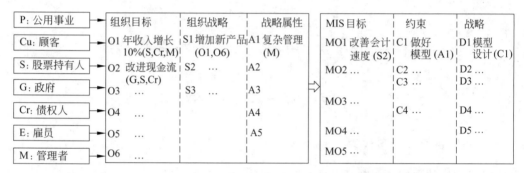

图 3-5 某企业运用战略目标集转移法进行信息系统战略规划的过程

3.4.3 关键成功因素法

在现行系统中,总存在着多个影响系统目标实现的变量,其中若干个因素是关键的和主要的,即关键成功因素(Critical Success Factors,CSF)。通过对关键成功因素的识别,找出实现目标所需的关键信息集合,从而确定系统开发的优先次序,这就是关键成功因素法的主要思想。关键成功因素法就是通过分析找出使得企业成功的关键因素,然后再围绕这些关键因素确定系统的需求,并进行规划。

关键成功因素法是在 1970 年由哈佛大学教授扎尼(Zani)提出的。1980 年,麻省理工学院教授约翰(John)把关键成功因素法提升为信息系统战略规划的一种方法。关键成功因素法并不是一个制定信息系统规划的完整方法,而是帮助管理者从企业目标中找出关键因素,并且在信息系统战略中予以重点考虑,因此它是制定信息系统规划的辅助方法。

1. 关键成功因素

关键成功因素是指在规划期内影响企业战略成功实现的关键性任务。关键成功因素是由行业、企业、管理者以及周围环境形成的,其特点如下:

(1) 关键成功因素是少量的、易于识别的、可操作的目标。
(2) 关键成功因素可以提高企业的成功率。
(3) 关键成功因素可用于决定组织的信息需求。

2. 关键成功因素法的基本步骤

关键成功因素法的基本步骤如图 3-6 所示,具体如下。
(1) 了解企业目标。
(2) 识别和确定关键成功因素。
(3) 明确各关键成功因素的性能指标和评估标准。
(4) 识别测量性能的数据(定义数据字典)。

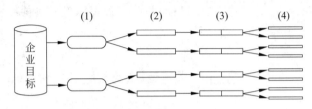

图 3-6 关键成功因素法的基本步骤

3. 识别关键成功因素

识别关键成功因素是关键成功因素法的一个重要环节。首先要了解企业的目标,从这个目标出发,可以看到哪些因素与之相关,哪些因素与之无关。在与之相关的因素中,又可以进一步识别出哪些是直接相关,是实现目标的主要影响者,哪些只是间接相关的。通常采用树枝因果图作为识别的工具,如图 3-7 所示。

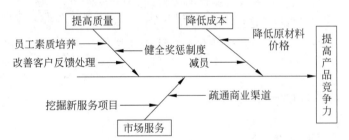

图 3-7 用树枝因果图标识关键成功因素

4. 关键成功因素法的特点

关键成功因素法能够使开发的系统具有很强的针对性,能够较快地取得收益。应用关键成功因素法需要注意的是,当关键成功因素解决后,又会出现新的关键成功因素,就必须重新开发系统。

3.4.4 3 种系统规划方法的比较

下面对企业系统规划法、战略目标集转移法和关键成功因素法这 3 种常用的信息系统规划方法作一个比较。
(1) 关键成功因素法能抓住主要矛盾,使目标的识别重点突出。但这种方法只在管理目标的确定方面比较有效,而在目标的细化和实现方面则作用较小。

(2) 战略目标集转移法从组织的各类相关者的利益角度识别管理目标,比较全面。但是在突出重点方面不如 CSF 方法。

(3) 企业系统规划法通过定义业务流程引出系统目标,可以定义新的系统以支持业务流程,即把企业目标转化为系统的目标。

将上面 3 种方法结合起来使用称为 CSB 方法。它首先用关键成功因素法确定企业目标;然后用战略目标集转移法补充、完善企业目标,并将这些目标转化为管理信息系统目标;最后用企业系统规划法校核两个目标,并确定管理信息系统的结构。但是,CSB 方法也使整个方法过于复杂,灵活性降低。

3.5 可行性研究

3.5.1 可行性研究概述

可行性研究又称可行性分析,是指在项目正式开发之前,先投入一定的精力,通过一套准则,从经济、技术、社会等方面对项目的必要性、可能性、合理性以及项目所面临的重大风险进行分析和评价,得出项目是否可行的结论。

可行性研究的结果有如下 3 种:

(1) 可行,按计划进行。

(2) 基本可行,对项目要求或方案做必要修改。

(3) 不可行,不立项或终止项目。

简单说,可行性研究的目的就是用最小的代价在尽可能短的时间内确定问题是否能够解决。

3.5.2 可行性研究的步骤和工具

1. 可行性研究的步骤

进行可行性研究通常要经过下列步骤。

1) 复查系统规模和目标

分析员访问关键人员,仔细阅读和分析有关的材料,改正含糊或不确切的叙述,清晰地描述对目标系统的一切限制和约束。这个步骤的工作实质上是为了确保分析员正在解决的问题确实是要求解决的问题。

2) 研究目前正在使用的系统

首先,现有的系统是信息的重要来源,新的目标系统必须也能完成它的基本功能。其次,如果现有的系统是完美无缺的,用户自然不会提出开发新系统的要求,因此,现有的系统必然有某些缺点,新系统必须能解决旧系统中存在的问题。最后,运行旧系统所需要的费用是一个重要的经济指标,如果新系统不能增加收入或减少使用费用,那么从经济角度看新系统就不如旧系统。

3) 导出新系统的高层逻辑模型

优秀的设计过程通常总是从现有的物理系统出发，导出现有系统的逻辑模型，再参考现有系统的逻辑模型，设想目标系统的逻辑模型，最后根据目标系统的逻辑模型建造新的物理系统。

通过前一步的工作，分析员对目标系统应该具有的基本功能和所受的约束已有一定了解，能够使用数据流图（参看 4.2.1 节）描绘数据在系统中流动和处理的情况，从而概括地表达出他对新系统的设想。通常为了把新系统描绘得更清晰准确，还应该有一个初步的数据字典（参看 4.2.2 节），定义系统中使用的数据。数据流图和数据字典共同定义了新系统的逻辑模型，以后可以从这个逻辑模型出发设计新系统。

4) 进一步定义问题

新系统的逻辑模型实质上表达了分析员对新系统"必须做什么"的看法。分析员应该和用户一起再次复查工程规模和目标，这次复查应该把数据流图和数据字典作为讨论的基础。如果分析员对问题有误解或者用户以前遗漏了某些要求，那么现在就应该发现和改正这些错误。

可行性研究的前 4 个步骤实质上构成一个循环：分析员定义问题，分析这个问题，导出一个试探性的解；在此基础上再次定义问题，再次分析这个问题，修改这个解。反复进行这个循环过程，直到提出的逻辑模型完全符合系统目标为止。

5) 导出和评价供选择的解决方案

分析员应该从他建议的系统逻辑模型出发，导出若干个较高层次的（较抽象的）物理解决方案供比较和选择。导出解决方案最简单的途径是从技术角度出发考虑解决问题的不同方案，还可以使用组合的方法导出若干种可能的物理系统。

当从技术角度提出了一些可能的物理系统之后，应该根据技术可行性初步排除一些不现实的系统。把技术上行不通的解决方案去掉之后，就选出了一组技术上可行的方案。

其次可以考虑社会方面的可行性。例如，分析员应该根据系统使用部门处理事务的原则和习惯检查技术上可行的方案，去掉其中从操作方式或操作过程的角度看用户不能接受的方案。

接下来应该考虑经济方面的可行性。分析员应该估计余下的每个方案的开发成本和运行费用，并且估计相对于现有的系统而言这个系统可以节省的开支或可以增加的收入。在这些估计数字的基础上，对每个可能的系统进行成本/效益分析。一般说来，只有投资预计能带来利润的系统才值得进一步考虑。

最后为每个在技术、社会和经济等方面都可行的系统制定实现进度表，这个进度表不需要制定得很详细，通常只需要估计生命周期每个阶段的工作量。

6) 推荐行动方针

根据可行性研究结果应该做出以下的关键性决定：是否继续进行这项开发工程。分析员必须清楚地表明他对这个关键性决定的建议。如果分析员认为值得继续进行这项开发工程，那么他应该选择一种最好的解决方案，并且说明选择这个解决方案的理由。通常系统使用部门的负责人主要根据经济上是否划算决定是否投资进行一项开发工程，因此分析员对于要推荐的系统必须进行仔细的成本/效益分析。

    7) 草拟开发计划

分析员应该为其推荐的方案草拟一份开发计划,除了制定工程进度表之外,还应该估计对各类开发人员和各种资源的需要量,应该指明什么时候使用以及使用多长时间。此外,还应该估计系统生命周期每个阶段的成本。最后应该给出下一个阶段(需求分析)的详细进度表和成本估计。

    8) 书写文档并提交审查

应该把上述可行性研究各个步骤的工作结果写成清晰的文档,请用户、客户组织的负责人及评审组审查,由他们决定是否继续这项工程及是否接受分析员推荐的方案。

2. 系统流程图

在研究当前系统时要用到一个工具——系统流程图,下面介绍一下它的使用。

1) 系统流程图的作用

系统流程图是概括地描绘物理系统的传统工具。它的基本思想是用图形符号以黑盒子形式描绘组成系统的每个部件(程序、文档、数据库、人工过程等)。系统流程图表达的是数据在系统各部件之间流动的情况,而不是对数据进行加工处理的控制过程,因此,尽管系统流程图的某些符号和程序流程图的符号形式相同,但是它是描述物理系统数据流图,而不是程序流程图。

2) 系统流程图符号

当以概括的方式抽象地描绘一个实际系统时,仅仅使用如表 3-3 所示的基本符号就足够了。当需要更具体地描绘一个物理系统时,还需要使用如表 3-4 所示的系统符号,利用这些符号可以把一个广义的输入输出操作具体化为读写存储在特殊设备上的文件(或数据库)的操作,把抽象处理具体化为特定的程序或手工操作等。

表 3-3 系统流程图的基本符号

符 号	名 称	说 明
□	处理	能改变数据值或数据位置的加工或部件。例如,程序、处理机、人工加工等都是处理
▱	输入输出	表示输入或输出(或既输入又输出),是一个广义的不指明具体设备的符号
○	连接	指出转到图的另一部分或从图的另一部分转来,通常在同一页上
▽	换页连接	指出转到另一页的图或由另一页的图转来
←	数据流	用来连接其他符号,指明数据流动方向

表 3-4 系统流程图的系统符号

符 号	名 称	说 明
	穿孔卡片	表示用穿孔卡片输入或输出,也可表示一个穿孔卡片文件
	文档	通常表示打印输出,也可表示用打印终端输入数据
	磁带	磁带输入输出,也可表示一个磁带文件
	联机存储	表示任何种类的联机存储,包括磁盘、磁鼓和海量存储器件等
	磁盘	磁盘输入输出,也可表示存储在磁盘上的文件或数据库
	磁鼓	磁鼓输入输出,也可表示存储在磁鼓上的文件或数据库
	显示	CRT终端或类似的显示部件,可用于输入或输出(或既输入又输出)
	人工输入	人工输入数据的脱机处理,例如填写表格
	人工操作	人工完成的处理,例如会计在工资支票上签名
	辅助操作	使用设备进行的脱机操作
	通信链路	通过远程通信线路或链路传送数据

3) 系统流程图实例

介绍系统流程图的最好方法可能是通过一个具体例子说明它的用法。下面是一个简单的例子。

某装配厂有一座存放零件的仓库,仓库中现有的各种零件的数量以及每种零件的库存量临界值等数据记录在库存清单主文件中。当仓库中零件数量有变化时,应该及时修改库存清单主文件。如果哪种零件的库存量少于它的库存量临界值,则应该报告给采购部门以便订货,规定每天向采购部门送一次订货报告。该装配厂使用一台小型计算机处理更新库存清单主文件和产生订货报告的任务。零件库存量的每一次变化称为一个事务,由放在仓库中的终端输入计算机。系统中的库存清单程序对事务进行处理,更新存储在磁盘上的库存清单主文件,并且把必要的订货信息写在磁带上。最后,每天由报告生成程序读一次磁带,并且打印出订货报告。如图 3-8 所示的系统流程图描绘了上述系统的概貌,图中每个符号用黑盒子形式定义了组成系统的一个部件,然而并没有指明每个部件的具体工作过程;图中的

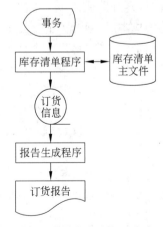

图 3-8 库存管理系统的系统流程图

箭头确定了信息通过系统的逻辑路径。系统流程图的习惯画法是使信息在图中自顶向下或自左向右流动。

3.5.3 可行性研究的内容

信息系统的可行性可以从经济可行性、技术可行性和社会可行性3个方面来论证。

1. 经济可行性

经济可行性分析也叫成本/效益分析或投资/效益分析,它分析信息系统项目需要的成本和项目开发成功之后能带来的经济效益。成本/效益分析需要确定出要开发的信息系统的总成本和总效益。然后对总成本和总效益进行比较,一般来说只有当总效益大于总成本时,这个项目才值得开发。

1) 总成本的估算

总成本包括开发成本和运行成本。开发成本指从立项到投入运行所花费的所有费用;运行成本指信息系统投入使用之后,系统运行、管理和维护所花费的费用。例如,新建一个图书馆,需要规划、设计和施工,还需要购买所有的建筑材料,假设整个图书馆的建设成本(即开发成本)需要 8000 万元人民币。图书馆一旦建成投入使用,要保证日常运行,还需要管理、操作和维护费用,如水电费、管理费、维护费和人员费用等。每年图书馆的运行成本也可能只是整个开发成本的一个零头,但图书馆每年都会产生运行成本,所以累计的运行成本不一定比建设成本低。

(1) 估计开发成本。系统的开发成本主要表现为人工费。估计人工费主要有 3 种方法。

① 代码行技术。即用每行代码的平均成本乘以程序行数就可以确定系统的成本。这是一种比较简单的定量估计方法。其中,每行代码的平均成本主要取决于系统的复杂程度和工资水平,可用历史经验数据作参考;程序的行数的估计可以用标准值法、专家估计法等。

② 任务分解技术。这种方法首先把系统开发工程的总任务分解为若干个相对独立的任务,再分别估计每个单独开发的任务的成本,然后累加起来得出总成本。估计每个任务的成本时,通常先估计完成该项任务需要的人力(一般以人月为单位),再乘以每人每月的平均工资,得出每个任务的成本。

最常用的办法是按开发阶段划分任务。如果系统很复杂,由若干个子系统组成,则可以把每个子系统再按开发阶段进一步划分成更小的任务。

典型环境下各个开发阶段需要使用的人力的百分比如表 3-5 所示。当然,应该针对每个开发工程的具体特点,并且参照以往的经验,尽可能准确地估计每个阶段实际需要使用的人力。

③ 自动估计成本技术。采用自动估计成本的软件工具可以减轻人的劳动,估计结果更为客观,但是需要有大量历史数据作为基础,并需要有良好的数据库系统的支持。

(2) 其他费用的估计。除了人工费之外,开发成本中还有一些其他的费用,包括计算机硬件、软件、外部设备的购置和维护费用等,也要进行估计。

表 3-5　典型环境下各个开发阶段需要使用的人力的百分比

任　　务	人力/%	任　　务	人力/%
可行性研究	5	编码和单元测试	20
需求分析	10	综合测试	40
设计	25	总计	100

2) 总效益的估算

总效益包括直接的经济效益和间接的社会效益。经济效益是信息系统能够直接获取的,并且能够用资金度量的效益,如降低成本、提高资金周转率、减少人员成本和消耗等可以用资金进行计算。社会效益是能够整体地提升企业信誉和形象,提高企业的管理水平,但不能简单地(或无法)用资金计算的那部分效益。社会效益常常需要系统分析员根据本企业的状况和不同企业之间的类比进行概括估计。

3) 成本/效益分析

成本/效益分析的第一步是估计开发成本、运行成本和新系统将带来的经济效益。因为运行成本和经济效益两者在系统的整个生命周期内都存在,它们和系统生命周期的长度有关,所以应该合理地估计系统的生命周期。虽然许多系统在开发时预计生命周期为 10 年以上,但是时间越长,系统被废弃的可能性也越大。为了保险起见,以后在进行成本/效益分析时一般假设系统的生命周期为 5 年。

接下来将新系统的成本和效益进行比较,以便从经济角度判断这个系统是否值得投资,但是,投资是现在进行的,效益是将来获得的,不能简单地比较成本和效益,还应该考虑货币的时间价值等因素。

(1) 货币的时间价值。

货币的时间价值是指同样数量的货币随时间的不同具有不同的价值。通常用利率的形式表示货币的时间价值,因为一定数量的货币如果不做其他投资,存放在银行中是可以获得利息的。

假设年利率为 i,如果现在存入的货币金额为 P,若不计复利,则 n 年后可以得到的金额 F 为

$$F = P(1+i)^n$$

这也就是 P 在 n 年后的价值。反之,如果 n 年后的收入为 F,那么这些钱现在的价值是

$$P = \frac{F}{(1+i)^n}$$

例如,修改一个已有的库存管理系统,使它能在每天送给采购员一份订货报表。修改已有的库存清单程序并且编写产生报表的程序,估计共需 5000 元;系统修改后能及时订货,将消除零件短缺问题,估计因此每年可以节省 2500 元,5 年共可节省 12 500 元。但是,不能简单地把 5000 元和 12 500 元相比较,认为修改此系统后,5 年可以节约 7500 元,因为前者是现在投资的钱,后者是若干年以后节省的钱。

假定年利率为 5%,利用上面计算货币现在价值的公式可以算出修改库存管理系统后每年预计节省的钱的现在价值,如表 3-6 所示。

表 3-6　将未来的收入折算成现在的价值

年	未来价值/元	$(1+i)^n$	现在价值/元	累计的现在价值/元
1	25	1050	2381	2381
2	25	11	2273	4654
3	2500	1150	2174	6828
4	2500	1200	2083	9361
5	2500	1250	2000	11 361

可以看出,实际节约的钱不是 7500 元,而是 6361 元。

(2) 投资回收期。

通常用投资回收期衡量一个开发项目的价值。投资回收期就是使累计的经济效益等于最初的投资费用所需的时间。显然,投资回收期越短,就能越快地获得利润,则该项目就越值得开发。例如,上述的库存管理系统在两到三年时间就可以收回最初的 5000 元投资,当然可以算出准确的投资回收期:

$$2+(5000-4654)/2174=2.16 \text{ 年}$$

(3) 纯收入。

衡量工程价值的另一项经济指标是工程的纯收入,也就是在整个生命周期内系统的累计经济效益(折合成现在值)与投资之差。这相当于比较投资开发一个软件系统和把钱存在银行中(或贷给其他企业)这两种方案的优劣。如果纯收入为 0,则工程的预期效益和在银行存款一样,但是开发一个系统要冒风险,因此,从经济观点看,这项工程可能是不值得投资的。如果纯收入小于 0,那么这项工程显然不值得投资。

对上述的库存管理系统,项目纯收入预计为

$$11\ 361 \text{ 元} - 5000 \text{ 元} = 6361 \text{ 元}$$

(4) 投资回收率。

把资金存入银行或贷给其他企业能够获得利息,通常用年利率衡量。类似地,也可以计算投资回收率,用它衡量投资效益的大小,并且可以把它和年利率相比较。在衡量工程的经济效益时,它是最重要的参考数据。

已知现在的投资额,并且已经估计出将来每年可以获得的经济效益,那么,给定系统的生命周期之后,怎样计算投资回收率呢?设想:把数量等于投资额的资金存入银行,每年年底从银行取回的钱等于系统每年预期可以获得的效益,在时间等于系统生命周期时,正好把在银行中的存款全部取光,那么,年利率等于多少呢?这个年利率就等于投资回收率。根据上述条件,不难列出下面的方程:

$$P = \frac{F_1}{1+j} + \frac{F_2}{(1+j)^2} + \cdots + \frac{F_n}{(1+j)^n}$$

其中:

P 为现在的投资额。

F_i 为第 i 年年底的效益 $(i=1, 2, \cdots, n)$。

n 为系统的使用寿命。

j 为投资回报率。

解出这个方程,即可求出投资回报率(假设 $n=5$)。

2. 技术可行性

技术可行性是在特定条件下技术资源的可用性和这些技术资源用于解决信息系统问题的可能性和现实性,即,使用现有的技术是否能实现这个系统,能否解决系统的技术难点,系统对技术人员有什么样的要求,现有的技术人员能否胜任,开发系统的软硬件资源是否能如期得到,等等。在进行技术可行性分析时一定要注意下述几方面问题:

(1) 全面考虑信息系统开发过程所涉及的技术问题。信息系统开发过程涉及多方面的技术、开发方法、软硬件平台、网络结构、系统布局和结构、输入输出技术、系统相关技术等。应该全面和客观地分析信息系统开发所涉及的技术以及这些技术的成熟度和现实性。

(2) 尽可能采用成熟技术。成熟技术是指被多人采用并被反复证明行之有效的技术,因此采用成熟技术一般具有较高的成功率。另外,成熟技术经过长时间、大范围地使用、补充和优化,其精细程度、优化程度、可操作性、经济性要比新技术好。鉴于以上原因,在开发信息系统过程中,在可以满足系统开发需要、能够适应系统发展、保证开发成本的前提下,应该尽量采用成熟技术。

(3) 慎重引入先进技术。在信息系统开发过程中,有时为了解决系统的一些特定问题,为了使开发的信息系统具有更好的适应性,也需要采用某些先进或前沿技术。在选用先进技术时,需要全面分析所选技术的成熟程度。有许多先进技术和科研成果实际上仍处在实验室阶段,其实用性和适用性并没有得到完全解决,也没有经过大量实践验证,在选择这种技术时必须慎重。

(4) 着眼于具体的开发环境和开发人员。许多技术总的来看可能是成熟和可行的,但是在开发团队中如果没有人掌握这种技术,而且又没有引进掌握这种技术的人员,那么这种技术对本系统的开发仍然是不可行的。例如,分布对象技术是分布式系统的一种通用技术,但是如果在开发队伍中没有人掌握这种技术,那么这种技术就是不可行的。

3. 社会可行性

社会可行性需要从政策、法律、道德、制度、管理、人员等社会因素论证信息系统开发的可能性和现实性。例如:

(1) 在信息系统所服务的行业以及应用领域中,开发的系统是否与国家和地方已经颁布的法律和行政法规相抵触?

(2) 管理基础工作如何?现行管理系统的业务处理是否规范?企业的管理制度与信息系统开发是否存在有矛盾的地方?

(3) 企业领导、部门主管对新系统开发是否支持,态度是否坚决?管理人员对新系统开发的态度和配合情况如何?

(4) 在人员的素质和心理方面是否为信息系统开发和运行作了足够的准备?新系统的开发运行导致管理模式、数据处理方式及工作习惯的改变,这些工作的变动量如何?

人员能否接受?

(5) 要开发的信息系统是否会侵犯专利权、著作权、知识产权等?

诸如此类的问题都属于分析社会可行性时要研究的问题。

社会可行性还包括操作可行性。操作可行性是指分析和测定给定信息系统在确定环境中能够有效地运行并被用户方便地使用的程度和能力。在分析操作可行性时要考虑以下几个方面:

(1) 问题域的手工业务流程和新系统的流程的接近程度和差异。

(2) 系统业务的专业化程度。

(3) 系统对用户的要求。

(4) 系统界面的友好程度以及操作的方便程度。

(5) 用户的实际业务能力。

(6) 用户的操作习惯。

(7) 使用单位的计算机使用情况。

(8) 使用单位的规章制度。

3.5.4 可行性研究报告

可行性研究完成之后,要编写可行性研究报告。可行性研究报告包括信息系统概要介绍、可行性研究过程和可行性研究结论等内容。图3-9给出了可行性研究报告的简要提纲。

```
可行性研究报告
1. 引言
   1.1 编写目的
   1.2 背景
   1.3 参考资料
2. 现行组织系统概况
   2.1 组织目标和战略
   2.2 业务概况
   2.3 存在的主要问题
3. 拟建立的信息系统
   3.1 简要说明
   3.2 初步建设计划
   3.3 对组织的意义和影响
4. 经济可行性分析
   4.1 成本
   4.2 效益
   4.3 成本/效益分析
5. 技术可行性分析
   5.1 主要技术路线
   5.2 技术可行性分析
6. 社会可行性分析
   6.1 社会法律政策可行性
   6.2 社会公共环境可行性
   6.3 操作可行性
7. 结论
   7.1 可行性研究结论
   7.2 结论的解释
```

图3-9 可行性研究报告的简要提纲

习 题 3

1. 名词解释

信息系统规划、企业系统规划法、战略目标集转移法、关键成功因素法、可行性研究、系统流程图

2. 选择题

(1) 可行性研究采用( )概括说明系统的物理模型。
   A. 数据字典　　B. 系统流程图　　C. 数据流图　　D. 成本/效益分析
(2) 可行性研究的最终目的是( )。
   A. 确定项目的规模　　　　　　B. 评估现行系统
   C. 评价各种方案　　　　　　　D. 编写可行性研究报告
(3) 经济可行性研究的问题包括( )。
   A. 开发方式　　B. 技术风险　　C. 成本和效益　　D. 运行方式

3. 简答题

(1) 信息系统规划的主要内容有哪些?
(2) 制定信息系统规划的一般步骤有哪些?
(3) 简述企业系统规划法的基本思路和实现步骤。
(4) 简述战略目标集转移法的基本思想和步骤。
(5) 什么是关键成功因素？如何识别关键成功因素？
(6) 可行性研究分为哪些步骤?
(7) 可行性研究主要从哪几个方面进行考察？简述其内容。

第 4 章 信息系统的需求分析

在对可行性研究之后,如果系统开发是可行的,那么就进入需求分析阶段。需求分析是调查用户对新开发的信息系统的需要和要求,结合组织的目标、现状、实力和技术等因素,通过深入、细致的分析,确定合理、可行的信息系统需求,并通过规范的形式描述需求的过程。需求分析虽处于系统开发过程的开始阶段,但它对于整个系统开发过程以及软件产品质量是至关重要的。

4.1 需求分析概述

4.1.1 需求分析的任务和目的

需求分析的基本任务是要准确回答"系统必须做什么"这个问题,即通过系统分析员与用户一起商定,清晰、准确、具体地描述信息系统必须具有的功能、性能、运行规格等要求。需求分析阶段的目的是明确用户的要求,并把双方共同的理解写成书面文档——需求规格说明书。需求规格说明书的主要部分是详细的数据流图、数据字典和主要功能的逻辑处理描述。通过复审的需求规格说明书既是信息系统设计的基础,也是项目最后鉴定、验收的依据。

需求分析的具体任务包括以下几个方面:

(1) 确定对系统的综合要求。主要包括功能要求、性能要求、运行要求和其他要求 4 个方面。功能要求主要是划分并描述系统必须完成的所有功能;性能要求包括响应时间、数据精确度及适应性方面的要求;运行要求是指对系统运行时软硬件环境及接口的要求;其他要求包括安全保密性、可靠性、可维护性等要求,并对将来可能提出的要求做出分析。

(2) 分析系统的数据要求。由系统的信息流归纳、抽象出系统要求的数据以及数据的逻辑关系,描述系统所需要的静态数据、动态数据(输入和输出数据)、数据库名称和类型、数据字典以及数据的采集方式等。

(3) 导出目标系统的详细逻辑模型。通过以上两项分析的结果导出目标系统的详细逻辑模型。详细逻辑模型用数据流图、数据字典和 IPO(输入/处理/输出)图等信息系统需求表达工具来表示。

(4) 修正项目开发计划,编写用户手册概要。在需求分析阶段对目标系统有了更为深入、具体的了解,可以更准确地估计开发成本、进度和资源需要等,所以应该及时修正项目的开发计划。在需求分析阶段编写用户手册概要,可以使分析员从用户的角度看待系统,及早考虑用户界面,将重点放在系统输入和输出的设计上。

(5) 编写系统需求规格说明书,并提交审查。

4.1.2 需求分析的难点

随着系统复杂性的提高及规模的扩大,需求分析在系统开发中所处的地位越来越突出,因而也越来越困难。需求分析的难点主要体现在以下几个方面:

(1) 问题的复杂性。这是由用户需求所涉及的因素繁多引起的,如运行环境和系统功能等。

(2) 交流障碍。需求分析涉及人员较多,如软件系统用户、领域专家、需求工程师和项目管理员等,这些人有不同的背景知识,处于不同的角度,扮演不同角色,造成了交流的困难。

(3) 不完备性和不一致性。由于各种原因,用户对问题的陈述往往是不完备的,其各方面的需求还可能存在着矛盾。需求分析要消除这些矛盾,形成完备的和一致的定义。

(4) 需求易变性。用户需求的变动是一个极为普遍的问题。即使是部分变动,也往往会影响到需求分析的全部,导致不一致性和不完备性。

通过以下做法可以大大克服上述困难:

(1) 项目的参与者(包括开发人员和用户等)必须在需求分析过程中加强沟通和协调。一方面,开发人员应尽量使用通俗的语言与用户进行交流;另一方面,用户应积极主动地配合开发人员的工作。

(2) 为了保证需求分析阶段能够提出完整、准确的系统逻辑模型,开发人员必须以足够的时间全面了解用户的需要,绝不能在需求模糊的情况下仓促进行系统的设计和编程。根据国外的统计资料表明,在典型环境下开发系统,需求分析阶段的工作量大约占整个系统开发工作量的 20%。

(3) 使用有效的需求分析方法(如结构化分析方法等)及自动化工具(如 CASE 工具)进行需求分析。

4.1.3 需求分析的步骤

需求分析大致可分为以下几个步骤:

(1) 通过调查研究,获取用户的需求。

系统开发人员只有经过认真细致的调查研究,才能获得进行系统分析的原始资料。在作调查研究时,可以采取以下调查方式:

① 发调查表。

② 召开调查会。

③ 向用户领域的专家个别咨询。

④ 实地考察。
⑤ 跟踪现场业务流程。
⑥ 查阅与待开发系统有关的资料。
⑦ 使用各种调查工具。

（2）去除非本质因素，确定系统的真正需求。

对于获取的原始需求，系统开发人员需要根据掌握的专业知识，运用抽象的逻辑思维，找出需求之间的内在联系和矛盾，去除需求中不合理和非本质的部分，确定系统的真正需求。

（3）描述需求，建立系统的逻辑模型。

对于确定的系统需求，系统开发人员要通过现有的需求分析方法及工具对其进行清晰、准确的描述，建立无二义性的、完整的系统逻辑模型。

（4）编写需求规格说明书，进行需求复审。

需求阶段应提交的主要文档包括需求规格说明书、用户手册概要和修正后的开发计划。其中，需求规格说明书是对分析阶段主要成果的综合描述，是该阶段最重要的技术文档。为了保证系统开发的质量，对需求分析阶段的工作要严格按照规范进行复审，从不同的技术角度对该阶段工作做出综合性的评价。复审既要有用户参加，也要有管理部门和软件开发人员参加。

4.1.4 需求分析的原则

目前存在着许多需求分析的方法，各种方法都有其独特的描述方式。不论采用何种方法，需求分析都必须遵循以下基本原则：

（1）能够表达和理解问题的数据域和功能域。所有系统开发的最终目的都是为了解决数据处理的问题。数据处理的本质就是将一种形式的数据转换成另一种形式的数据，即通过一系列加工将输入的原始数据转换为所需的结果数据。需求分析阶段必须明确系统中应具备的每一个加工、加工的处理对象和由加工所引起的数据形式的变化。

（2）能够将复杂问题分解。为了便于问题的解决和实现，在需求分析过程中需要对原本复杂的问题按照某种合适的方式进行分解（对功能域和数据域均可）。分解可以是同一层次上的横向分解，也可以是多个层次上的纵向分解。每一步分解都是在原有基础上对系统的细化，使系统的理解和实现变得较为容易。

（3）能够给出系统的逻辑视图和物理视图。系统的逻辑视图给出的是系统要达到的功能和要处理的数据之间的关系，而不是实现的细节，系统的逻辑描述是系统设计的基础；系统的物理视图给出的是处理功能和数据结构的实际表现形式，这往往是由设备本身决定的。例如，处理数据的来源可能会不同，某些软件可能由终端输入，另一些软件可能由特定设备提供。

4.1.5 需求分析方法

目前常见的需求分析方法有结构化分析方法、面向对象的分析方法等。

1. 结构化分析方法

结构化分析(Structured Analysis，SA)是在 20 世纪 70 年代由美国的尤顿(E. Yourdon)等人提出的面向数据流进行需求分析的方法，是一种从问题空间到解空间的映射方法，它由数据流图和数据字典构成。这种方法简单实用，适用于加工类型软件系统的需求分析工作，尤其是信息管理类型的应用软件的开发。

结构化分析方法沿现实世界中的数据流进行分析，把数据流映射到分析结果中。但现实世界中的有些要求不是以数据流为主干的，就难以采用此方法。如果分析是在现有系统的基础上进行的，应先除去现有系统在物理上的特性，增加新的逻辑要求，再追加新的物理上的考虑。这时，分析面对的并不是问题空间本身，而是对问题空间的某一映射，在这种焦点已经错位的前提下进行分析显然是十分困难的。

该方法的一个难点是确定数据流之间的变换，而且数据字典的规模也是一个问题，它会引起所谓的"数据字典爆炸"。另外，该方法对数据结构的描述也很少。

2. 面向对象的分析方法

面向对象的分析是把 E-R 图中的概念与面向对象程序设计语言中的主要概念结合在一起而形成的一种分析方法。在该方法中采用了实体、关系和属性等 E-R 图中的概念，同时采用了封闭、类结构和继承性等面向对象程序设计语言中的概念。

4.2 结构化分析方法

使用结构化分析方法的关键就是要利用好数据流图和数据字典，此外还可以通过许多图形工具来辅助表达系统的需求。下面详细说明这些工具的用法。

4.2.1 数据流图

在需求分析阶段，数据流(也称信息流)是系统分析的基础。所谓数据流，形象地说，就是系统中"流动的数据结构"。数据流图(Data Flow Diagram，DFD)是描述软件系统中数据处理过程的一种有力的图形工具。数据流图从数据传递和加工的角度出发，刻画数据流从输入到输出的移动和变换过程。由于它能够清晰地反映系统必须完成的逻辑功能，所以它已经成为需求分析阶段最常用的工具。

1. 数据流图的用途

画数据流图的基本目的是利用它作为交流信息的工具。分析员把他对现有系统的认识或对未来系统的设想用数据流图描绘出来，供有关人员审查确认。由于在数据流图中通常仅仅使用 4 种基本符号，而且不包含任何有关物理实现的细节，即使不是专业的计算机技术人员也容易理解，所以它是极好的通信工具。数据流图的另一个主要用途是作为分析和设计的工具。设计数据流图只需考虑系统必须完成的基本逻辑功能，完全不需要考虑如何具体地实现这些功能,所以它也是系统设计的很好的出发点。

2. 数据流图的组成符号

1) 基本符号

数据流图有 4 种基本符号:数据的源点或终点、数据流、数据的加工和数据存储,如表 4-1 所示。

表 4-1 数据流图中的基本符号

符 号	含 义	符 号	含 义
□ 或 ▭	数据的源点或终点	○ 或 ▭	数据的加工
→	数据流	══ 或 ▭	数据存储

(1) 数据的源点或终点。在数据流图中,数据的源点或终点用长方形(或长方体)表示,在其中写上相应的名称。数据的源点或终点用于反映数据流图与外部实体之间的联系,表示图中的输入数据来自哪里或处理结果送向何处。图 4-1 是一个学生档案管理系统的数据流图,其中的"学生"是数据的源点,而"学生科"和"各系处"既是数据的源点又是数据的终点。

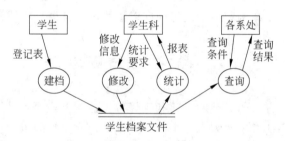

图 4-1 学生档案管理系统数据流图

(2) 数据流。在数据流图中,数据流用带箭头的线表示,在线旁标注数据流名。数据流是数据在系统中(包括数据处理之间、数据处理和数据存储之间,以及数据处理和数据的源点或终点之间)的传送通道,数据流符号的箭头指明了数据的流动方向。例如,图 4-1 中的"登记表""修改信息""统计要求""报表""查询条件"及"查询结果"等均为数据流。在数据流图中,除了连接加工和数据存储的数据流以外,其他的数据流在图中各对应一个唯一的名字。

(3) 加工。在数据流图中,加工用圆形(或圆角矩形)表示,在其中写上加工的名称。加工也称为数据处理,是对系统中的数据流进行的某些操作或变换。例如,图 4-1 中的"建档""修改""统计"和"查询"等。每个加工都要有对应的名称,最常见的名称是由一个表明具体动作的动词和一个表明处理对象的名词构成的。

(4) 数据存储。在数据流图中,用于保存数据的数据文件被称为数据存储,它可以是数据库文件或任何其他形式的数据组织。在数据流图中,数据存储用两条平行横线(或开口矩形)表示,并在其旁注上文件名,例如图 4-1 中的"学生档案文件"。流向数据存储的数据流可理解为向文件写入数据或对文件进行查询,流出数据存储的数据流可理解为从文件中读取数据或得到查询结果。

2) 附加符号

在数据流图中,可以有两个以上的数据流进入同一个加工,也可以有两个以上的数据流从同一个加工中流出,这样的多个数据流之间往往存在一定的关系。为了表示这些数据流之间的关系,除了上述 4 种基本符号之外,有时也要用几种附加符号来表示这些数据流对应的加工情况。在表 4-2 中列出了加工中常见的几种关系的表示方法。*表示数据流之间是"与"关系(同时存在),+表示数据流之间是"或"关系,⊕表示只能从多个数据流中选一个(互斥的关系)。

表 4-2　数据流图的附加符号

符　　号	含　　义
A *→ T → C, B	由数据流 A 和 B 共同变换为数据流 C
A → T *→ B, C	由数据流 A 变换为数据流 B 和数据流 C
A +→ T → C, B	由数据流 A 或者数据流 B 或者数据流 A 和 B 共同变换为数据流 C
A → T +→ B, C	由数据流 A 变换为数据流 B 或数据流 C,或者同时变换为数据流 B 和 C
A ⊕→ T → C, B	由数据流 A 或 B 其中之一变换为数据流 C
A → T ⊕→ B, C	由数据流 A 变换为数据流 B 或 C 其中之一

3. 数据流图的绘制

1) 数据流图绘制的主要步骤

数据流图绘制分为以下 3 个步骤。

(1) 确定系统的输入输出。

向用户了解"系统从外界接收什么数据""系统向外界送出什么数据"等信息,然后,根据用户的答复画出数据流图的外围。

(2) 由外向里画系统的顶层数据流图。

首先,将系统的输入数据和输出数据用一连串的加工连接起来。在数据流的值发生变化的地方就是一个加工;其次,给各个加工命名;再次,给加工之间的数据流命名;最后,给文件命名。

(3) 自顶向下逐层分解,绘出分层数据流图。

对于大型的系统,为了控制复杂性,便于理解,需要采用自顶向下逐层分解的方法进行,即用分层的方法将一个数据流图分解成几个数据流图来分别表示。顶层数据流图描绘系统的整体概貌;数据流图层次越低,表现出的信息流细节和功能细节也越多。

结构化分析方法的"自顶向下,逐层分解"的过程如图4-2所示。"自顶向下,逐层分解"充分体现了分解和抽象结合的原则,使开发人员不至于过早地陷入细节,有助于有控制地逐步解决复杂的问题。顶层数据流图抽象地描述整个系统,底层数据流图具体描述系统中的每一个细节,而中间各层数据流图则是从抽象到具体的逐步过渡。无论系统多么复杂,采用这种方法,分析工作的难度都能得到有效的控制,使整个需求分析过程可以有条不紊地进行。

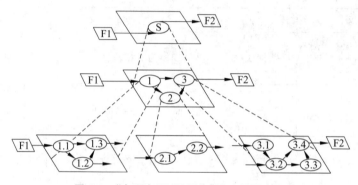

图4-2 "自顶向下,逐层分解"过程示意图

2) 绘制数据流图的实例

假设一家工厂的采购部每天需要一张订货报表,表中列出所有需要再次订货的零件,按零件编号排序。对于每个需要再次订货的零件应该列出下述数据:零件编号、零件名称、订货数量、目前价格、主要供应者和次要供应者。零件入库或出库称为事务,通过放在仓库中的电脑终端把事务报告给订货系统。当某种零件的库存量小于库存量临界值时,就应该再次订货。

数据流图有4种元素:源点或终点、加工、数据流和数据存储。因此,第一步可以从问题描述中提取数据流图的4种元素。

首先考虑数据的源点和终点。从上面对系统的描述可以知道:采购部每天需要一张订货报表,通过放在仓库中的终端把事务报告给订货系统,所以采购员是数据终点,而仓库管理员是数据源点。

接下来考虑加工,再一次阅读问题描述:"采购部每天需要一张订货报表",显然采购部还没有这种报表,因此必须有一个用于产生报表的加工。事务处理的结果是改变零件库存量,然而任何改变数据的操作都是加工,因此对事务进行的处理是另一个加工。注意,在问题描述中并没有明显地提到需要对事务进行加工,但是通过分析可以看出这种需要。

最后,考虑数据流和数据存储。系统把订货报表发送给采购部,因此订货报表是一个数据流;事务需要从仓库发送到系统中,显然事务是另一个数据流。产生报表和处理事务这两个加工在时间上明显不匹配:每当有一个事务发生时就立即处理它,然而每天只产生一次订货报表。因此,用来产生订货报表的数据必须存放一段时间,也就是应该有一个数据存储。注意,并不是所有数据流和数据存储都能直接从问题描述中提取出来。

表 4-3 总结了上面分析的结果,其中加 * 标记的是在问题描述中隐含的成分。

表 4-3 从问题描述中提取的数据流图的元素

元 素	具 体 内 容	元 素	具 体 内 容
源点/终点	采购员 仓库管理员	数据流	事务 　零件编号 * 　事务类型 　数量 *
加工	产生报表 处理事务		
数据流	订货报表 　零件编号 　零件名称 　订货数量 　目前价格 　主要供应者 　次要供应者	数据存储	订货信息 （见订货报表） 库存清单 * 　零件编号 * 　库存量 　库存量临界值

数据流图是系统的逻辑模型,然而任何计算机系统实质上都是信息处理系统,也就是说计算机系统本质上都是把输入数据变换成输出数据。因此,任何系统的基本模型都可以表达为由若干个数据源点/终点以及一个加工组成,这个加工就代表了系统对数据进行变换的基本功能。对于上述的订货系统可以画出如图 4-3 所示的基本系统模型,即顶层数据流图。

图 4-3 订货系统的顶层(0 层)数据流图

从基本系统模型这样非常高的层次开始画数据流图是一个好办法。在这个高层次的数据流图上是否列出了所有给定的数据源点/终点是一目了然的,因此它是很有价值的工具。

然而,图 4-3 毕竟太抽象了,从中对订货系统所能了解到的信息非常有限。下一步应该把基本系统模型细化,描绘系统的主要功能。从表 4-3 可知,"产生报表"和"处理事务"是系统必须完成的两个主要功能,它们将代替图 4-3 中的"订货系统",如图 4-4 所示。

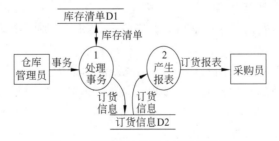

图 4-4 订货系统的第 1 层数据流图

此外,细化后的数据流图中还增加了两个数据存储:处理事务需要"库存清单"数据;

产生报表和处理事务在不同时间,因此需要存储"订货信息"。在图 4-4 中,除了表 4-3 中列出的两个数据流之外,还有两个数据流,它们与数据存储相同。这是因为从一个数据存储中取出来或放进去的数据通常和原来存储的数据相同,也就是说,数据存储和数据流只不过是同样的数据的两种不同形式。

在图 4-4 中给处理和数据存储都加了编号,这样做的目的是便于引用和追踪。

接下来应该对功能级数据流图中描绘的系统主要功能进一步细化。考虑通过系统的逻辑数据流:当发生一个事务时必须首先接收它;随后按照事务的内容修改库存清单;最后,如果更新后的库存量小于库存量临界值时,则应该再次订货,也就是需要处理订货信息。因此,把"处理事务"这个功能分解为"接收事务""更新库存清单"和"处理订货"3 个步骤,这在逻辑上是合理的,如图 4-5 所示。

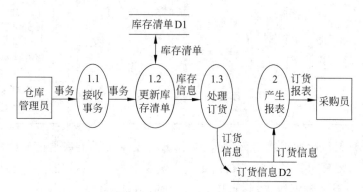

图 4-5　把处理事务的功能进一步分解后的第 2 层数据流图

为什么不进一步分解"产生报表"这个功能呢?订货报表中需要的数据在存储的"订货信息"中全都有,产生报表只不过是按一定顺序排列这些信息,再按一定格式打印出来。然而这些考虑纯属具体实现的细节,不应该在数据流图中表现。同样道理,对"接收事务"或"更新库存清单"等功能也没有必要进一步细化。总之,当进一步分解将涉及如何具体地实现一个功能时,就不应该再分解了。

当对数据流图分层细化时,必须保持信息连续性,也就是说,当把一个加工分解为一系列加工时,分解前和分解后的输入输出数据流必须相同。例如,图 4-3 和图 4-4 的输入输出数据流都是"事务"和"订货报表";图 4-4 中"处理事务"这个加工的输入输出数据流是"事务""库存清单"和"订货信息",分解成"接收事务""更新库存清单"和"处理订货"3 个加工之后(图 4-5),它们的输入输出数据流仍然是"事务""库存清单"和"订货信息"。

3)细化数据流图的实例

可以看出,在绘制数据流图时,分层细化数据流图最为关键。下面再以某单位工资计算系统为例,来强化细化数据流图的过程。某单位财务部门要求人事部门在每月初提供所有职工上个月的出勤情况和业绩情况,要求后勤部门提供所有职工上个月的水电使用及扣款情况,再将所有数据交给工资计算系统去处理,得到所有职工上个月的工资,并将工资转给相应的银行进行发放。请根据上述要求画出对应的数据流图。

(1)建立顶层数据流图。任何系统的顶层数据流图都只有一个,用于反映目标系统所要实现的功能及与外部环境的接口。顶层数据流图中只有一个代表整个系统的加工，数据的源点和终点对应着系统的外部实体，表明了系统输入数据的来源和输出数据的去向。工资计算系统的顶层(0层)数据流图如图4-6所示。

图 4-6　工资计算系统的顶层(0层)数据流图

（2）数据流图的分层细化。首先按照系统的功能，对顶层数据流图进行分解，生成第1层数据流图。本例中的工资计算系统可划分为"计算工资""打印工资清单"和"工资转存"3个加工。其中，"计算工资"完成单位职工工资计算，并生成工资清单的功能，"打印工资清单"完成工资条的打印功能，"工资转存"完成生成职工工资存款清单并将其发送到银行的功能。对划分得到的加工应进行编号，如图4-7所示，其中，"工资计算"的编号为1，"打印工资清单"的编号为2，"工资转存"的编号为3。加工之间的数据流也应在数据流图中标明。例如，图4-7中"计算工资"将单位职工的实发工资表传送给"工资转存"。此外，在标出数据流和划分加工的同时，还要在图中画出涉及的数据存储。

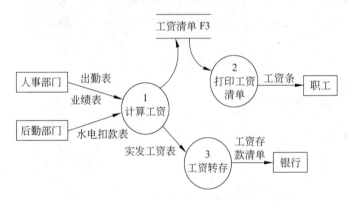

图 4-7　工资计算系统第1层数据流图

对第1层数据流图中的加工继续分解，则可得到第2层数据流图，如图4-8所示。对分解得到的加工进行编号，以反映出它与上层数据流图之间的关系。例如，对第1层数据流图中的"计算工资"进行分解得到的数据流图中的加工分别编号为1.1～1.4。若数据流图中的加工还可继续细化，则重复以上分解过程，直到获得系统的底层数据流图。工资计算系统的第3层数据流图中的"计算奖金和缺勤扣款"和"计算应发工资"两个子数据流图如图4-9所示。

将各图集中画在一起后，得到如图4-10所示的工资计算系统的数据流图。

4. 绘制数据流图的原则

建立数据流图时要遵循以下原则。

（1）任何一个数据流都至少有一端是加工。换言之，数据流不能从外部实体直接到

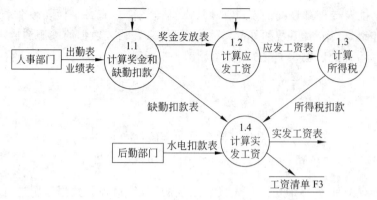

(a) "计算工资"子数据流图

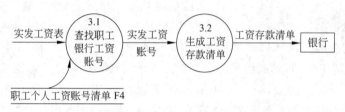

(b) "工资转存"子数据流图

图 4-8 工资计算系统的第 2 层数据流图中的两个子数据流图

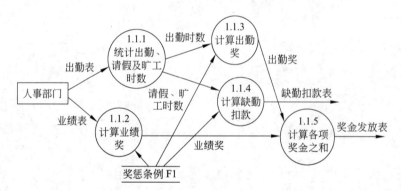

(a) "计算奖金和缺勤扣款"子数据流图

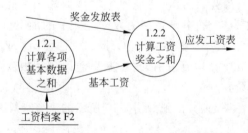

(b) "计算应发工资"子数据流图

图 4-9 工资计算系统的第 3 层数据流图中的两个子数据流图

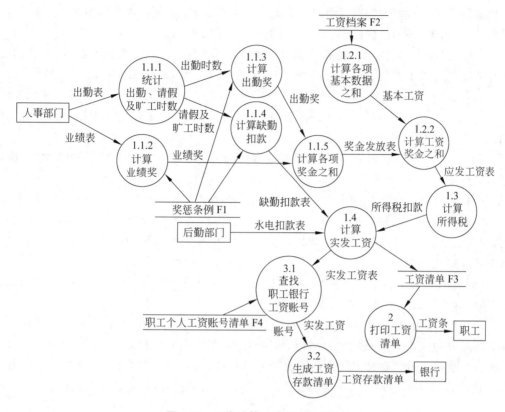

图 4-10 工资计算系统的数据流图

数据存储,不能从数据存储直接到外部实体,也不能在外部实体之间或数据存储之间流动。初学者往往容易违反这一规定,常常在数据存储与外部实体之间画数据流。其实,只要记住数据流是指加工的输入或输出,就不会出现这类错误了。

(2) 数据流图中各构成元素的名称必须具有明确的含义,且能够代表对应元素的内容或功能。具体来说,命名时要注意以下几点:

① 名称要反映被命名的成分的真实和全部的意义,避免使用不反映实际内容的空洞词汇。

② 名称要意义明确、易理解、无歧义,加工的名称一般以"动词+宾语"或"名词性定语+动词"为宜。

③ 如果进出数据存储环节的数据流的内容和存储环节的数据相同,可采用同一名称。

(3) 对数据流图中的某个加工进行细化生成的下层数据流图称为其上层图的子图。应保证分层数据流图中任意对应的父图和子图的输入输出数据保持一致。

父图中某一加工的输入输出数据流必须出现在相应的子图中,否则就会出现父图与子图的不平衡,而不平衡的分层使人无法理解。因此,特别应注意检查父图与子图的平衡,尤其是在对子图进行某些修改之后。对父图的某个加工进行扩展时,在子图中用虚线框表示,有利于这种检查。父图与子图的关系类似于全国地图与分省地图的关系。在全国地图上标出主要的铁路、河流;分省地图则更详细,除了要标出全国地图上与该省相关的铁路、河流之外,还要标出一些次要的铁路、公路、河流等。

(4) 在数据流图中,应按照层次给每个加工编号,用于表明该加工所处的层次及上、下层的父图与子图的关系。编号的规则为:顶层加工不用编号;第 1 层加工的编号为 1,2,…,n;第 2 层加工的编号为 1.1,1.2,…,2.1,2.2,…,n.1,n.2,…,以此类推。例如,编号 1.2 表明该加工处于第 2 层数据流图中,序号为 2,该图是对上层数据流图中编号为 1 的加工进行细化得到的子图。

(5) 在一个数据流图中,任何一个数据存储都必定有流入的数据流或流出的数据流,即写文件或读文件,如果缺少了就意味着遗漏了某些加工。

画数据流图时,应注意加工与数据存储之间数据流的方向。一个加工过程要读文件,数据流的箭头应指向加工;若是写文件,则箭头指向数据存储。修改文件要先读后写,但本质上是写,其箭头也指向数据存储。若除修改之外,为了其他目的还要读文件,此时箭头画成双向的。

(6) 数据流图只能由 4 种基本符号组成,是实际业务流程的客观映像,用于说明系统"应该做什么",而不需要指明系统"如何做"。

(7) 数据流图的分解速度应保持适中。通常 1 个加工每次可分解为 2~4 个子加工,最多不要超过 7 个,因为过快的分解会增加用户对系统模型理解的难度。

(8) 数据流图绘制过程就是系统的逻辑模型的形成过程,必须始终与用户密切接触,详细讨论,不断修改。另外,还要和其他系统建设者共同商讨,以求得一致意见。

5. 数据流图的优缺点

数据流图有以下优点:
(1) 图形元素少,易学易读,容易与用户沟通。
(2) 有层次性,允许系统分析员由上至下逐步分析系统,不会受困于太多复杂的细节。

数据流图有以下缺点:
(1) 潜在的非语法错误不易发现,复核困难,需要有一定的分析设计经验。
(2) 不能反映系统中的决策与控制过程。
(3) 难以对系统中的人机交互过程以及信息的反馈与循环处理进行描述。

4.2.2 数据字典

虽然数据流图能够形象、清晰地描述数据在系统中流动、加工、存储的情况,但数据流图中的许多构成元素,如数据流、数据存储、加工,仅依靠名称并不能反映其本质含义,因此必须对这些构成元素进行严格的定义。作为对数据流图的补充,数据字典(Data Dictionary,DD)能够准确地定义数据流图中各组成成分的具体含义,二者共同构成了系统的逻辑模型。没有数据字典准确地描述数据流图中使用的数据,数据流图就不严格;反之,没有数据流图,数据字典也难以发挥作用。只有把数据流图和对数据流图中每个数据的精确定义放在一起,才能共同构成系统的规格说明。

1. 数据字典的作用

数据字典最重要的用途是作为分析阶段的工具。任何字典最主要的用途都是供人查阅字词的解释。在结构化分析中,数据字典的作用是给数据流图中的每个成分加以定义和说明。换句话说,数据流图上所有成分的定义和解释的文字集合就是数据字典,而且在数据字典中建立的一组严密一致的定义有助于改进分析员和用户之间的通信。如果要求所有开发人员都根据公共的数据字典描述数据和设计模块,则能避免很多麻烦的接口问题。数据字典中包含的每个数据元素的控制信息是有价值的,因为列出了使用一个给定的数据元素的所有程序(或模块),所以很容易估计改变一个数据将产生的影响,并且能对所有受影响的程序(或模块)做出相应的改变。数据字典是开发数据库的第一步,而且是非常有价值的一步。

2. 数据字典的基本符号

表 4-4 所示给出了数据字典中的基本符号及其含义。

表 4-4 数据字典中的基本符号及其含义

符 号	含 义	说 明
=	表示定义为	用于对=左边的条目进行确切的定义
+	表示与关系	$X=a+b$ 表示 X 由 a 和 b 共同构成
[|] [,]	表示或关系	$X=[a\|b]$ 与 $X=[a,b]$ 等价,表示 X 由 a 或 b 组成
( )	表示可选项	$X=(a)$ 表示 a 可以在 X 中出现,也可以不出现
{ }	表示重复	大括号中的内容重复 0 到多次
$m\{\}n$	表示规定次数的重复	大括号中的内容最少重复 m 次,最多重复 n 次
" "	表示基本数据元素	""中的内容是基本数据元素,不可再分
..	表示取值范围	month=1..12 表示 month 可取 1~12 中的任意值
* *	表示注释	两个星号之间的内容为注释信息

用数据字典的相关符号来表达如图 4-11 所示的存折格式,对应的数据字典如图 4-12 所示。

3. 数据字典中的条目及说明格式

数据字典是关于数据流图中各种成分详细定义的信息集合,可将其按照说明对象的类型划分为 4 类条目,分别为数据流条目、数据项条目、数据文件条目和数据加工条目。为了便于系统开发人员方便地查找所需的条目,应按照一定的顺序对数据字典中的不同条目进行排列。下面分别对各类条目的内容及说明格式进行介绍。

1) 数据流条目

数据流在数据流图中主要用于说明数据结构在系统中的作用和流动方向,因此数据

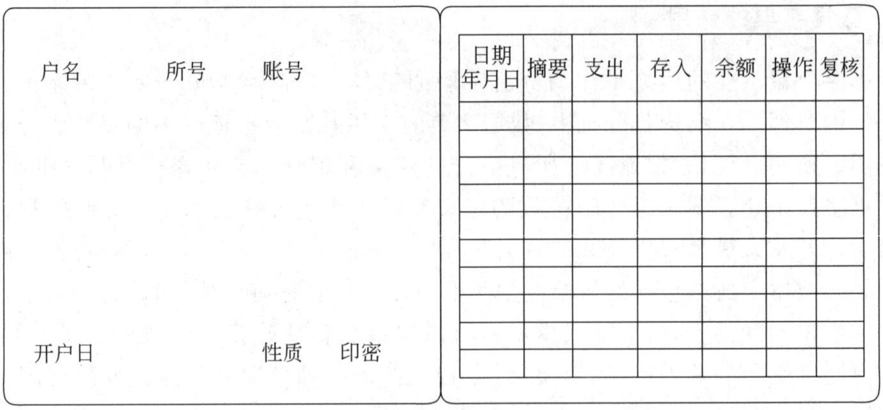

[图示:存折格式]

图 4-11 存折格式

```
存折=户名+所号+账号+开户日+性质+(印密)+1{存取行}50
户名=2{字母}24
所号="001".."999"
账号="00000001".."99999999"
开户日=年+月+日
性质="1".."6"  注："1"表示普通户，"5"表示工资户等
印密="0"  * 印密在存折上不显示 *
存取行=日期+（摘要）+支出+存入+余额+操作+复核
```

图 4-12 用数据字典表达的存折格式

流也称为流动的数据结构。数据字典中的数据流条目应包括以下几项主要内容：数据流名称、数据流别名、说明、数据流来源、数据流流向、数据流组成和数据流量等。例如，工资计算系统中的出勤表数据流在数据字典中的条目描述如图 4-13 所示。

```
数据流名称：出勤表
数据流别名：无
说明：由人事部门每月底上报的职工考勤统计数字
数据流来源：人事部门
数据流流向：加工 1.1.1（统计出勤、请假及旷工时数）
数据流组成：出勤表=年份+月份+职工号+出勤时数+病假时数+事假时数+旷工时数
数据流量：1份/月
```

图 4-13 数据流条目示例——出勤表

2）数据项条目

数据流图中每个数据结构都是由若干个数据项构成的，数据项是加工中的最小单位，不可再分。数据字典中的数据项条目中应包含的主要内容有数据项名称、数据项别名、说明、类型、长度、取值范围及含义等。例如，出勤表中的职工号数据项在数据字典中的条目描述如图 4-14 所示。

3）数据文件条目

数据文件是数据流图中数据结构的载体。数据字典中的数据文件条目中应包含的主要内容有数据文件名称、说明、数据文件组成、组织方式、存取方式、存取频率等。例

```
数据项名称：职工号
数据项别名：employee_no
说明：本单位职工的唯一标识
类型：字符串
长度：6
取值范围及含义：第1、2位(00..99)为部门编号；第3～6位(XX0001..XX9999)为人员编号
```

图 4-14　数据项条目示例——职工号

如，工资系统中的工资档案文件在数据字典中的条目描述如图 4-15 所示。

```
数据文件名称：工资档案
说明：单位职工的基本工资、各项津贴和补贴信息
数据文件组成：职工号+国家工资+国家津贴+职务津贴+职龄津贴+交通补贴+部门补贴+其他补贴
组织方式：按职工号从小到大排列
存取方式：顺序
存取频率：1次/月
```

图 4-15　数据文件条目示例——工资档案文件

4) 数据加工条目

在数据流图中只简单给出了每个加工的名称，在数据字典中通过数据加工条目主要是要说明每个加工是用来"做什么"的。数据字典中的数据加工条目中应包含的主要内容有：数据加工名称、加工编号、说明、输入数据流、输出数据流、加工逻辑等。例如：工资计算系统中的计算应发工资这个加工在数据字典中的条目描述如图 4-16 所示。

```
数据加工名称：计算应发工资
加工编号：1.2
说明：根据职工的工资档案及本月奖金发放表数据计算每个职工的应发工资
输入数据流：奖金发放表及工资档案
输出数据流：应发工资表
加工逻辑：
    do while
        工资档案文件指针未指向文件尾
        从工资档案中取出当前职工工资的各项基本数据进行累加
        在奖金发放表中按职工号查找到该职工的奖金数
        对奖金数与工资基本数据的累加和进行求和得到该职工的应发工资数
    enddo
```

图 4-16　数据加工条目示例——计算应发工资

4．建立数据字典的原则

建立数据字典时应遵守的原则如下：
(1) 对数据流图上各种成分的定义必须严密、精确、易理解、唯一，不能存在二义性。
(2) 书写格式应简洁且严格，风格统一，文字精练，数字与符号正确。
(3) 命名、编号与数据流图一致。
(4) 符合一致性与完整性的要求，对数据流图上的成分定义与说明无遗漏项。
(5) 应可方便地实现对所需条目的按名查阅。

(6) 应便于修改和更新。

(7) 没有冗余。

5. 建立数据字典的方法

目前主要利用计算机辅助建立并维护数据字典,其方法有两种:

(1) 编制一个"数据字典生成与管理程序",可以按规定的格式输入各类条目,能对字典条目进行增、删、改,能打印出各类查询报告和清单,能进行完整性、一致性检查等。

(2) 利用已有的数据库开发工具,针对数据字典建立一个数据库文件,可将数据流、数据项、数据文件和数据加工分别以矩阵表的形式来描述各个表项的内容,如表 4-5 所示。

表 4-5　数据流的矩阵表

编号	名称	来源	去向	流量	组成

4.2.3　加工逻辑的描述

对数据流图的每一个加工,必须有加工逻辑说明。加工逻辑说明必须描述如何把输入数据流变换为输出数据流的基本加工规则。加工逻辑说明必须描述实现加工的策略而不是实现加工的细节。加工逻辑说明中包含的信息应是充足的、完备的、有用的和无冗余的。用于描述加工逻辑说明的工具有结构化语言、判定表及判定树 3 种。

1. 结构化语言

结构化语言是一种介于自然语言(英语或汉语)和形式化语言(程序语言)之间的半形式化语言,形式化语言精确,但不易被理解;自然语言易理解,但不精确,可能产生二义性。结构化语言取长补短,它是在自然语言的基础上加了一些限定,使用有限的词汇和有限的语句来描述加工逻辑,既具有形式化语言清晰易读的优点,又具有自然语言的灵活性,不受形式化语言那么严格的语法约束。结构化语言的结构可分成外层和内层两层。

1) 外层

外层用来描述控制结构,采用顺序、选择及循环 3 种基本结构。

(1) 顺序结构:由自然语言中的简单祈使语句序列构成。

(2) 选择结构:一般用 if…then…else…endif 和 case…of…endcase 等关键词。

(3) 循环结构:一般用 do while…enddo 和 repeat…until 等关键词。

2) 内层

内层一般是祈使语句形式的自然语言短语,使用数据字典中的名词和有限的自定义词,其动词含义要具体,尽量不用形容词和副词来修饰,还可使用一些简单的算术运算和逻辑运算符号。

例如，一个商店业务处理系统中对"检查发货单"这个功能有如下要求：如果发货单金额超过 500 元，且以往有欠款，欠款日期超过 60 天，则在偿还欠款前不批准发货；如果发货单金额未超过 500 元，且以往有欠款，欠款日期超过 60 天，则批准发货，打印批准书、发货单和一份赊欠报告；不论发货单金额是否超过 500 元，如果欠款日期未超过 60 天，都批准发货，打印批准书和发货单。用结构化语言描述如下：

```
if 发货单金额超过 500 元 then
    if 欠款超过 60 天 then
        在偿还欠款前不批准发货
    else (欠款未超期)
        发批准书，发货单
else (发货单金额未超过 500 元)
    if 欠款超过 60 天 then
        发批准书、发货单及赊欠报告
    else (欠款未超期)
        发批准书和发货单
```

2. 判定表

当某一加工的实现需要同时依赖多个逻辑条件的取值时，对加工逻辑的描述就会变得较为复杂，很难采用结构化语言清楚地将其描述出来，而采用判定表则能够完整且清晰地表达复杂的条件组合与由此产生的动作之间的对应关系。

1) 判定表的组成

判定表的一般格式如图 4-17 所示，通常一张判定表由 4 个部分组成。

条件列表	条件组合
动作列表	对应的动作

图 4-17 判定表的一般格式

(1) 左上部列出所有条件。
(2) 左下部是所有可能做的动作。
(3) 右上部为各种可能组合条件，其中每一列表示一种可能组合。
(4) 右下部的每一列是和每一种条件组合所对应的应做的动作。

2) 绘制判定表的实例

某数据流图中有一个"确定保险类别"的加工，指的是申请汽车驾驶保险时要根据申请者的情况确定不同的保险类别。加工逻辑为：如果申请者的年龄不超过 21 岁，要额外收费；如果申请者是 21 岁以上、不超过 26 岁的女性，适用于 A 类保险；如果申请者是不超过 26 岁的已婚男性，或者是 26 岁以上的男性，适用于 B 类保险；如果申请者是不超过 21 岁的女性或不超过 26 岁的单身男性，适用于 C 类保险；除此之外的其他申请者都适用于 A 类保险。

这段叙述使人不能较快地看懂该加工的动作，而用判定表表示出来就清楚了。构造一张判定表可采取以下步骤：

(1) 提取问题中的条件。条件是年龄、性别及婚姻。
(2) 标出条件的取值。为绘制判定表方便，用符号代替条件的取值，如表 4-6 所示。

表 4-6　用符号代替条件取值表

条件名	取　值	符　号	取值数 m
年龄	年龄≤21 21＜年龄≤26 年龄＞26	C Y L	$m_1=3$
性别	男 女	M F	$m_2=2$
婚姻	未婚 已婚	S E	$m_3=2$

（3）计算所有条件的组合数 N：
$$N = C_3^1 \times C_2^1 \times C_2^1 = 3 \times 2 \times 2 = 12$$

（4）提取可能采取的动作或措施：适用于 A 类保险、B 类保险、C 类保险和额外收费。

（5）制作判定表，如图 4-18 所示。

	1	2	3	4	5	6	7	8	9	10	11	12
年龄	C	C	C	C	Y	Y	Y	Y	L	L	L	L
性别	F	F	M	M	F	F	M	M	F	F	M	M
婚姻	S	E	S	E	S	E	S	E	S	E	S	E
A 类保险					✓	✓			✓	✓		
B 类保险			✓	✓			✓	✓			✓	✓
C 类保险	✓	✓					✓					
额外收费	✓	✓	✓	✓								

图 4-18　判定表

（6）完善判定表。初始的判定表可能不完善，表现在两个方面。第一，缺少判定列中应采取的动作。例如，在"确定保险类别"加工的说明中若没有最后一句"除此之外……"，那么第 9、10 两列就无选取的动作，这时就应与用户沟通后将其补充完整。第二，有冗余的判定列。两个或多个规则中具有相同的动作，而与它所对应的各个条件组合中有取值无关的条件。例如，第 1 列和第 2 列、第 5 列和第 6 列、第 9 列和第 10 列、第 11 列和第 12 列都与第 3 个条件"婚姻"取值无关，因此可将它们分别合并。合并后的规则还可进一步合并，如图 4-19 所示，图中 Y 表示逻辑条件取值为真，N 表示逻辑条件取值为假，"—"表示与取值无关。优化后的判定表如图 4-20 所示。

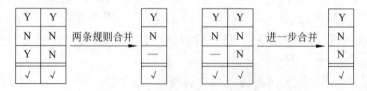

图 4-19　动作相同的规则合并

3）判定表的优缺点

判定表的优点是：采用表格化的形式，适于表达含有复杂判断的加工逻辑；能够简

第4章 信息系统的需求分析

	1	2	3	4	5	6	7	8
年龄	C	C	C	Y	Y	Y	L	L
性别	F	M	M	F	M	M	F	M
婚姻	—	S	E	—	S	E	—	—
A类保险				✓			✓	
B类保险			✓			✓		
C类保险	✓	✓			✓			
额外收费	✓	✓	✓					

图 4-20 优化后的判定表

洁、无二义性地描述所有的处理规则。

判定表的缺点是：只能表示静态逻辑，不能作为通用的设计工具；判定表虽然能清晰地表示复杂的条件组合与应做的动作之间的对应关系，但其含义却不是一眼就能看出来的，初次接触这种工具的人要理解它，需要有一个简短的学习过程；此外，当数据元素的值多于两个时，判定表的简洁程度也将下降。

3. 判定树

判定树是判定表的变种，也能清晰地表示复杂的条件组合与应做的动作之间的对应关系。

1）判定树的实例

例如，图 4-21 是采用判定树对"确定保险类别"加工逻辑的描述。

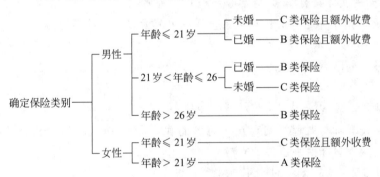

图 4-21 描述"确定保险类别"加工逻辑的判定树

2）判定树的优缺点

判定树的优点是：形式简单、直观，不需要任何说明，一眼就可以看出其含义，因此易于掌握和使用。

判定树的缺点是：虽然它在形式上比判定表直观，但在逻辑上没有判定表严格，用户在使用判定树时容易造成个别条件的遗漏；与判定表一样，判定树只能表示静态逻辑，不能作为通用的设计工具。

4. 对加工逻辑描述工具的选择

加工逻辑说明是结构化分析方法的一个组成部分，上述 3 种描述加工逻辑的工具各

有优缺点,因此,在选择工具时可以采取以下原则:

(1)对于顺序执行和循环执行的动作,用结构化语言描述;对于存在多个条件复杂组合的判断问题,用判定表和判定树描述。

(2)判定树比判定表直观易读;判定表进行逻辑验证较严格,能把所有的可能性全部都考虑到。可将两种工具结合起来,先绘制判定表,在此基础上产生判定树。

4.2.4 需求分析的其他工具

除了上述工具之外,在需求分析阶段还可能用到其他一些分析工具,包括 E-R 模型、层次方框图和 IPO 图等。

1. E-R 模型

为了把用户的数据要求清晰地表达出来,通常要建立一个概念性的数据模型,最常用的方法是建立实体-联系(Entity-Relation,E-R)模型。

1) E-R 模型的组成

E-R 模型由实体、联系和属性 3 个基本成分组成。

(1)实体:指客观世界存在的且可以相互区分的事物。实体可以是人,也可以是物,还可以是抽象概念,例如职工、计算机、产品都是实体。

(2)属性:有时也称性质,是指实体某一方面的特征。一个实体通常由多个属性值组成。例如学生实体具有学号、姓名、专业、年级等属性。

(3)联系:指实体之间的相互关系。联系可分为以下 3 种类型。

① 一对一联系(表示为 1∶1)。

例如,一个部门有一个经理,而每个经理只在一个部门任职,则部门与经理之间的联系是一对一的。

② 一对多联系(表示为 1∶N)。

例如,某校教师与课程之间存在一对多的联系——"教",即每位教师可以教多门课程,但是每门课程只能由一位教师来教。

③ 多对多联系(表示为 $M∶N$)。

例如,学生与课程之间的联系是多对多的,即一个学生可以学多门课程,而每门课程也可以有多个学生来学。

联系也可能有属性。例如,学生学习某门课程所取得的成绩既不是学生的属性也不是课程的属性。由于成绩既依赖于某个特定的学生又依赖于某门特定的课程,所以它是学生与课程之间的联系——"学"的属性。

2) E-R 模型中的基本符号

E-R 模型中的基本符号及含义如表 4-7 所示。

3) E-R 模型的实例

下面用 E-R 模型表示某校的教学管理,如图 4-22 所示。

表 4-7 E-R 模型中的基本符号及其含义

符号	含义
□	表示实体
◇	表示实体间的联系,它与实体间的连线上需用数字标明具体的联系类型
○	表示与实体有关的属性
—	用于实体、属性及联系的连接

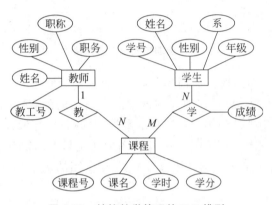

图 4-22 某校教学管理的 E-R 模型

2. 层次方框图

层次方框图通过树形结构的一系列多层次的矩形框描述复杂数据的层次结构。树形结构顶端的矩形框只有一个,用于代表完整的数据结构;下面各层的矩形框是对完整数据结构的逐步分解和细化得到的数据子集;底层的矩形框代表组成该数据结构的基本元素,是数据的最小单位,不可再分割。层次方框图非常适合描述自顶向下的需求分析方法中数据的层次关系。系统分析员可以从对顶层信息的分类开始,沿着层次方框图中的每条路径逐步细化,直到确定了数据结构的全部细节为止。例如,某单位职工的实发工资由应发工资和扣款两部分组成,每部分又可进一步细分。例如,应发工资又可分为基本工资和奖金;基本工资又可分为国家工资、津贴、补贴;奖金也可分为出勤奖和业绩奖;津贴和补贴还可以再进一步地细分。用层次方框图表示的实发工资如图 4-23 所示。

3. IPO 图

IPO 图是输入/处理/输出(Input/Process/Output)图的简称,它是美国 IBM 公司发展和完善起来的一种图形工具,能够方便地描绘输入数据、对数据的处理和输出数据之间的关系。

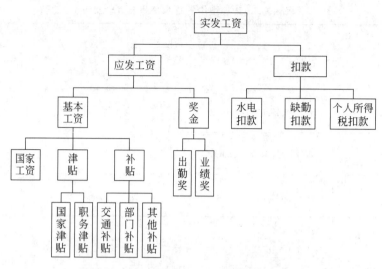

图 4-23　某单位职工实发工资的层次方框图

IPO 图使用的基本符号既少又简单,因此很容易学会使用。它的基本形式是:在左边的框中列出有关的输入数据,在中间的框中列出主要的处理,在右边的框中列出产生的输出数据。处理框中处理的排列顺序暗示了执行的顺序。但是,用这些基本符号还不足以精确描述执行处理的详细情况。在 IPO 图中还用粗大的箭头清楚地指出数据通信的情况。图 4-24 是一个描述主文件更新过程的 IPO 图的例子,通过这个例子可以了解 IPO 图的用法。

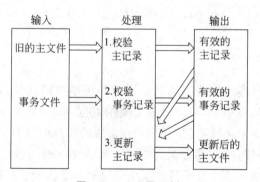

图 4-24　IPO 图示例

现在一般建议使用一种改进的 IPO 图(也称为 IPO 表),这种图中包含某些附加的信息,在系统设计过程中,它比原始的 IPO 图更有用,如图 4-25 所示。在需求分析阶段,可以使用 IPO 图简略地描述系统的主要算法(即数据流图中各个处理的基本算法)。当然,在需求分析阶段,IPO 图中的许多附加信息暂时还不具备,但是在系统设计阶段可以进一步补充、修正这些图,作为设计阶段的文档。这正是在需求分析阶段用 IPO 图作为描述算法的工具的重要优点。

```
                    IPO 表
系统：_____        作者：_____
模块：_____        日期：_____
编号：_____

┌──────────────┐      ┌──────────────┐
│被调用：       │      │调用：         │
│              │      │              │
└──────────────┘      └──────────────┘

┌──────────────┐      ┌──────────────┐
│输入：         │      │输出：         │
│              │      │              │
└──────────────┘      └──────────────┘

┌─────────────────────────────────┐
│处理：                            │
│                                 │
│                                 │
│                                 │
└─────────────────────────────────┘

┌──────────────┐ ┌────────────────┐
│局部数据元素：  │ │注释：           │
└──────────────┘ └────────────────┘
```

图 4-25　改进的 IPO 图的形式

4.3　需求分析文档及评审

1. 信息系统需求说明书

描述信息系统需求的文档被称为信息系统需求说明书或信息系统需求规格说明书。信息系统需求说明书详细、准确地反映最终确定的信息系统需求，并能够简要地反映需求分析的过程以及相关问题，既是对需求分析工作的总结，又可作为后续阶段的工作纲领，系统设计、实现和测试都将按照信息系统需求进行。

《信息系统需求说明书》应该包括的内容和采用的格式，目前并没有统一的规范。图 4-26 为《信息系统需求说明书》的一个参考格式。

在《信息系统需求说明书》中一般要包含以下内容：

（1）引言。说明编写《信息系统需求说明书》的目的、待开发的系统的名称以及本项目的任务提出者、开发者和用户等；给出本系统中用到的专门术语的定义，列出《信息系统需求说明书》中引用的参考资料等。

（2）项目概述。描述本系统的开发意图、应用目标、作用范围等；列出本系统的最终用户的特点以及本系统的预期使用频度；列出进行本系统开发工作的假定和约束，例如经费限制、开发期限等。

（3）需求规定。用列表（例如 IPO 表）的方式逐项定量或定性地叙述对本系统所提出的功能要求；说明对本系统的输入输出数据精度的要求、时间特性要求以及灵活性的要求，灵活性即当需求发生某些变化时本系统对这些变化的适应能力；解释各输入输出数据类型；说明需要管理的文卷和记录的个数、表和文卷的规模；列出可能的软件、硬件故障及其对各项性能所产生的后果，并给出对故障处理的要求；列出其他专门要求，例如安全保密的要求、使用方便性的要求等。

（4）运行环境规定。列出运行本系统所需要的硬件设备；列出本系统所需要的支持软件；说明本系统与其他系统之间的接口、数据通信协议等；说明控制本系统的运行的方法和控制信号等。

```
信息系统需求说明书
1. 引言
  1.1 编写目的
  1.2 背景
  1.3 定义
  1.4 参考资料
2. 项目概述
  2.1 目标
  2.2 用户的特点
  2.3 假定和约束
3. 需求规定
  3.1 对功能的规定
  3.2 对性能的规定
    3.2.1 精度
    3.2.2 时间特性要求
    3.2.3 灵活性
  3.3 输入输出要求
  3.4 数据管理能力要求
  3.5 故障处理要求
  3.6 其他专门要求
4. 运行环境规定
  4.1 设备
  4.2 支持软件
  4.3 接口
  4.4 控制
```

图 4-26　信息系统需求说明书的参考格式

2．需求分析评审

需求分析评审是指在需求分析阶段，通过一定的途径和手段，对初步确定的信息系统需求的正确性和可行性进行验证，确定正确的和可行的需求，排除含糊、不实际和不可行的需求。在将信息系统需求说明书提交给设计阶段之前，必须进行需求分析评审。如果在评审过程中发现信息系统需求说明书存在错误或缺陷，应及时对其进行更改或弥补，重新进行相应部分的初步分析和需求建模，并修改信息系统需求说明书，并再次进行评审。

1) 需求分析评审的内容

需求分析评审的内容包括以下几个方面：

（1）系统定义的目标是否与用户的要求一致。

（2）系统需求分析阶段提供的文档资料是否齐全。

（3）文档中的所有描述是否完整、清晰、准确地反映了用户要求。

（4）与所有其他系统成分的重要接口是否都已经描述。

（5）主要功能是否已包括在规定的软件范围之内，是否都已充分说明。

（6）软件的行为和它必须处理的信息、必须完成的功能是否一致。

（7）设计的约束条件或限制条件是否符合实际。

（8）是否考虑了开发的技术风险。

（9）是否制定了详细的检验标准，它们能否对系统定义是否成功进行确认。

2) 需求分析评审的方法

需求分析评审可以采用以下方法。

（1）自查法。由分析人员对自己所确定的信息系统需求进行审核和验证，纠正需求中存在的问题。

（2）用户审查法。分析人员可以把信息系统需求说明书提交给用户，用户通过对需求文档的阅读找出不符合用户意图或用户认为不能实现的需求，双方再对这些有争议的需求进行讨论，最后达成一致认识。

（3）专家审查法。聘请业务领域、信息系统、政策、法律等方面的专家对信息系统需求进行审查。专家能够对用户和分析人员存在争议的需求以及隐藏着重大问题的需求进行甄别和判断。

（4）原型法。对有争议或拿不准的需求，通过建立原型进行验证，以确定需求的正确性。原型法是验证需求的一种十分有效的方法，同时也是帮助用户理解需求的一种好方法，但它要求有原型生成环境的支持。

习 题 4

1. 名词解释

需求分析、数据流图、数据字典

2. 选择题

（1）信息系统需求分析阶段要解决的问题是（　　）。
  A. 信息系统做什么　　　　　　B. 信息系统提供哪些信息
  C. 信息系统采用哪种结构　　　D. 信息系统怎么做

（2）信息系统需求分析阶段的目标是（　　）。
  A. 制定系统开发计划　　　　　B. 制定需求说明报告
  C. 制定系统结构说明　　　　　D. 制定系统开发方案

（3）在结构化分析方法中，用以表达系统内数据的流动情况的工具有（　　）。
  A. 数据流图　　B. 数据字典　　C. 结构化语言　　D. 判定表与判定树

（4）数据流图中每个加工至少有（　　）。
  A. 1个输入流　　　　　　　　B. 1个输出流
  C. 多个输入流和输出流　　　　D. 1个输入流和1个输出流

（5）数据字典不包括的条目是（　　）。
  A. 数据项　　B. 数据流　　C. 数据类型　　D. 数据加工

3. 简答题

（1）信息系统需求分析阶段的具体任务有哪些？
（2）数据流图的作用是什么？它有哪些基本成分？
（3）数据字典的作用是什么？它有哪些基本条目？
（4）用于描述加工逻辑说明的工具有哪些？

(5) 需求评审包括哪些内容？评审方法有哪些？

4. 应用题

(1) 某银行的计算机储蓄系统功能是：将储户填写的存款单或取款单输入系统。如果是存款，则系统记录存款人姓名、住址、存款类型、存款日期、利率等信息，并打印出存单给储户；如果是取款，系统计算利息并打印出利息清单给储户。请用数据流图简单描绘本系统的功能。

(2) 某图书管理系统有以下功能：

① 借书。输入读者借书证号。系统首先检查借书证是否有效。若有效，对于第一次借书的读者，在借书文件上建立档案。否则，查阅借书文件，检查该读者所借图书是否已达到 10 本。若已达到 10 本，拒借；若未达到 10 本，办理借书手续（检查库存，修改库存目录文件，并将读者借书情况记录到借书文件中）。

② 还书。从借书文件中读出与该书有关的记录，查阅所借日期。如果超期（3 个月）作罚款处理；否则，修改库存目录文件与借书文件。

③ 查询。可通过借书文件、库存目录文件查询读者情况、图书借阅情况及库存情况，打印各种统计表。

请就以上系统功能画出分层的数据流图（至少两层），并建立重要条目的数据字典。

(3) 用判定表和判定树描述 4.2.3 节的商店业务处理系统中的"检查发货单"加工。

(4) 某厂对部分职工重新分配工作的政策是：年龄不超过 20 岁，初中文化程度者脱产学习，高中文化程度者当电工；年龄为 21～40 岁，中学文化程度者男性当钳工，女性当车工，大学文化程度者都当技术员。年龄在 40 岁以上，中学文化程度者当材料员，大学文化程度者当技术员。请用判定表描述上述问题的加工逻辑。

第 5 章 信息系统的设计

完成系统的需求分析之后,就进入了系统的设计阶段。系统设计的任务是把需求分析阶段产生的系统需求说明转换为用适当手段表示的系统设计文档。按照结构化设计方法,从项目管理观点来看,通常将系统设计分为总体设计和详细设计两个阶段。总体设计用来确定系统的结构,即系统的组成以及各组成元素之间的相互关系;详细设计用来确定模块内部的算法和数据结构,产生描述各模块程序过程的详细设计文档。本章首先介绍系统设计的基本原理和优化规则,然后对总体设计、详细设计进行介绍。

5.1 系统设计的基本原理和优化规则

5.1.1 系统设计的基本原理

在系统设计过程中应该遵循的基本原理包括模块化设计原理、抽象原理、信息隐蔽和局部化原理、逐步求精原理以及模块独立性原理等。

1. 模块化设计原理

所谓模块是指具有相对独立性的,由数据说明、执行语句等程序对象构成的集合。程序中的每个模块都需要单独命名,通过名字可实现对指定模块的访问。在高级语言中,模块具体表现为函数、子程序以及过程等。一个模块具有输入输出接口、功能、内部数据和程序代码 4 个特征。输入输出接口用于实现本模块与其他模块间的数据传送,即向本模块传入所需的原始数据及从本模块传出得到的结果数据。功能是指模块所完成的工作,模块的输入输出接口和功能构成了模块的外部特征。内部数据是指仅能在模块内部使用的局部量。程序代码用于描述实现模块功能的具体方法和步骤。模块的内部数据和程序代码反映的是模块的内部特征。

模块化是指将整个程序划分为若干个模块,每个模块用于实现一个特定的功能。划分模块对于解决大型的、复杂的问题是非常必要的,因为这样可以大大降低解决问题的难度。为了说明这一点,可对问题复杂性、开发工作量和模块数之间的关系进行以下分析。

首先,设 $C(x)$ 为问题 x 所对应的复杂度函数,$E(x)$ 为解决问题 x 所需要的工作量函

数。对于两个问题 P_1 和 P_2,如果
$$C(P_1) > C(P_2)$$
即问题 P_1 的复杂度比 P_2 高,则显然有
$$E(P_1) > E(P_2)$$
即解决问题 P_1 比 P_2 所需的工作量大。

在人们解决问题的过程中,发现存在另一个有趣的规律:
$$C(P_1 + P_2) > C(P_1) + C(P_2)$$
即解决由多个问题复合而成的大问题的复杂度大于单独解决各个问题的复杂度之和。也就是说,对于一个复杂问题,将其分解成多个小问题来分别解决比较容易。由此可以推出
$$E(P_1 + P_2) > E(P_1) + E(P_2)$$
即将复杂问题分解成若干个小问题,逐个解决,这种方法所需的工作量小于直接解决复杂问题所需的工作量。

根据上面的推导,可以得到这样一个结论:模块化可以降低解决问题的复杂度,从而减少系统开发的工作量。但是不是模块划分得越多越好呢?虽然增加程序中的模块数可以减少开发每个模块的工作量,但同时却增加了设计模块接口的工作量。图 5-1 表达了模块数与系统开发成本之间的关系,可以看出,当划分的模块数处于最小成本区域时,开发系统的总成本最低。虽然目前还不能精确地算出 M 的数值,但是在考虑程序模块化的时候,总成本曲线确实是有用的指南。后面介绍的模块独立性原理和优化规则,可以在一定程度上帮助开发者决定合适的模块数目。

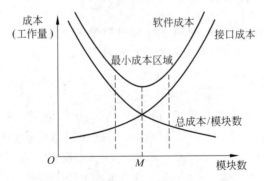

图 5-1 模块数与系统开发成本的关系

采用模块化设计原理可以带来以下好处:

(1) 模块化使系统结构清晰,易于设计,也容易阅读和理解。

(2) 程序错误通常局限在有关的模块及它们之间的接口中,所以模块化能使系统容易测试和调试,从而有助于提高系统的可靠性。

(3) 系统的变动往往只涉及少数几个模块,所以模块化还能够提高系统的可修改性。

(4) 模块化使得一个复杂的大型程序可以由许多程序员分工编写,并且可以进一步分配技术熟练的程序员编写困难的模块,有助于系统开发工程的组织管理。

(5) 模块化有利于提高程序代码的可重用性。

2. 抽象原理

抽象是人类在解决复杂问题时经常采用的一种思维方式,它是指将现实世界中具有共性的一类事物的相似的、本质的方面集中起来,加以概括,而暂时忽略它们之间的细节差异。在系统开发中运用抽象的概念,可以将复杂问题的求解过程分层,在不同的抽象层次上实现难度的分解。在抽象级别较高的层次上,可以将琐碎的细节信息暂时隐藏起来,以利于解决系统中全局性的问题。

结构化程序设计中自顶向下、逐步求精的模块划分思想正是人类思维中运用抽象方法解决复杂问题的体现。系统结构中顶层的模块抽象级别最高,是控制并协调系统的主要功能且影响全局;系统结构中位于底层的模块抽象级别最低,是具体实现数据的处理过程。采用自顶向下、由抽象到具体的思维方式,不但降低了系统开发中每个阶段的工作难度,简化了系统的设计和实现过程,而且还有助于提高系统的可读性、可测试性和可维护性。此外,在程序设计中运用抽象的方法还能够提高代码的可重用性。

3. 信息隐蔽和局部化原理

应用模块化设计原理时,自然会产生的一个问题:为了得到最好的一组模块,应该怎样分解系统呢?信息隐蔽原理指出:在设计和确定模块时,应该使得一个模块内包含的信息(过程和数据)对于不需要这些信息的模块来说是不能访问的。这一原理是由帕纳斯(D. L. Parnas)在1972年提出的,也就是说,有效的模块化可以通过一组独立的模块来实现,这些独立的模块彼此间仅仅交换那些为了完成系统功能而必须交换的信息。这一指导思想的目的是为了提高模块的独立性,即当修改或维护模块时减少模块的错误扩散到其他模块中去的机会。因此,信息隐蔽简化了系统结构,提供了程序模块设计标准化的可能性。

局部化的概念和信息隐蔽的概念密切相关。局部化是指把一些关系密切的系统元素物理地放得比较近,严格控制数据对象可以访问的范围。在模块中使用局部数据元素就是局部化的一个例子。显然,局部化有助于实现信息隐蔽。

4. 逐步求精原理

逐步求精是人类解决复杂问题时采用的基本方法,也是许多软件工程技术(例如规格说明技术、设计和实现技术)的基础。可以把逐步求精定义为:为了能集中精力解决主要问题而尽量推迟对问题细节的考虑。

逐步求精之所以如此重要,是因为人类的认知过程遵守米勒(Miller)法则:一个人在任何时候都只能把注意力集中在 7 ± 2 个知识块上。但是,在开发系统的过程中,软件工程师在一段时间内需要考虑的知识块数远远大于7。例如,一个程序通常不止使用7个数据,一个用户也往往有不止7个方面的需求。逐步求精方法的强大作用就在于它能够帮助软件工程师把精力集中在与当前开发阶段最相关的方面上,而忽略对整体解决方案来说虽然是必要的,但目前还不需要考虑的细节,这些细节将留到以后再考虑。米勒法则是人类智力的基本局限,我们不可能战胜自己的自然本性,只能接受这个事实,承认自身的局限性,并在这个前提下尽我们的最大努力工作。

5. 模块独立性原理

模块独立性概括了把系统划分为模块时需要遵守的准则,同时也是判断模块构造是否合理的标准。模块独立性是指每个模块只完成系统要求的独立的子功能,与其他模块的联系最少,并且接口简单。

为什么模块独立性会这么重要呢?这是因为模块化程度较高的系统,其功能易于划分,接口简单,因此其开发比较容易,特别是在几个开发人员共同开发一个系统时,这一点尤为突出。同时,这样的系统也比较容易测试和维护,修改所引起的副作用也小,而且,模块从系统中取出或插入也比较简单。

模块独立性可以从两个方面来衡量:模块本身的内聚和模块之间的耦合。前者反映的是模块内部各个成分之间的联系,所以也称块内联系;后者反映的是一个模块与其他模块之间的联系,所以又称块间联系。模块的独立性越高,则块内联系越强,块间联系越弱,因此必须尽可能设计出高内聚、低耦合的模块。

1) 内聚

模块的内聚是指模块内部各成分间联系的紧密程度。一个模块内部各成分之间的联系越紧密,该模块独立性就越高。按照内聚程度由低到高的顺序,把模块的内聚分为7种类型,如图 5-2 所示。

(1) 偶然性内聚。如果几个模块内有一段代码是相同的,那么将它们抽取出来形成单独的模块,即偶然性内聚模块。例如,几个模块都要执行"读 A"的操作,为避免重复书写而将这些操作汇成一个模块。偶然性内聚是内聚程度最低的一种,具有偶然性内聚的模块独立性差,不易理解和修改,会给系统开发带来很大的困扰,出错的概率要比其他类型模块大得多,因此在系统设计时应尽量避免使用。

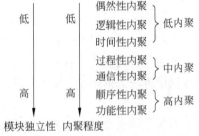

图 5-2 内聚的划分

(2) 逻辑性内聚。逻辑性内聚是指模块内执行几个逻辑上相似的功能,通过参数确定模块完成的功能。例如,将产生各种类型错误的信息输出放在一个模块中,或将从不同设备上的输入放在一个模块中,形成一种单入口、多功能的模块。这种模块内聚程度有所提高,各部分之间在功能上也有相互关系,但不易修改,因为当某个调用模块要求修改模块公用代码时,而另一些调用模块又不要求修改。另外,调用时需要进行控制参数的传递,造成模块间的控制耦合,而且在调用此模块时,不用的部分也占据了主存,从而降低了系统效率。

(3) 时间性内聚。若模块中包含了需要在同一时间段中执行的多个任务,则称该模块的内聚为时间性内聚。例如,将多个变量的初始化放在同一个模块中实现,或将需要同时使用的多个库文件的打开操作放在同一个模块中,都会产生时间性内聚的模块。由于时间性内聚模块中的各个部分在时间上的联系,其内聚程度比逻辑性内聚高一些。但这样的模块往往会和其他相关模块有着紧密的联系,因而会造成耦合程度的提高。

(4) 过程性内聚。当模块中包含的任务必须按照某一特定的次序执行时,就称之为过程性内聚模块。例如,用高斯消去法解线性方程组的流程为:建立方程组系数矩阵→高斯消去→回代,将其纳入一个模块中就形成了一个过程性内聚模块。

(5) 通信性内聚。如果模块内各功能部分使用了相同的输入数据,或产生了相同的输出数据,则称之为通信性内聚模块。例如,模块完成"建表""查表"两部分功能,都使用同一数据结构——名字表;又如,模块完成生产日报表、周报表和月报表,都使用同一数据——日产量。通信性内聚的模块各部分都紧密关联于同一数据(或者数据结构),所以内聚程度要高于前几种类型。同时,如果把某一数据结构、文件及设备等操作都放在一个模块内,那么可达到信息隐藏的作用。

(6) 顺序性内聚。若模块中的各个部分都与同一个功能密切相关,并且必须按照先后顺序执行(通常前一部分的输出数据就是后一部分的输入数据),则称该模块的内聚为顺序性内聚。例如,在处理学生成绩的模块中,前一部分根据成绩统计及格的学生人数,后一部分根据及格人数计算学生的及格率。由于顺序性内聚模块中的各个部分在功能和执行顺序上都密切相关,因此内聚程度很高且易于理解。

(7) 功能性内聚。模块中各个部分都是为了完成某一具体功能必不可少的组成部分,或者说该模块中所有部分都是为了完成一项具体功能而协同工作、紧密联系、不可分割的,则称该模块为功能性内聚模块。例如,求一组数的最大值这样一个单一功能的模块就是功能性内聚模块。功能性内聚是所有内聚中内聚程度最高的一种,功能性内聚的模块易理解,易修改,有利于实现模块的重用,从而提高了系统开发的效率。

综上所述,对于内聚应该采取这样的设计原则:禁用偶然性内聚和逻辑性内聚,限制使用时间性内聚,少用过程性内聚和通信性内聚,提倡使用顺序性内聚和功能性内聚。

2) 耦合

模块的耦合是指模块之间相互联系的程度。相互联系复杂的模块耦合程度高,模块独立性低;相互联系简单的模块耦合程度低,模块独立性高。按照耦合程度由低到高的顺序,模块的耦合也分为 7 种类型,如图 5-3 所示。

(1) 非直接耦合。

非直接耦合是指两个模块之间没有直接关系,相互之间没有信息传递,它们之间的联系完全是通过主模块的控制和调用来实现的。因此,模块间的这种耦合程度最低,但模块独立性最高。

(2) 数据耦合。

数据耦合是指两个模块之间仅通过模块参数交换信息,且交换的信息全部为简单数据信息,相当于高级语言中的值传递。数据耦合的耦合程度较低,模块的独立性较高。通常软件系统中都包含数据耦合。

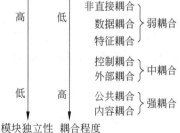

图 5-3 耦合的划分

(3) 特征耦合。

特征耦合是指两个模块之间传递的是数据结构。其实模块间传递的是这个数据结构的地址,两个模块必须清楚这些数据结构,并按要求对其进行操作,这样就降低了可理解性。可采用信息隐蔽的方法,把该数据结构以及在其上的操作全部集中在一个模块中,就可消除这种耦合,但有时因为还有其他功能的缘故,特征耦合往往是不可避免的。

(4) 控制耦合。

控制耦合是指一个模块调用另一个模块时传递的是控制变量(如开关、标志等),被调模块通过该控制变量的值有选择地执行块内某一功能。因此被调模块内应具有多个功能,哪个功能起作用要受其调用模块的控制。控制耦合增加了理解、编程及修改的复杂性,调用模块必须知道被调模块内部的逻辑关系,即被调模块处理细节不能实现信息隐藏,从而降低了模块的独立性。

(5) 外部耦合。

外部耦合是指一组模块访问同一个全局变量。

(6) 公共耦合。

公共耦合是指一组模块访问同一个全局性数据结构。如果在模块之间共享的数据很多,而且通过参数来传递很不方便时,才使用公共耦合,因为公共耦合会引起以下问题:

① 耦合的复杂程度随模块个数的增加而增加,无法控制各个模块对公共数据的存取。若某个模块有错,可通过公共区将错误延伸到其他模块,会影响系统的可靠性。

② 使系统的可维护性变差。若某一模块修改了公共区的数据,则会影响与此有关的所有模块。

③ 降低了系统的可理解性。因为各个模块使用公共区的数据的方式往往是隐含的,所以数据被哪些模块共享就不容易很快搞清。

(7) 内容耦合。

如果发生下列情形,两个模块之间就会发生内容耦合。

① 一个模块可以直接访问另一个模块的内部数据。

② 一个模块不通过正常入口转到另一模块内部。

③ 两个模块有一部分程序代码重叠(只可能出现在汇编语言中)。

④ 一个模块有多个入口。

内容耦合是最高程度的耦合,也是最差的耦合。模块间过于紧密的联系会给后期的开发和维护工作带来很大的麻烦。

综上所述,对于耦合应该采取这样的设计原则:尽量使用非直接耦合、数据耦合和特征耦合,少用控制耦合和外部耦合,限制公共耦合,完全不用内容耦合。

内聚和耦合是密切相关的,模块内的高内聚往往意味着模块间的低耦合。内聚和耦合都是进行模块化设计的有力方法。实践表明,内聚更重要,所以应该把更多的注意力集中到提高模块的内聚程度上。

5.1.2 系统设计的优化规则

软件工程师在开发计算机系统的长期实践中积累了丰富的经验,通过总结这些经验得出了一些优化规则。这些优化规则虽然不像前面讲述的基本原理那样普遍适用,但是在许多场合仍然能给信息系统开发者有益的启示,往往能帮助他们找到改进系统设计、提高系统质量的途径,因此有助于实现有效的模块化。下面介绍几条常用的优化规则。

(1) 改进系统结构,提高模块独立性。

设计出系统的初步结构以后,应该审查、分析这个结构,通过模块分解或合并,力求降低耦合程度,提高内聚程度,保持模块的相对独立性,优化初始的系统结构。

(2) 模块的作用域应处于其控制域范围之内。

模块的作用域是指受该模块内一个判定条件影响的所有模块范围。模块的控制域是指该模块本身以及所有该模块的下属模块(包括该模块可以直接调用的下层模块和可以间接调用的更下层的模块)。例如,如图 5-4 所示,模块 C 的控制域为模块 C、E 和 F;若在模块 C 中存在一个对模块 D、E 和 F 均有影响的判定条件,即模块 C 的作用域为模块 C、D、E 和 F(图中带阴影的模块),显然模块 C 的作用域超出了其控制域。由于模块 D 在模块 C 的作用域中,因此模块 C 对模块 D 的控制信息必然要通过上层模块 B 进行传递,这样不但会提高模块间的耦合程度,而且会给模块的维护和修改带来麻烦(若要修改模块 C,可能会对不在它的控制域中的模块 D 造成影响)。因此,进行系统设计时,应使各个模块的作用域处于其控制范围之内。若发现不符合此优化原则的模块,可通过下面的方法进行改进:

① 将判定位置上移。例如,将图 5-4 中的模块 C 中的判定条件上移到上层模块 B 中,或将模块 C 整个合并到模块 B 中。

② 将超出作用域的模块下移。例如,将图 5-4 中的模块 D 移至模块 C 的下一层,使模块 D 处于模块 C 的控制域中。

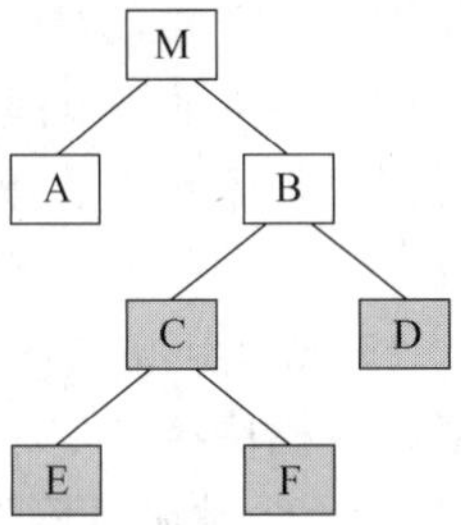

图 5-4 模块的作用域和控制域

(3) 系统结构图的深度和宽度不宜过大。

所谓深度是指系统结构图从上至下的层数,它能够粗略地反映出软件系统的规模和复杂程度;所谓宽度是指系统结构图内同一层次上模块数的最大值,通常宽度越大的系统越复杂。例如,在如图 5-5 所示的系统结构图中,深度为 5,宽度为 8。深度在程序中表现为模块的嵌套调用,嵌套的层数越多,程序就越复杂,程序的可理解性也就随之下降。深度过大的问题可通过将系统结构图中过于简单的模块分层与上一级模块合并来解决;而宽度过大的问题则可通过增加中间层来解决。显然,系统结构图的深度和宽度是相互对立的两个方面,减小深度会引起宽度的增加,而减小宽度又会带来深度的增加。

(4) 模块应具有高扇入和适当的扇出。

对一个模块来说,扇入是指有多少上层模块直接调用它,例如,图 5-6(a)中模块 M 的扇入为 n;扇出是指一个模块可以直接调用的下层模块数,例如,图 5-6(b)中模块 M 的扇出为 k。模块的扇入越大,则说明共享该模块的上层模块越多,或者说该模块在程序中的重用性越高;而对于扇出,根据实践经验,在设计良好的典型系统中,模块的平均扇出通常为 3 或者 4。

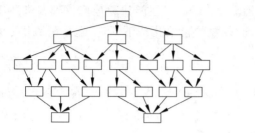

图 5-5　系统结构图示例

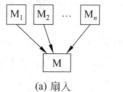 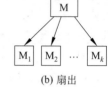

(a) 扇入　　　　　　　(b) 扇出

图 5-6　模块的扇入和扇出

在一个好的系统结构中,模块应具有较高的扇入和适当的扇出,但绝不能为了单纯追求高扇入或适当的扇出而破坏了模块的独立性。此外,经过对大量软件系统的研究后发现,在设计良好的系统结构中,通常顶层的扇出较大,中间层的扇出较小,底层的扇入较大。

(5) 保持适中的模块规模和复杂度。

程序中模块的规模过大,会降低程序的可读性;而模块规模过小,势必会导致程序中的模块数过多,增加接口的复杂性。对于模块的适当规模并没有严格的规定,但普遍的观点是模块中的语句数最好保持在 50～150 条,可以用一两页打印纸打印,便于人们的阅读与研究。为了使模块的规模适中,在保证模块独立性的前提下,可对程序中规模过小的模块进行合并或对规模过大的模块进行分解。

模块复杂度的限制是基于 McCabe 复杂度度量方法提出的,该方法是计算由程序流程图得到的程序图中的环的个数 $V(G)$,实践表明 $V(G)=10$ 是模块规模和复杂度的合理上限。

(6) 降低模块接口的复杂度。

复杂的模块接口是导致系统出现错误的主要原因之一,因此在系统设计中应尽量使模块接口简单、清晰。降低模块的接口复杂度,这样可以提高系统的可读性,减少出现错误的可能性,并有利于系统的测试和维护。例如,求一元二次方程的根模块 quad_root(tbl,x),其中 tbl 和 x 分别是系数组参数和根数组参数,就不如将接口的参数简单化,使模块变为 quad_root(a,b,c,x1,x2),这样不仅易于理解,也不容易发生传递错误。

(7) 设计单入口、单出口的模块。

这条规则告诫软件工程师不要使模块间出现内容耦合,设计出的每一个模块都应该只有一个入口和一个出口,不要随便使用 goto 语句。当控制流从顶部进入模块并且从底部退出模块时,系统是比较容易理解的,因此也是比较容易维护的。

(8) 模块功能可以预测。

要求设计出的模块的功能能够预测,但也要防止模块功能过分局限。

5.2　总体设计概述

5.2.1　总体设计的目的和任务

总体设计的基本目的就是回答"概括地说,系统应该如何实现"这个问题,因此,总体设计又称为概要设计或初步设计。通过这个阶段的工作将划分出组成系统的物理元素——程序、文件、数据库、人工过程和文档等,但是每个物理元素仍然处于黑盒子级,这些黑盒子里的具体内容将在以后仔细设计。总体设计阶段还有一项工作就是设计系统的结构,也就是要确定系统中每个程序是由哪些模块组成的,以及这些模块相互间的关系。

总体设计的基本任务包括如下几点。

1. 设计软件系统结构

为了实现目标系统,最终必须设计出组成这个系统的所有程序和数据库(文件),对于程序,则首先进行结构设计,具体方法如下:

(1) 采用某种设计方法,将一个复杂的系统按功能划分成模块。
(2) 确定每个模块的功能。
(3) 确定模块之间的调用关系。
(4) 确定模块之间的接口,即模块之间传递的信息。
(5) 评价模块结构的质量。

从以上内容看,系统结构的设计是以模块为基础的。在需求分析阶段,通过某种分析方法把系统分解成层次结构。在设计阶段,以需求分析的结果为依据,从实现的角度划分模块,并组成模块的层次结构。系统结构的设计是总体设计关键的一步,直接影响详细设计与编码的工作。系统的质量及一些整体特性都在软件结构的设计中决定,因此,应由经验丰富的软件人员担任,采用一定的设计方法,选取合理的设计方案。

2. 数据结构及数据库设计

在系统结构设计中,应对需求分析阶段所生成的数据字典加以细化,从计算机技术实现的角度出发,要确定系统涉及的文件系统及各种数据的结构,主要包括确定输入输出文件的数据结构及确定算法所需的逻辑数据结构等。在需求分析阶段仅为系统所需的数据库建立了概念数据模型(最常用的是 E-R 模型),系统结构设计阶段需要将原本独立于数据库实现的概念模型与具体的数据库管理系统的特征结合起来,建立数据库的逻辑结构,主要包括确定数据库的模式、子模式以及对数据库进行规范和优化等。

3. 编写总体设计文档

总体设计阶段应交付的文档通常包括总体设计说明书、数据库设计说明书、用户手册及系统初步测试计划。

(1) 总体设计说明书:给出系统结构设计的结果,为系统的详细设计提供基础。
(2) 数据库设计说明书:主要给出使用的数据库管理系统的简介、数据库的概念模型、逻辑设计和结果。
(3) 用户手册:对需求分析阶段编写的用户手册进行补充。

（4）系统初步测试计划：明确测试中应采用的策略、方案、预期的测试结果及测试的进度安排。

4. 评审

在该阶段，对设计部分是否完整地实现了需求中规定的功能、性能等要求，设计方案的可行性，关键的处理，内外部接口定义正确性、有效性以及各部分之间的一致性，等等，都要一一进行评审。

5.2.2　总体设计说明书

总体设计说明书是总体设计阶段结束时提交的技术文档，它的主要内容如下：
（1）引言：包括编写目的、背景、定义和参考资料。
（2）总体设计：包括需求规定、运行环境、基本设计概念、处理流程和结构。
（3）接口设计：包括用户接口、外部接口和内部接口。
（4）运行设计：包括运行模块的组合、运行控制和运行时间。
（5）系统数据结构设计：包括逻辑结构设计、物理结构设计、数据结构与程序的关系。
（6）系统出错处理设计：包括出错信息、补救措施和系统恢复设计。

5.2.3　总体设计的图形工具

用于总体设计的图形工具有 HIPO 图和结构图，它们主要用来描述系统模块的层次结构。

1. HIPO 图

HIPO（Hierarchy Plus Input/Processing/Output）图是 IBM 公司在 20 世纪 70 年代开发出来的用于描述系统结构的图形工具。它实质上是在描述系统总体模块结构的层次图（hierarchy，简称 H 图）的基础上加入了用于描述每个模块输入输出数据和处理功能的 IPO 图，因此它的中文全名为层次图加输入/处理/输出图。

1）HIPO 图中的 H 图

在 HIPO 图中，为了使 H 图更具有可追踪性，可以为除顶层矩形框以外的其他矩形框加上能反映层次关系的编号。例如，工资计算系统的 H 图如图 5-7 所示。

2）HIPO 图中的 IPO 图

例如，工资计算系统中的计算工资模块的 IPO 图如图 5-8 所示。

2. 结构图

尤顿（Yourdon）提出的结构图（Structure Chart，SC）是进行系统结构设计的另一个有力工具。结构图能够描述出软件系统的模块层次结构，清楚地反映出程序中各模块之间的调用关系和联系。结构图中的基本符号及其含义如表 5-1 所示。

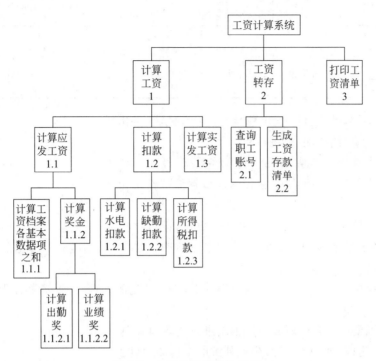

图 5-7　工资计算系统的 H 图

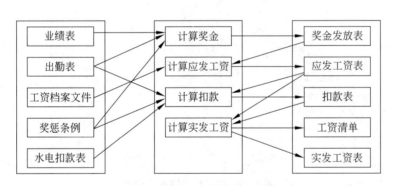

图 5-8　计算工资模块的 IPO 图

表 5-1　结构图中的基本符号及其含义

符　　号	含　　义
□	用于表示模块，方框中标明模块的名称
—	用于描述模块之间的调用关系
→→	用于表示模块调用过程中传递的信息，箭头上标明信息名称。箭头尾部为空心圆，表示传递的信息是数据；若为实心圆，则表示传递的是控制信息
A / B C	表示模块 A 选择调用模块 B 或模块 C

续表

符 号	含 义
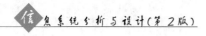	表示模块 A 循环调用模块 B 和模块 C

在结构图中,模块有以下几种类型:传入模块、传出模块、变换模块和协调模块,如图 5-9 所示。

(1) 传入模块。它从下层模块取得数据,经过某些处理,再将其传送给上层模块。它传送的数据流叫作逻辑输入数据流。

(2) 传出模块。它从上层模块获得数据,进行某些处理,再将其传送给下层模块。它传送的数据流叫作逻辑输出数据流。

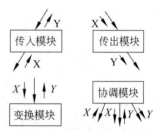

图 5-9 结构图中的模块符号

(3) 变换模块。它从上层模块取得数据,进行特定的处理,转换成其他形式,再传送回上层模块。

(4) 协调模块。它对所有下层模块进行协调和管理。

图 5-10 就是一个描绘了产生最佳解的结构图的例子。

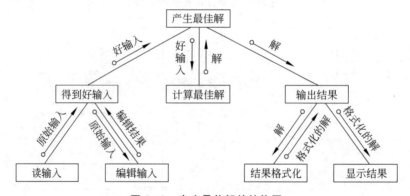

图 5-10 产生最佳解的结构图

5.3 面向数据流的总体设计方法

在总体设计中,主要采用面向数据流的设计方法,结构化设计方法是一种典型的面向数据流的总体设计方法。运用面向数据流的方法进行系统结构的设计时,应该首先对需求分析阶段得到的数据流图进行复查,必要时进行修改和精化;其次,在仔细分析系统数据流图的基础上,确定数据流图的类型,并按照相应的设计步骤将数据流图转化为系统结构;最后,还要根据系统结构设计的原则对得到的系统结构进行优化和改进。面向数据流的系统结构设计的过程如图 5-11 所示。

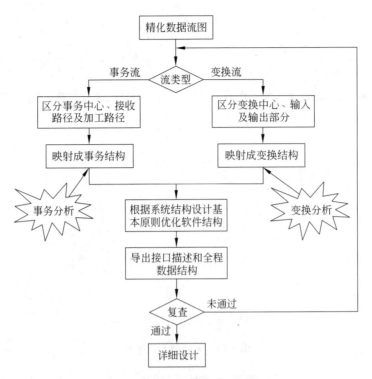

图 5-11　面向数据流的系统结构设计过程

5.3.1　数据流图的类型

面向数据流的系统结构设计方法能够方便地将需求分析阶段生成的数据流图转换成设计阶段所需的系统结构。但对于不同类型的数据流图，转换得到的系统结构也不同，因此有必要首先研究一下数据流图的典型形式。根据数据流图的结构特点，通常可将数据流图划分为变换型数据流图和事务型数据流图两个基本类型。

1. 变换型数据流图

变换型数据流图呈现出的结构特点为：由（逻辑）输入、变换中心和（逻辑）输出 3 部分组成，如图 5-12 所示。该类型数据流图所描述的加工过程为：首先，外部数据沿逻辑输入路径进入系统，同时数据的形式由外部形式转化为内部形式；其次，数据被送往变换中心进行加工处理；最后，经过加工得到的结果数据的内部形式被转换为外部形式并沿逻辑输出路径离开系统。可以看出，变换型数据流图反映的是一个顺序结构的加工过程。

变换型数据处理问题的工作过程大致分为 3 步，即取得数据、变换数据和给出数据，如图 5-13 所示。由变换型数据流图映射出的变换型系统结构如图 5-14 所示。

2. 事务型数据流图

原则上，所有基本系统模型都属于变换型，但其中有一类具有特殊形态的数据流图

图 5-12 变换型数据流图的基本模型　　图 5-13 变换型数据处理的工作过程

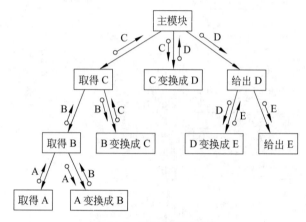

图 5-14 变换型系统结构

又被单独划分为事务型。事务型数据流图呈现出的结构特点为：输入流在经过某个被称为"事务中心"的加工时被分离为多个发散的输出流，形成多个平行的加工处理路径，如图 5-15 所示。该类型的数据流图所描述的加工过程为：外部数据沿输入路径进入系统后，被送往事务中心；事务中心接收输入数据并分析确定其类型；最后根据所确定的类型为数据选择其中的一条加工路径。由事务型数据流图映射出的事务型系统结构如图 5-16 所示。

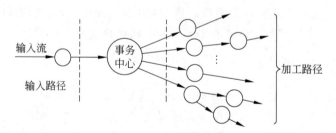

图 5-15 事务型数据流图的基本模型

5.3.2 变换分析

变换分析是一系列设计步骤的总称，经过这些步骤把具有变换流特点的数据流图按预先确定的模式映射成系统结构。变换分析的设计步骤如下：

（1）复查基本系统模型。
（2）复查并精化数据流图。

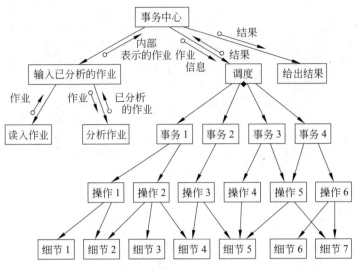

图 5-16 事务型系统结构

(3) 确定数据流图具有变换特性。
(4) 确定输入流和输出流的边界,从而孤立出变换中心。
(5) 完成第一级分解。
(6) 完成第二级分解。
(7) 根据系统设计原理和优化规则,精化所得到的系统结构雏形,改良软件质量。

下面通过一个例子说明变换分析的方法。

假设汽车的仪表板将完成下述功能:

(1) 通过模/数转换实现传感器和微处理机接口。
(2) 在发光二极管面板上显示数据。
(3) 指示车速(mph)、行驶里程(mile)、燃料消耗(mpg)等。
(4) 指示加速或减速。
(5) 超速警告。如果车速超过 55mile/h,则发出超速警告铃声。

在系统需求分析阶段,应该对上述每条要求以及系统的其他特点进行全面的分析评价,建立必要的文档资料,特别是数据流图。

下面详细介绍设计步骤。

第 1 步,复查基本系统模型。

复查的目的是确保系统的输入数据和输出数据符合实际。

第 2 步,复查并精化数据流图。

假设在需求分析阶段产生的数字仪表板系统的数据流图如图 5-17 所示。

这个数据流图对于系统结构设计的第一级分解而言已经足够详细了,因此不需要精化就可以进行下一个设计步骤。

第 3 步,分析确定数据流的类型。

一般来说,一个系统中的所有信息流都可以认为是变换流,但是,当遇到有明显事务

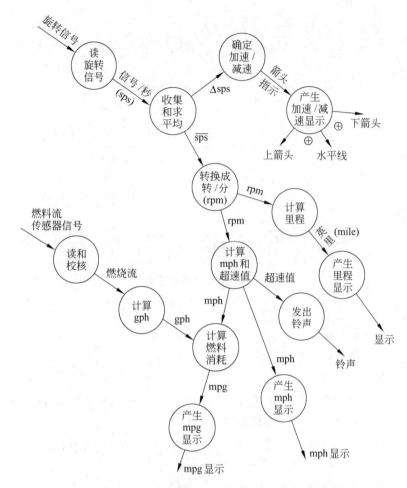

图 5-17　数字仪表板系统的数据流图

特性的信息流时,建议采用事务分析方法进行设计。在这一步,设计人员应该根据数据流图中占优势的属性确定数据流的全局特性。此外还应该把具有和全局特性不同的特点的局部区域孤立出来,以后可以按照这些子数据流的特点精化根据全局特性得出的系统结构。

从图 5-17 中可以看出,数据沿着两条输入路径进入系统,然后沿着 5 条路径离开,没有明显的事务中心,因此可以认为这个信息流具有变换流的总特征。

第 4 步,确定输入流和输出流的边界,从而孤立出变换中心。

输入流和输出流的边界与对其的解释有关,也就是说,不同的设计人员可能会在流内选取稍微不同的点作为边界的位置,所以在确定边界时应该仔细。但是,把边界沿着数据流的路径移动一个加工的距离,通常对最后的系统结构只有很小的影响。

对于汽车数字仪表板的例子,设计人员确定好的流的边界如图 5-18 所示。

第 5 步,完成第一级分解。

系统结构是代表对控制的自顶向下的分配,所谓分解就是分配控制的过程。

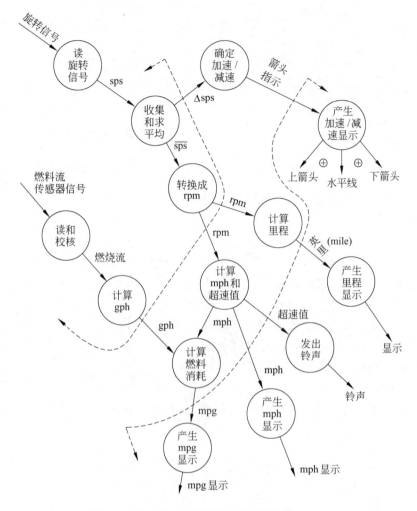

图 5-18 具有边界的数据流图

对于变换流的情况,数据流图被映射成一个特殊的系统结构,这个结构控制输入、变换和输出等信息处理过程。图 5-19 说明了第一级分解的方法。位于系统结构最顶层的控制模块 Cm 协调下述从属的控制功能:

- 输入信息处理控制模块 Ca,协调对所有输入数据的接收。
- 变换中心控制模块 Ct,管理对内部形式的数据的所有操作。
- 输出信息处理控制模块 Ce,协调输出信息的产生过程。

虽然图 5-19 意味着一个三叉的控制结构,但是,对一个大型系统中的复杂数据流,可以用两个或多个模块完成上述一个模块的控制功能。应该在能够完成控制功能并且保持良好的耦合和内聚特性的前提下,尽量使第一级控制中的模块数取最小值。

对于数字仪表板的例子,第一级分解得出的结构如图 5-20 所示。每个控制模块的名字表明了为它所控制的那些模块的功能。

第 6 步,完成第二级分解。

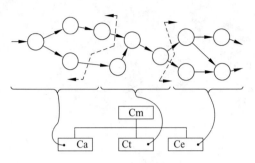

图 5-19　第一级分解的方法

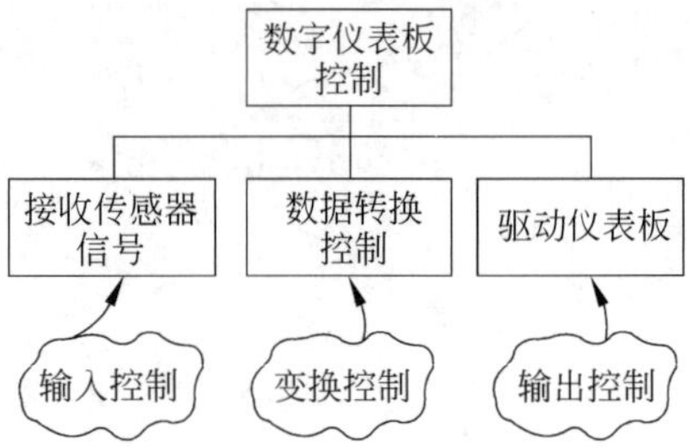

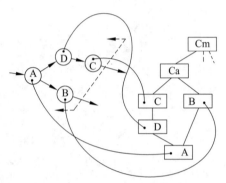

图 5-20　数字仪表板系统的第一级分解

所谓第二级分解就是把数据流图中的每个处理映射成系统结构中一个适当的模块。完成第二级分解的方法是,从变换中心的边界开始沿着输入路径向外移动,把输入路径中的每个处理映射成系统结构中 Ca 控制下的一个低层模块;然后沿输出路径向外移动,把输出路径中每个处理映射成直接或间接受模块 Ce 控制的一个低层模块;最后把变换中心内的每个处理映射成受 Ct 控制的一个模块。图 5-21 表示进行第二级分解的普遍途径。

图 5-21　第二级分解的方法

对于数字仪表板系统的例子,第二级分解的结果分别用图 5-22、图 5-23 和图 5-24 描绘。

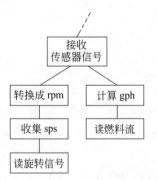

图 5-22　未经精化的输入结构

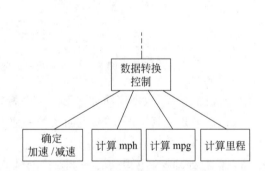

图 5-23　未经精化的变换结构

这 3 张图表示了对系统结构的初步设计结果。虽然图中每个模块的名字表明了它的基本功能,但是仍然应该为每个模块写一个简要说明,描述内容如下:

- 进出该模块的信息(接口描述)。
- 模块内部的信息。
- 过程陈述,包括主要判定点及任务等。
- 对约束和特殊特点的简短讨论。

第 7 步,根据系统设计原理和优化规则,精化得到的系统结构雏形,改良软件质量。

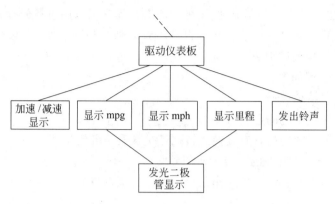

图 5-24 未经精化的输出结构

对第一次分解得到的系统结构,总可以根据模块独立原理进行精化。为了产生合理的分解,得到尽可能高的内聚、尽可能松散的耦合,最重要的是,为了得到一个易于实现、测试和维护的系统结构,应该对初步分解得到的模块进行再分解或合并。具体到数字仪表板的例子,对于从前面的设计步骤得到的系统结构,还可以做许多修改。某些可能的修改如下:

- 输入结构中的模块"转换成 rpm"和"收集 sps"可以合并。
- 模块"确定加速/减速"可以放在模块"计算 mph"下面,以降低耦合程度。
- 模块"加速/减速显示"可以相应地放在模块"显示 mph"的下面。

经过上述修改后的系统结构如图 5-25 所示。

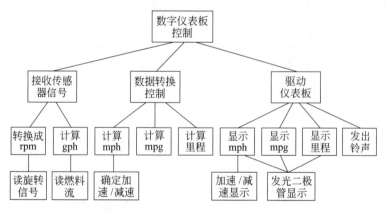

图 5-25 精化后的数字仪表板系统的系统结构

上述 7 个设计步骤的目的是开发出系统的整体表示。也就是说,一旦确定了系统结构,就可以将其作为一个整体来复查,从而能够评价和精化系统结构。在这个时期进行修改只需要很少的附加工作,但是能够对系统的质量特别是系统的可维护性产生深远的影响。

5.3.3 事务分析

虽然在任何情况下都可以使用变换分析方法设计系统结构,但是在数据流具有明显的事务特点时,也就是有一个明显的"事务中心"时,还是以采用事务分析方法为宜。

事务分析的设计步骤和变换分析的设计步骤大部分相同或类似,主要差别仅在于由数据流图到系统结构的映射方法不同。

事务分析的过程如下:

(1) 复审基本系统模型。
(2) 复审和细化系统的数据流图。
(3) 确定数据流图中是含有变换流特征还是含有事务流特征。

以上3点与变换映射中的相应工作相同。

(4) 识别事务中心和每一条操作路径上的流特征。事务中心通常位于几条操作路径的起始点上。
(5) 将数据流图映射到事务型系统结构图,包括输入分支、分类事务处理分支(调度)和输出分支。
(6) 分解和细化该事务结构和每一条操作路径的结构。
(7) 利用一些优化规则来改进系统的初始结构图。

由事务流映射成的系统结构包括一个接收分支和一个发送分支。事务分析映射出接收分支结构的方法和变换分析映射出输入结构的方法很相似,即从事务中心的边界开始,把沿着接收流路径的处理映射成模块。发送分支的结构包含一个调度模块,它控制下层的所有活动模块;然后把数据流图中的每个活动流路径映射成与它的流特征相对应的结构。图5-26说明了上述映射过程。

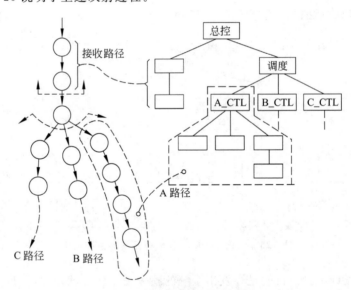

图 5-26 事务分析的映射过程

5.3.4 混合结构分析

一个大型系统常常是变换型和事务型的混合结构。为了导出系统的初始结构,也必须同时采用变换分析和事务分析两种方法。对于一般情况,结构化设计的基本思路是:以变换分析为主,以事务分析为辅,导出初始结构。如图 5-27 所示,系统的总体框架是变换型,其输入部分的下层分解则基于事务分析。图 5-28 所示的初始结构是由图 5-27 中的例子导出的。

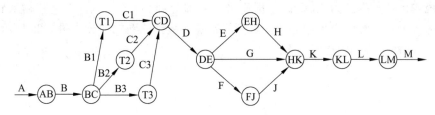

图 5-27 混合结构示例

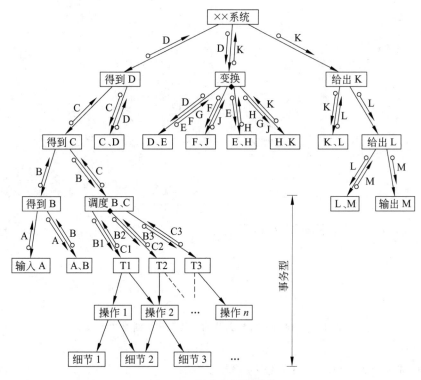

图 5-28 导出的初始结构

5.3.5 总体设计的实例

下面以 4.2 节讨论过的工资计算系统数据流图为例来介绍变换分析建立系统结构的主要步骤。

1. 划分边界,区分系统的输入、变换中心和输出部分

变换中心在数据流图中往往是多股数据流汇集的地方,经验丰富的设计人员通常可根据其特征直接确定系统的变换中心。另外,下述方法可帮助设计人员确定系统的输入和输出。从数据流图的物理输入端出发,沿着数据流方向逐步向系统内部移动,直至遇到不能被看作系统输入的数据流为止,则此数据流之前的部分即为系统的输入;同理,从数据流图的物理输出端出发,逆着数据流方向逐步向系统内部移动,直至遇到不能被看作是系统输出的数据流为止,则该数据流之后的部分即为系统的输出;夹在输入和输出之间的部分就是系统的变换中心。工资计算系统的数据流图的划分如图 5-29 所示,用虚线将输入、变换中心和输出部分分开。

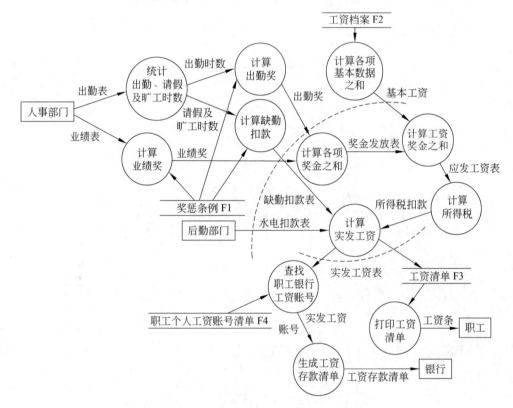

图 5-29 进行了边界划分的工资计算系统数据流图

2. 完成第一级分解,设计系统的上层模块

这一步主要是确定系统结构的顶层(第 0 层)和第 1 层。任何系统的顶层都只含有一个用于控制的主模块。变换型数据流图对应的系统结构的第 1 层一般由输入、变换和输出 3 种模块组成。系统中的每个逻辑输入都对应一个输入模块,完成为主模块提供数据的功能;每个逻辑输出都对应一个输出模块,完成为主模块输出数据的功能;变换中心对应一个变换模块,完成将系统的逻辑输入转换为逻辑输出的功能。工资计算系统的第一级分解结果如图 5-30 所示。

图 5-30 工资计算系统的第一级分解

3. 完成第二级分解，设计输入、变换中心和输出部分的中、下层模块

这一步主要是对上一步确定的系统结构进行逐层细化，为每一个输入模块、输出模块及变换模块设计下层模块。通常，一个输入模块应包括用于接收数据和转换数据（将接收的数据转换成下层模块所需的形式）的两个下层模块；一个输出模块应包括用于转换数据（将上层模块的处理结果转换成输出所需的形式）和传出数据的两个下层模块；变换模块的分解没有固定的方法，一般应根据变换中心的组成情况及模块分解的原则来确定下层模块。完成第二级分解后，工资计算系统的软件结构如图 5-31 所示（图中省略了模块调用传递的信息）。

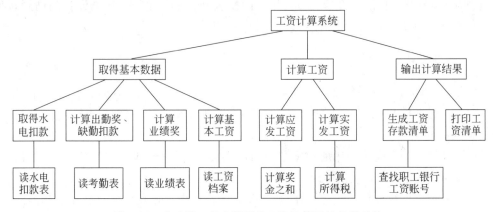

图 5-31 完成第二级分解后的工资计算系统软件结构

5.4 详细设计概述

总体设计是确定组成系统的各个模块及模块之间的联系，详细设计则是对每个模块给出详细的过程性描述，但是这些描述是应用详细设计的表达工具来表达的，而不是能直接在计算机上运行的程序。

1. 详细设计的目的

详细设计也可以称为过程设计。详细设计的目的是为系统结构中的每一个模块确定采用的算法和块内数据流图，用某种选定的表达工具给出清晰的描述，使程序员可以将这种描述直接翻译为某种程序设计语言程序。详细设计的结果对最终程序代码的质量起着决定性的作用,对系统的测试和维护人员了解模块的内部结构也是很重要的。

2. 详细设计的原则

为了能够使模块的逻辑描述清晰、准确,在详细设计阶段应遵循以下原则:

(1) 将保证程序的清晰度放在首位。由于结构清晰的程序易于理解和修改,并且会大大减少错误发生的概率,因此除了对执行效率有严格要求的实时系统外,通常在详细设计过程中应优先考虑程序的清晰度,而将程序的效率放在第二位。

(2) 设计过程中应采用逐步细化的实现方法。从总体设计到详细设计,本身就是一个细化模块描述的过程,由粗到细、分步进行的细化有助于保证生成的程序的可靠性,因此在详细设计中特别适合采用逐步细化的方法。在对程序进行细化的过程中,还应同时对数据描述进行细化。

(3) 选择适当的表达工具。在模块算法确定之后,如何将其精确、清晰地表达出来,对详细设计的实现同样十分重要。5.5节会介绍几种较为常用的表达工具,这些工具各有特色,例如图形工具便于设计人员与用户的交流,而PDL便于将详细设计的结果转换为源程序。设计人员应根据具体情况选择适当的表达工具。

3. 详细设计的过程

详细设计的过程主要包括以下步骤:

(1) 为每个模块确定采用的算法,并用适当的工具表达算法的过程,给出详细的描述。

(2) 确定每一个模块使用的数据结构和模块接口的细节,包括内部接口、外部接口、模块的输入、输出及局部数据等。

(3) 为每个模块设计一组测试用例,以便在编码阶段对模块代码进行预定的测试。

(4) 编写详细设计说明书,提交复审。

4. 详细设计说明书

详细设计说明书是详细设计阶段最重要的技术文档。与总体设计说明书相比,前者侧重于系统结构的规定,后者则侧重于对模块实现具体细节的描述。详细设计说明书可以看作在总体设计说明书所确定的系统总体结构的基础上,对其中各个模块实现过程的进一步描述和细化。通常,详细设计说明书应主要包括如下几方面的内容:

(1) 引言。用于说明编写本说明书的目的、背景,定义本说明书中用到的术语和缩略语,以及列出本说明书中引用的参考资料等。

(2) 总体设计。用于给出软件系统的体系结构。

(3) 模块描述。依次对各个模块进行详细描述,主要包括模块的功能和性能、实现模块功能的算法、模块的输入及输出以及模块接口的详细信息等。

5.5 详细设计的工具

描述程序处理过程的工具称为过程设计工具,可以分为图形、表格和语言3类。
(1) 图形工具,包括程序流程图、N-S 图和 PAD。
(2) 表格工具,包括判定表和判定树。
(3) 语言工具,包括 PDL。

无论哪类工具,基本要求都是能够准确、无二义性地描述系统控制、数据组织结构以及处理功能等有关细节,使程序员在编码阶段能够将这种描述直接翻译为程序代码。此外,这类工具应该尽可能形象直观、易学易懂。

1. 程序流程图

程序流程图(program flow chart)也称为程序框图,它是历史最悠久、使用最广泛的程序逻辑结构描述工具。

1) 程序流程图的符号和表示方式

程序流程图常用的基本符号如图 5-32 所示。用程序流程图表达的 3 种基本控制结构如图 5-33 所示。其中,选择结构分为二分支选择和多分支选择两类,如图 5-33 的(b)和(c)所示;循环结构分为当型(DO…WHILE)和直到型(DO…UNTIL)两类,如图 5-33 的(d)和(e)所示。

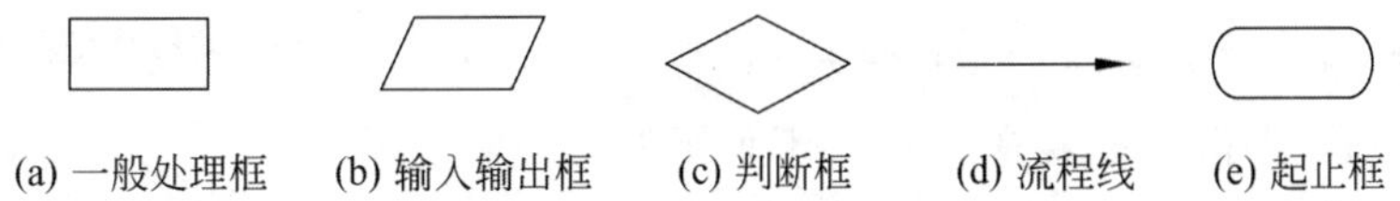

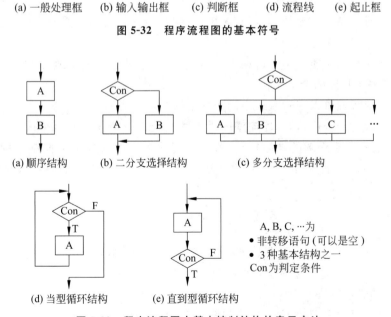

图 5-32 程序流程图的基本符号

图 5-33 程序流程图中基本控制结构的表示方法

2)程序流程图的实例

下面以求一组数中的最大值为例说明程序流程图的画法。如果要实现找出一组数中最大值的功能,可将这组数存于数组 A 中。用语言描述的计算过程如下:

(1)输入数组 A,元素个数为 N。

(2)令最大数 $MAX=A(1)$,即数组中的第 1 个元素。

(3)从 $A(2)$ 至 $A(N)$(即第 2 个元素至最末一个元素)依次与最大数 MAX 进行比较。

(4)如新元素大于 MAX,则将其赋予 MAX。

(5)输出最大数 MAX。

用程序流程图来描述这一算法的过程,结果如图 5-34 所示。值得注意的是,在图中使用的符号是习惯用法,而不是标准用法。

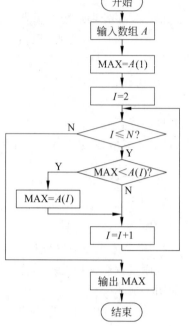

图 5-34 用程序流程图描述的求最大值的算法

3)程序流程图的优缺点

程序流程图的优点是比较直观、清晰,使用灵活,便于阅读和掌握,因此在 20 世纪 40 年代末到 70 年代初被普遍采用。但随着程序设计方法的发展,程序流程图的许多缺点逐渐暴露出来。这些缺点主要体现在以下方面:

(1)可以随心所欲地画控制流程线的流向,容易造成非结构化的程序结构,编码时势必加不限制地使用 goto 语句,导致基本控制块多入口、多出口,这样会使系统质量受到影响,这与系统设计的原则相悖。

(2)程序流程图本质上不支持逐步求精,会使程序员容易过早地考虑程序的具体控制流程,而忽略了程序的全局结构。

(3)程序流程图难以表示系统中的数据结构。

(4)对于大型系统而言,程序流程图描述过于琐碎,不容易阅读和修改。

为了克服程序流程图的缺陷,要求程序流程图都应由 3 种基本控制结构顺序组合和完整嵌套而成,不能有相互交叉的情况,这样的程序流程图才是结构化的程序流程图。

2. 盒图

盒图又称为 N-S 图(Nassi-Shneiderman),它是由 Nassi 和 Shneiderman 按照结构化的程序设计要求提出的一种描述算法的图形工具。

1)盒图的表示方法

用盒图表达的 3 种基本控制结构如图 5-35 所示,其中,(b)和(c)是两种选择结构,(d)和(e)是两种循环结构。

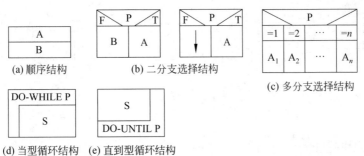

图 5-35 盒图中基本控制结构的表示方法

2）盒图的实例

以求一组数中最大值的算法为例,用盒图描述的结果如图 5-36 所示。

3）盒图的优缺点

盒图有如下优点：

（1）所有的程序结构均用方框来表示,无论并列或者嵌套,程序的结构清晰。

（2）它的控制转移不能任意规定,必须遵守结构化程序设计的要求。

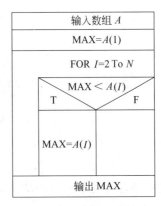

（3）很容易确定局部数据和全程数据的作用域。

（4）很容易表现嵌套关系,也可以表示模块的层次结构。

盒图不足的是：当程序内嵌套的层数增多时,内层的方块越画越小,不仅会增加画图的困难,并将使图形的清晰性受到影响；当需要对设计进行修改时,盒图的修改工作量会很大。

图 5-36 用盒图描述的求最大值的算法

3. PAD

PAD 是问题分析图（Problem Analysis Diagram）的英文缩写,它是继程序流程图和 N-S 图之后,由日本日立公司二村良彦等人提出的又一种主要用于描述系统详细设计的图形表达工具。PAD 的基本原理是：采用自顶向下、逐步细化和结构化设计的原则,力求将模糊的问题解的概念逐步转换为确定的和详尽的过程,使之最终可采用计算机直接进行处理。

1）PAD 的表示方式

PAD 采用二维树形结构表示程序的控制流。用 PAD 图表达的 3 种基本控制结构如图 5-37 所示,其中,(b)和(c)是两种选择结构,(d)和(e)是两种循环结构。

2）PAD 的实例

以求一组数中最大值的算法为例,用 PAD 来描述的结果如图 5-38 所示。

3）PAD 的优缺点

显而易见,用 PAD 表达的系统过程将呈树形结构,它既克服了传统的程序流程图不

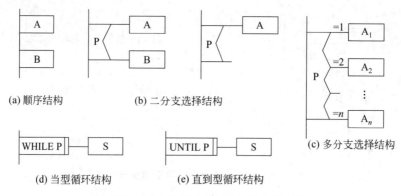

图 5-37　PAD 中基本控制结构的表示方法

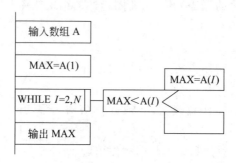

图 5-38　用 PAD 描述的求最大值的算法

能清晰表现程序结构的缺点,又不像 N-S 图那样把全部程序约束在一个方框内。PAD 的主要优点如下:

(1) 支持自顶向下、逐步求精的要求。

(2) PAD 满足结构化程序设计要求,因此采用 PAD 导出的程序必然是结构化的。

(3) PAD 描述的算法结构清晰,易读易懂,使用方便。图中每条竖线表示一个嵌套层次,图随层次的增加向右伸展。

(4) PAD 既可以描述控制,也可以描述数据结构,很容易将 PAD 描述的算法转换为源程序代码。

(5) 可自动生成程序。PAD 有对应于 FORTRAN、Pascal、C 等高级语言的标准图式。因此,在有 PAD 系统的计算机上(如日立公司的 M 系列机),可以直接输入 PAD,由计算机自动通过遍历树的方法生成相应的源代码,大大提高了软件系统的生产率,为系统的自动化生成提供了有力的工具。

但是,与程序流程图和盒图相比,PAD 的使用不是很普遍。

4. 程序流程图、盒图和 PAD 的综合实例

下面分别使用程序流程图、盒图和 PAD 来表达计算应发工资模块的算法过程,结果如图 5-39 至图 5-41 所示。

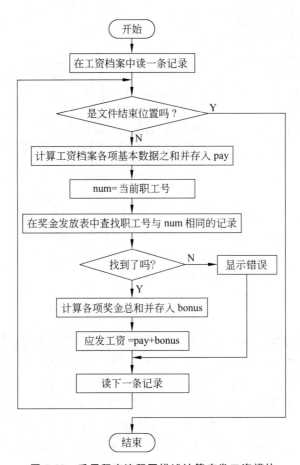

图 5-39　采用程序流程图描述计算应发工资模块

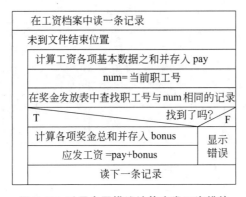

图 5-40　采用盒图描述计算应发工资模块

5．判定表和判定树

判定表和判定树工具在 4.2.3 小节已经详细地介绍过，这里就不再重复。下面举个实例再复习一下。分别用判定表和判定树工具来描述某单位工资档案管理系统中"职务

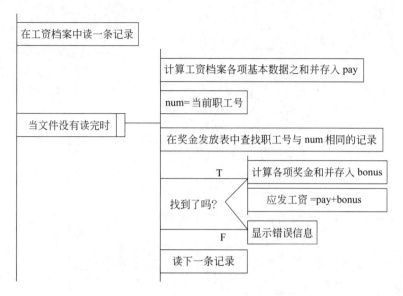

图 5-41 采用 PAD 描述计算应发工资模块

津贴计算"加工逻辑过程。假定职工的职称只分为助工、工程师和高工 3 种,保底津贴分别是 350 元、400 元和 500 元,并且单位根据职工的工作年限给予适当的津贴上浮奖励,具体上浮情况如下:助工、工程师和高工在本单位工作不超过 10 年的无浮动;对于在本单位工作超过 10 年但不超过 20 年的职工,助工、工程师津贴上浮 20%,高工津贴上浮 30%;对于在本单位工作超过 20 年的职工,助工津贴上浮 30%,工程师津贴上浮 35%,高工津贴上浮 40%。对应的判定表如表 5-2 所示,对应的判定树如图 5-42 所示。

表 5-2 "职务津贴计算"判定表

	条件组合	1	2	3	4	5	6	7	8	9
条件	职务	助工	工程师	高工	助工	工程师	高工	助工	工程师	高工
	工龄	≤10	≤10	≤10	10~20	10~20	10~20	>20	>20	>20
动作	奖金基数 350 元	√			√			√		
	奖金基数 400 元		√			√			√	
	奖金基数 500 元			√			√			√
	上浮 20%				√	√				
	上浮 30%						√	√		
	上浮 35%								√	
	上浮 40%									√

6. PDL

PDL 即过程设计语言(Process Design Language),是一种用于描述程序算法和定义

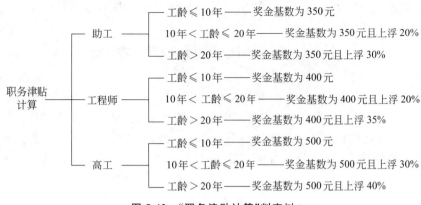

图 5-42 "职务津贴计算"判定树

数据结构的伪码设计语言。

1) PDL 的构成

PDL 是一种"混杂"语言,它使用一种语言(通常是某种自然语言)的词汇来表示实际操作,同时使用另一种语言(某种结构化的程序设计语言)的语法来定义控制结构和数据结构。自然语言的采用使算法的描述灵活自由、清晰易懂,结构化程序设计语言的采用使控制结构的表达具有固定的形式且符合结构化设计的思想。PDL 的构成与用于描述加工逻辑的结构化语言相似,但又有区别,主要区别在于:由于 PDL 表达的算法是编码的直接依据,因此其语法结构更加严格,并且处理过程描述也更加具体详细。

2) PDL 实例

前面求一组数中最大值的过程用 PDL 描述的结果如下:

```
input array A
    MAX=A(1)
    do for I=2 to N
        if MAX<A(I)
            set MAX=A(I)
        endif
print MAX
```

3) PDL 的优缺点

PDL 具有如下优点:

(1) PDL 虽然不是程序设计语言,但是它与高级程序设计语言非常类似,只要对 PDL 描述稍加变换就可变成源程序代码,因此,它是详细设计阶段很受欢迎的表达工具。

(2) 用 PDL 写出的程序既可以很抽象,又可以很具体。因此,容易实现自顶向下、逐步求精的设计原则。

(3) PDL 描述同自然语言很接近,易于理解。

(4) PDL 描述可以直接作为注释插在源程序中,成为程序的内部文档,这对提高程序的可读性是非常有益的。

PDL 的缺点是不如图形工具那样描述得形象、直观;对于复杂条件的描述,不如判定表描述得清晰、简单。因此，常常将PDL描述与图形描述工具结合起来使用。

5.6 结构化程序设计方法

在详细设计中采用的典型方法是结构化程序设计（Structured Programming，SP）方法，该方法最早是由迪杰斯特拉（E. W. Dijkstra）在20世纪60年代中期提出的。详细设计的目标不仅是在逻辑上正确地实现每个模块的功能，还应使设计出的处理过程清晰易读。结构化程序设计是实现该目标的关键技术之一，它指导人们用良好的思想方法开发易于理解、易于验证的程序。

1. 结构化程序设计的概念

结构化程序设计可以定义为：它是一种设计程序的技术，采用自顶向下、逐步细化的设计方法和单入口、单出口的控制技术，任何程序都可以通过顺序、选择（if…then…else型选择）和循环（do…while型循环）3种基本控制结构的组合来实现。

为了实际使用方便，常常还允许使用do…until和do…case两种控制结构。有时需要立即从循环（甚至嵌套的循环）中转移出来，那么如果允许使用leave（或break）结构，则不仅方便，而且会使效率提高很多。如果只允许使用顺序结构、if…then…else型分支结构和do…while型循环结构这3种基本控制结构，则称为经典的结构程序设计；如果除了上述3种基本控制结构以外，还允许使用do…case型分支结构和do…until型循环结构，则称为扩展的结构程序设计；如果再加上允许使用leave（或break）结构，则称为修正的结构程序设计。

2. 结构化程序设计的原则

结构化程序设计的主要原则包括如下几点：
（1）使用语言中的顺序结构、选择结构和循环结构等有限的基本控制结构表示程序逻辑。
（2）选用的控制结构只准许有一个入口和一个出口。
（3）复杂结构应该用基本控制结构进行组合、嵌套来实现。
（4）如果某种语言中没有的控制结构，可用一段等价的程序段模拟。
（5）严格控制goto语句，仅在下列情形才可使用：
① 使用一个非结构化的程序设计语言来实现一个结构化的构造。
② 若不使用goto语句就会使程序功能模糊。
③ 在某种可以改善的而不是损害程序可读性的情况下。

3. 结构化程序设计技术的优缺点

使用结构化程序设计技术的好处体现在以下几点：
（1）自顶向下、逐步细化的方法符合人类解决复杂问题的普遍规律，可以显著提高系统开发的成功率和生产率。

(2) 以先全局后局部、先整体后细节以及先抽象后具体的逐步求精过程开发的程序有清晰的层次结构。

(3) 使用单入口和单出口的控制结构而不使用 goto 语句，使得程序的静态结构和它的动态执行情况比较一致。

(4) 控制结构有确定的逻辑模式，编写程序代码只限于使用很少几种直截了当的方式。

(5) 程序清晰和模块化使得在修改和重新设计一个系统时可以重用的代码量最大。

(6) 程序的逻辑结构清晰，有利于程序正确性证明。

结构程序设计技术的主要缺点是：结构化方法编制的源代码较长，存储容量和运行时间有所增加（估计增加 10%～20%）；有些非结构化语言不直接提供单入口、单出口的基本控制结构；个别情况下结构化程序的结构也十分复杂。然而，随着计算机硬件技术的发展，存储容量和运行时间已经不是严重问题。如果使用非结构化语言编程，有限制地使用 goto 语句，常常既能够满足程序结构清晰的要求，又能够保证程序执行的效率。

4. 自顶向下、逐步细化的设计方法

在总体设计阶段采用自顶向下、逐步细化的方法，可以把一个复杂问题的解决分解、细化为一个由许多模块组成的具有层次结构的软件系统。在详细设计以及编码阶段采用自顶向下、逐步细化的方法，可以把一个模块的功能再逐步细化为一系列具体的处理步骤或某种高级语言的语句。

逐步细化的步骤可以归纳为 3 步：

(1) 由粗到细地对程序进行逐步的细化，每一步可选择其中一个或多个步骤，将它们分解为更多或更详细的程序步骤。

(2) 在细化程序的同时，对数据的描述也进行细化。

(3) 每一步细化均使用相同的语言，最后一步一般直接用伪码来描述。

下面用一个简单的例子来说明逐步细化的实现方法。

假设学生信息管理系统模块图中统计模块的功能之一是：输入一个班级学生某门功课的成绩，分别统计成绩为 85～100 分、60～84 分和 60 分以下各分数段的人数。

编程思路是：读入学生成绩（可利用已存在的学生成绩数据文件），成绩用 score 表示，对每一个成绩，确定它所在的分数段，并将所在分数段人数加 1。为此须设 3 个计数变量 num1、num2、num3 来存放各分数段人数。

一级算法过程表示如下：

1　将各分数段人数设置为 0；
2　循环：循环控制变量为 I，初值=1，终值=班级人数，改变量=1（若从数据文件读成绩，执行循环体条件应是"未到文件尾"）；
3　读入成绩；
4　确定成绩所在分数段，并将所在分数段人数加 1；
5　输出各分数段人数

其中第 1 步和第 4 步需细化求精。

二级求精过程表示如下：

```
1 —①   num1=0,num2=0,num3=0
4 —①   if score>=85 then num1=num1+1
        else if score>=60 then num2=num2+1
        else num3=num3+1
```

5.7 人机界面设计

人机界面设计是接口设计的一个重要的组成部分。对于交互式系统来说，人机界面设计和数据设计、系统结构设计及过程设计一样重要。近年来，人机界面在系统中所占的比重越来越大，在个别系统中，人机界面的设计工作量甚至占总设计量的一半以上。人机界面的设计质量直接影响用户对软件产品的评价，从而影响软件产品的竞争力和寿命，因此，必须对人机界面设计给予足够重视。

人机界面的开发不仅需要计算机科学的理论和知识，而且需要认知心理学以及人机工程学、语言学等学科的知识。只有综合考虑人的认知及行为特性等因素，合理组织、分配计算机系统所完成的工作任务，充分发挥计算机硬件、软件资源的潜力，才能开发出一个功能和可用性俱佳的计算机应用系统。

5.7.1 用户的使用需求分析

用户需求包含功能需求和使用需求。功能需求是用户要求系统所应具备的功用、性能，而使用需求则是用户要求系统所应具备的可用性、易用性。早期的系统较多强调功能，而目前对大量的非计算机专业用户而言，可用性往往是更重要的。下面以影响用户行为特性的因素为出发点，讨论用户的使用需求分析。

1. 用户对计算机系统的要求

用户对计算机系统的要求如下：

（1）让用户灵活地使用，不必以严格受限的方式使用系统。为了完成灵活的人机对话，要求系统提供多种交互方式及相应的界面，用户可以根据任务的需要和个人的喜好自由选择交互方式。

（2）系统能区分不同类型的用户并适应他们，要求系统能够根据用户类型和任务类型自动调节以适应用户。

（3）系统的行为及其效果对用户是透明的。

（4）用户可以通过界面预测系统的行为。

（5）系统能提供联机帮助功能，帮助信息的详细程度应由用户决定。

（6）人机交互应尽可能和人际通信相类似。

（7）系统设计必须考虑到人使用计算机时的生理、心理需求，包括机房环境、条件和布局等，以使用户能在没有精神压力的情况下使用计算机完成他们的工作。

2. 用户技能方面的使用需求

应该让系统适应用户,对用户使用系统不提出特殊的身体、动作方面的要求。例如,用户只要能使用常用的交互设备(如键盘、鼠标器、光笔)等即能工作,而不应有任何特殊要求。

(1) 用户只需要具有普通的语言通信技能就能进行简单的人机交互。目前人机交互中使用的是易于理解和掌握的准自然语言。

(2) 要求系统有一致性。有一致性的系统的运行过程和工作方式类似于人的思维方式和习惯,能够使用户将操作经验、知识以及技能推广到新的应用中。

(3) 应该让用户能通过使用系统进行学习,提高技能。最好把用户操作手册做成交互系统的一部分。当用户需要时,系统可以有选择地进行指导性的解释。

(4) 系统提供演示及示例程序,为用户提供使用范例。

3. 用户习性方面的使用需求

用户习性方面的使用需求如下:

(1) 系统应该让在终端前工作的用户能始终保持耐心。这一要求是和系统响应时间直接相关联的。对用户操作响应的良好设计将有助于提高用户的耐心和使用系统的信心。

(2) 系统应该能很好地应对用户易犯错误、健忘以及注意力不集中等习性。良好的设计应设法减少用户使用错误的发生,例如采用图形点击方式。此外,必要的可恢复操作、良好的出错报告信息和出错处理等也都是良好的系统所必须具备的。

(3) 应该减轻用户使用系统的压力。系统应对不同用户提供不同的交互方式。例如,对于偶然型和生疏型用户,可提供问答式对话、菜单选择等交互方式;对于熟练型或专家型用户,可提供命令语言、查询语言等交互方式;而直接操纵图形的用户界面具有直观、形象化及与人们的思维方式一致的特点,更受各类用户欢迎。

4. 用户经验、知识方面的使用需求

系统应能让未经专门训练的用户容易使用。

(1) 系统能对不同经验知识水平的用户做出不同反应,例如不同程序的响应信息、提示信息以及出错信息等。

(2) 提供同一系统甚至不同系统间的系统行为的一致性,建立标准化的人机界面。

(3) 系统必须适应用户在应用领域的知识变化,应该提供动态的、自动适应用户的系统设计。

总之,良好的人机界面对用户在计算机领域及应用领域的知识、经验不应该有太高要求,相反,应该对用户在这两个领域的知识、经验变化具有适应性。

5. 用户对系统的其他要求

(1) 用户界面应提供形象、生动、美观的布局显示和操作环境,以使整个系统对用户更具吸引力。

（2）系统决不应该使用户失望，一次失败可能使用户对系统望而生畏。良好的系统功能和人机界面会使用户乐意把计算机系统当成用户完成其任务的工具。

（3）系统处理问题应尽可能简单，并提供系统学习机制，帮助用户集中精力去完成其实际工作，减小用户操作计算机系统的盲目性。

上面以影响用户行为特性的人文因素为出发点，分析了与其相关的用户的使用需求。不同的应用系统可能还会有特殊的使用需求，应该在应用系统的分析与设计时予以考虑。

5.7.2 人机界面设计原则

人机界面及人机系统的设计人员要把 5.7.1 节讨论的人文因素结合到系统设计中。本节介绍用户友好的人机界面的基本设计原则。

1. 确定用户

确定用户是进行系统分析和设计的第一步，其任务是标识使用系统的用户（指最终用户）的类型。

软件系统的设计者必须了解自己的用户，包括用户的年龄段、受教育程度、兴趣、工作时间以及特殊要求等。"了解用户"看似简单，但在工程实践中常常是一个困难的工作。

从对计算机系统或者程序的熟悉程度来看，计算机用户可以分为终端用户和系统程序员两类。终端用户指计算机系统的终端操作者或使用者。通常不要求这类用户懂得计算机和程序，因而系统的用户界面要求易学、易用、可靠。系统程序员熟悉系统运行环境，具有程序设计经验。通常要求他们具有对现有系统进行运行维护甚至二次开发的能力。因此，他们要求程序界面响应速度快，可跟踪性好。

2. 尽量减少用户的工作

在由人和计算机组成的人机系统完成一定的任务时，应该让计算机积极主动，而让人尽可能地少做工作，因而使用户更轻松、更方便地完成工作。为减少需要用户记忆的内容，用户界面设计中主要使用以下办法：

（1）用提示的形式供用户选择，而不是让用户输入命令串。命令菜单是目前大量使用的、为用户提供选择的操作方法。这种方法为不熟悉系统的终端用户带来了极大的方便。对于数据录入界面设计，常常采用表格的形式。表格的好处是不要求用户记忆规定的数据输入格式，这对于终端用户是十分方便的。对于较熟练的用户，由于他们已经记住了常用命令的语法格式，因此对菜单操作可能会感觉比较麻烦。对于使用频率较高的菜单命令还应该设置快捷键执行方式。

（2）联机帮助。为减轻用户的记忆负担，提供联机操作手册和帮助（Help）功能是目前许多软件系统的通行方法。联机帮助文档极大地方便了用户的操作。

（3）增加可视化图形表示。采用图形，尽量减少文字的使用。图形具有直观、形象及易懂的优点。图形用户界面采用图形作为选项的标识，不仅增强了界面的直观性，而且使用户易于学习和记忆。

3. 一致性

人机界面的一致性主要体现为：在应用程序的不同部分甚至不同应用程序之间具有相似的界面外观和布局、相似的人机交互方式以及相似的信息显示格式等。一致性原则有助于用户的学习，从而减少学习量和记忆量。

4. 向用户提供反馈

人机交互系统的反馈是指用户从计算机得到信息，表示计算机对用户的动作所做出的反应。

系统向用户提示的各种信息应该十分明确、清晰，询问信息应该十分友好。当系统运行需要用户耐心等待时应该予以提示，以避免用户不知所措。

5. 出错处理

系统应该能够对可能出现的错误进行检测和处理，而且良好的系统设计应能预防错误的发生。

用户操作发生错误动作或者系统运行环境出现故障通常是不可避免的事情。系统设计者应充分考虑用户运行中可能发生的错误，并在设计中提供处理的机制，以控制错误产生的后果。出错处理的设计应考虑如下几点：

（1）通常，对于各种错误的输入，系统应该能够识别，并且应保护用户数据和程序系统本身。一旦识别出错误，系统提示的信息应该包括错误类型、出错位置、可以实施的处理策略选择。在可能的情况下，还可以提示用户正确的命令或者操作说明。

（2）系统应该能够记录错误出现的情况和发生错误的环境，形成系统运行的出错记录文件。出错记录文件是系统维护时进行系统错误分析非常重要的文档。

（3）系统应该提供撤销以前的操作的功能。用户的错误操作可能导致用户已经建立的数据信息遭受损失，例如执行错误的删除、修改操作等。系统在执行这类命令时通常要求用户进行确认。系统应该提供撤销操作功能，以恢复上一操作执行以前的用户数据。

5.7.3 人机界面设计经验

人机界面设计得好与坏与设计者的经验有直接的关系。下面从一般可交互性、信息显示和数据输入3个方面介绍一些界面设计的经验。

1. 一般可交互性

提高可交互性的措施如下：

（1）在同一用户界面中，所有的菜单选择、命令输入、数据显示和其他功能应保持同一种形式和风格。

（2）通过向用户提供视觉和听觉上的反馈，保持用户与计算机的双向交流。

(3) 对所有可能造成损害的动作,要求用户确认。
(4) 对大多数操作应允许撤销。
(5) 尽量减轻用户记忆上的负担。
(6) 提高用户对话、移动和思考的效率,即最大可能地减少用户的击键次数,缩短鼠标移动的距离,避免使用户产生无所适从的感觉。
(7) 当用户出错时,系统的反馈信息应采取宽容的态度。
(8) 按功能分类组织界面中的操作。
(9) 提供上下文相关的帮助系统。
(10) 用简短的动词和动词短语提示用户要进行的操作。

2. 信息显示

如果人机界面的显示信息不完整、不明确或不具有智能性,应用软件就无法真正满足用户的要求。信息可用多种方式显示:采用正文、图像和声音,通过定位、移动和缩放,采用变色、变形,等等。以下是信息显示方面的设计经验。

(1) 只显示当前上下文有关的信息。用户不必通过外层数据、菜单和图像以获得与某项系统功能有关的信息。
(2) 不要使用户置身于大量的数据中。采用明了的表达方式,以帮助用户迅速理解信息。尽量用图像或图表代替表格。
(3) 使用一致的标记、标准的缩写和隐含的颜色。显示信息的含义应不依赖于外界的信息源就能一目了然。
(4) 允许用户保持可视化的上下相关性。如果图像按比例放大和缩小,原始图像则一直以缩小显示在屏幕角上,以使用户了解正在观察的图像部分在原始图像中的相对位置。
(5) 生成有意义的出错信息。交互式系统应以用户可理解的术语提供出错信息,并配以听觉和视觉效果。这类信息除报错和警告外,还应向用户提供一些纠正错误的建议,并指明错误的潜在危害,以便用户能够进行相应检查,以确保这些危害没有发生,或者在其真正发生时采取相应补救措施。
(6) 采用大小写、行首缩进和正文分组。人机界面产生的大部分信息是以文字形式出现的,文字的布局和格式对用户掌握信息的难易程度具有较大的影响。
(7) 用窗口划分不同类型的信息。窗口能使用户很容易地查到不同类型的信息。
(8) 采用"模拟"显示方式。有些信息若采用"模拟"显示方式,更容易被理解。例如,用数字显示炼油厂的潜藏罐压不如采用温度计式的显示方式直观。
(9) 合理利用显示屏的可用空间。当采用多窗口时,应保证至少显示每个窗口的一部分。

3. 数据输入

用户的大部分时间都花在选取命令、输入数据以及其他的系统输入上。下面给出数据输入的一般准则。

(1) 尽量减少用户的输入动作。可采用鼠标选取预先定义的输入,用"滑动刻度"指定某一范围的输入数据,用宏来代表复杂的输入数据集合。

(2) 保证信息显示与数据输入的一致性。显示的视觉特征应在输入域中体现出来,并在应用程序执行过程中保证输入域与显示特征的一致性。

(3) 允许用户定制输入。人机界面应允许熟练用户在用户界面中加入一些定制命令,以帮助他们在不同的区域快速地输入数据。

(4) 交互方式应符合用户要求。交互方式既要灵活,又要与用户的输入方式相符合。不同类型的用户有不同的输入习惯,选择交互方式时要考虑到这一点。

(5) 屏蔽当前操作的上下文中不适用的命令。这条准则可防止用户试图执行可能导致错误的操作。

(6) 让用户来控制交互的流程。用户可以跳过不必要的操作,改变动作次序,或者不必退出程序就从错误状态中恢复出来。

(7) 为所有的输入动作提供帮助信息。

(8) 去掉不必要的输入。尽量采用默认值,不要让用户输入本来可自动生成或通过计算得出的数据。

习 题 5

1. 名词解释

逐步求精、模块独立性、内聚、耦合、结构化程序设计方法

2. 选择题

(1) 系统设计是一个把(　　)转换为系统表示的过程。
　　A. 代码设计　　B. 系统需求　　C. 详细设计　　D. 系统分析

(2) 系统设计阶段分为(　　)。
　　A. 逻辑设计和功能设计　　　　B. 模型设计和功能设计
　　C. 结构设计和模块过程设计　　D. 数据库设计和文件设计

(3) 内聚是对模块功能强度的度量,内聚程度较高的是(　　)。
　　A. 逻辑内聚　　B. 顺序内聚　　C. 偶然内聚　　D. 功能内聚

(4) 模块间的耦合程度越高,说明模块之间的联系越密切,耦合程度较高的是(　　)。
　　A. 非直接耦合　　B. 控制耦合　　C. 内容耦合　　D. 公共耦合

(5) 能反映出系统结构的是(　　)。
　　A. 数据流图　　B. 判定树　　C. 判定表　　D. 系统程序结构图

(6) 系统详细设计阶段属于系统生存周期的(　　)阶段。
　　A. 需求分析　　B. 系统设计　　C. 编码　　D. 系统维护

(7) 系统详细设计阶段的任务是进行(　　)。

A. 算法设计　　B. 功能设计　　C. 调用关系设计　D. 输入输出设计

(8) 结构化程序设计采用的思想是(　　)。

A. 筛选法　　B. 逐步求精　　C. 迭代法　　　D. 递归法

(9) 以语言形式描述模块算法的是(　　)。

A. PAD　　　B. 程序流程图　C. PDL　　　　D. 盒图

(10) 系统详细设计阶段采用自左向右的二维图形结构描述算法的是(　　)。

A. IPO　　　B. JSP　　　　C. PAD　　　　D. JSD

3. 简答题

(1) 采用模块化设计原理的好处有哪些？
(2) 如何理解模块独立性？用什么指标来衡量模块独立性？
(3) 模块内聚的类型有哪些？
(4) 模块耦合的类型有哪些？
(5) 系统设计的优化规则有哪些？
(6) 系统总体设计的基本任务是什么？
(7) 进行变换分析需要哪些步骤？
(8) 进行事务分析需要哪些步骤？
(9) 系统详细设计阶段使用的描述工具有哪些？各有什么特点？
(10) 结构化程序设计应遵循哪些主要原则？它有什么优缺点？
(11) 在进行人机界面设计时，要考虑用户的哪些需求？

4. 应用题

(1) 将如图 5-43 所示的数据流图转换为系统结构图。

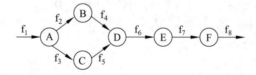

图 5-43　题(1)的数据流图

(2) 将如图 5-44 给出的数据流图转换为初始的模块结构图。

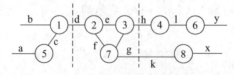

图 5-44　题(2)的数据流图

其中，虚线表示输入部分、变换部分和输出部分之间的分界。

(3) 将如图 5-45 所示的程序流程图转换为盒图和 PAD。
(4) 将下面的伪码表示转换为程序流程图和 PAD。

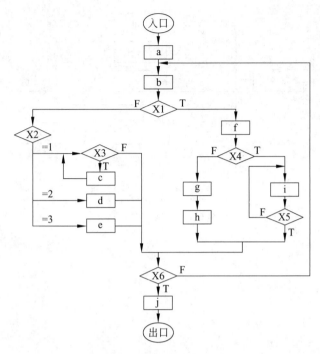

图 5-45 题(3)的程序流程图

```
begin
    s1;
    if x>5 then s2
    else s3;
    while y<0 do
        begin
            if z>3 then s4
            else s5;
            while w>0 then s6;
            s7;
        end;
    s8;
    if u>0 then s9;
    s10;
end;
```

(5) 将如图 5-46 所示的 PAD 转换为伪码表示。

(6) 某航空公司规定：乘客可以免费托运不超过 30kg 的行李；当超过 30kg 时，对头等舱的国内乘客的行李超重部分每千克收费 4 元，对其他舱的国内乘客的行李超重部分每千克收费 6 元，对国外乘客的行李超重部分每千克收费比国内乘客多一倍，对残疾乘客的行李超重部分每千克收费比正常乘客少一半。分别用判定表和判定树表达上述规定。

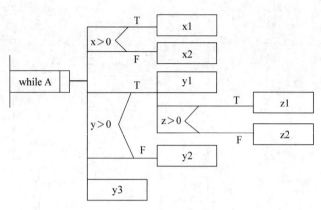

图 5-46 题(5)的 PAD

第 6 章 信息系统的实施

6.1 信息系统的程序编码

编码的目的是使用选定的程序设计语言,把模块的过程描述翻译为用该语言书写的源程序。信息系统项目对源程序的要求不仅仅是正确可靠、简明清晰,更要具有较高的效率。此外,还要求源程序具有良好的结构性和良好的程序设计风格,尽量使程序写得易于读懂,因为这样的程序才具有较好的可维护性,将来维护人员才可以很方便地对它进行修改、扩充和移植。

6.1.1 程序设计语言

程序设计语言是人和计算机通信的基本工具。程序设计语言的特性不可避免地会影响人的思维和解决问题的方式,会影响人和计算机通信的方式和质量,也会影响其他人阅读和理解程序。所以,在编程之前必须选择一种适当的程序设计语言。

1. 程序设计语言的基本成分

要了解一种程序设计语言,首先必须了解它的基本成分,程序设计语言的基本成分包括下面 4 部分。

(1) 数据部分。是程序中能构造的数据类型,用于描述程序中使用的各种类型的数据,如变量、数组、指针、文件等。

(2) 运算部分。是程序中允许执行的运算。

(3) 控制部分。是程序中允许使用的控制结构,用于构造程序的控制逻辑。

(4) 传输部分。是程序中用来传输数据的方式,如输入输出语句。

2. 程序设计语言的 3 个层次

程序设计语言具有语法、语义和语用 3 个层次。

语法用来表示构成语言的各个记号间的组合规则。例如,C 语言中 for 语句的构成规则为

for (表达式 1;表达式 2;表达式 3)

语句

程序中出现的 for 语句都必须符合上述构成规则。语法不涉及这些记号的含义,也不涉及这些记号的使用者。

语义是指语法中各个记号的特定含义,但它不涉及这些记号的使用者。例如,在 for 语句中,表达式 1 设置循环初值,表达式 2 控制循环结束,表达式 3 增减循环变量,语句是循环体。for 语义可以理解为以下步骤:

(1) 计算表达式 1。
(2) 计算表达式 2。若结果为 0,循环结束,否则继续第(3)步。
(3) 执行循环体。
(4) 计算表达式 3。
(5) 转向第(2)步。

语用是指构成语言的各个记号和这些记号的使用者之间的关系。例如,在某种程序设计语言中是否允许递归?若允许递归,递归层数的上界是多少?这些都是语用方面的问题。

3. 程序设计语言的分类

随着计算机技术的发展,目前已经出现了数百种程序设计语言,但被广泛应用的只有几十种。由于不同种类的语言适用于不同的问题域和系统环境,因此了解程序设计语言的分类可以帮助编程者选择合适的语言。通常可将程序设计语言分为面向机器的语言和高级语言两大类。

1) 面向机器的语言

面向机器的语言包括机器语言和汇编语言两种。机器语言是计算机系统可以直接识别的程序设计语言。机器语言程序中的每一条语句实际上就是一条二进制形式的指令代码,由操作码和操作数两部分组成。由于机器语言难以记忆和使用,通常不用机器语言编写程序。汇编语言是一种符号语言,它采用了一定的助记符来替代机器语言中的指令和数据。汇编语言程序必须通过汇编系统翻译成机器语言程序,才能在计算机上运行。汇编语言与计算机硬件密切相关,其指令系统因机器型号的不同而不同。由于使用汇编语言编程工作效率低且可维护性差,所以目前在系统开发中很少使用汇编语言。

2) 高级语言

高级语言中的语句标识符与人类的自然语言(英语)较为接近,并且采用了人们十分熟悉的十进制数据表示形式,有利于学习和掌握。高级语言的抽象级别较高,不依赖于实现它的计算机硬件,且编码效率较高,一条高级语言的语句往往对应若干条机器语言或汇编语言的指令。高级语言程序需要经过编译或解释,才能生成可在计算机上执行的机器语言程序。高级语言按其应用特点可分为通用语言和专用语言两大类。

通用语言是指可用于解决各类问题、可广泛应用于各个领域的程序设计语言。从较早出现的基础语言 BASIC、FORTRAN 等,到后来出现的结构化语言 Pascal、C 等,再到现在被广泛使用的面向对象语言 Visual C、Java 等,都属于通用语言的范畴。

专用语言是为了解决某类特殊领域的问题而专门设计的具有独特语法形式的程序设计语言,例如,专用于解决数组和向量计算问题的 APL,专用于开发编译程序和操作系统程序的 BLISS,专用于处理人工智能领域问题的 LISP 和 PROLOG 等。这些语言的共同特点是可高效地解决本领域的各种问题,但难以应用于其他领域。

还有一种按代(generation)划分程序设计语言的方法:第 1 代语言(如机器语言、汇编语言)、第 2 代语言(如 FORTRAN、COBOL)、第 3 代语言(如 Pascal、C、C++)和第 4 代语言(如 SQL)。第 4 代语言又称超高级语言,第 4 代语言的出现,将语言的抽象层次又提高到新的高度。第 4 代语言虽然也用不同的文法表示程序结构和数据结构,但第 4 代语言是在更高一级抽象层次上表示这些结构。用第 4 代语言编码时只需说明"做什么",而无须描述算法细节。

4. 程序设计语言的选择

为某个特定开发项目选择程序设计语言时,首先要从问题入手,确定它的要求是什么,这些要求的重要性如何。再根据这些要求和重要性来衡量能采用的语言。从技术角度、工程角度、心理学角度评价和比较各种语言的适用程度,考虑现实可能性,再做出某种合理的折中。在选择程序设计语言时通常要考虑以下因素。

1) 项目的应用领域

项目所属的应用领域是选择程序设计语言最重要的准则。这主要是因为若干主要的应用领域长期以来已固定地选用了某些标准语言,例如,C 语言经常用于系统软件开发;Ada、C 和 Modula-2 对实时应用和嵌入式软件更有效;COBOL 为商业信息处理的首选语言,不过其地位正受到第 4 代语言的冲击;FORTRAN 始终占据工程及科学计算领域的主导地位(当然 ALGOL、PL/1、Pascal 和 C 也广为使用);个人计算机的用户主要使用 VB 和 C;人工智能领域则更多地使用 LISP、PROLOG 和 OPS5;在一些极特殊的应用领域,或为了追求时空效率,或为了描述机器低级特征,或控制特殊硬件,或因为没有可选用的高级语言编译器,有时不得不采用或部分采用汇编语言编写程序。一般情况下应首先考虑选择高级语言。

2) 系统开发的方法

有时程序设计语言的选择依赖于开发的方法。如果要用快速原型模型来开发,要求能快速实现原型,一般宜采用第 4 代语言。如果要用面向对象方法,宜采用面向对象的语言编程(如 C++、Java)。

3) 系统的运行环境

系统在提交给用户后,将在用户的计算机上运行,在选择语言时应充分考虑到用户运行系统的环境对语言的约束。此外,运行目标系统的环境中可以提供的编译程序往往也限制了可以选用的语言的范围。

4) 算法和数据结构的复杂性

科学计算、实时处理和人工智能领域中的问题求解算法较复杂,而数据处理、数据库应用和系统软件领域内的问题的数据结构比较复杂。因此,选择语言时,可考虑其是否有完成复杂算法的能力,或者有构造复杂数据结构的能力。

5) 系统开发人员的知识

系统开发人员采用自己熟悉的语言进行开发,可以充分运用积累的经验,使开发的目标程序具有更高的质量和运行效率,并大大缩短编码阶段的时间。为了能够根据具体问题选择更合适的语言,系统开发人员应拓宽自己的知识面,多掌握几种程序设计语言。

6) 系统用户的要求

由于用户是系统的使用者,因此系统开发者应充分考虑用户对开发工具的要求。特别是当用户要负责系统的维护工作时,用户自然会要求采用他们熟悉的语言进行编程。

7) 工程的规模

系统语言的选择与工程的规模有直接的关系。例如,Access 与 Oracle 及 Sybase 都是数据库处理系统,但 Access 仅适用于解决小型数据库问题,而 Oracle 和 Sybase 则可用于解决大型数据库问题。特别是在工程的规模非常庞大,并且现有的语言都不能完全适用时,为了提高开发的效率和质量,就可以考虑为这个工程设计一种专用的程序设计语言。

8) 可以得到的软件开发工具

由于开发经费的制约,往往使开发人员无法任意选择、购买合适的正版开发系统软件。此外,若能选用具有支持该语言程序开发的软件工具的程序设计语言,则将有利于目标系统的实现和验证。

9) 系统的可移植性要求

要使开发出的系统能适应不同的软硬件环境,应选择具有较好通用性的、标准化程度高的语言。

6.1.2 程序的编码风格

所谓编码风格就是程序员在编写程序时遵循的具体准则和习惯做法。一个具有良好编码风格的程序主要表现为可读性好、易测试、易维护等特点。由于测试和维护阶段的费用在系统开发总成本中所占比例很大,因此编码风格的好坏直接影响着整个系统的开发成本。特别是在团队合作开发大型系统的时候,编码风格显得尤为重要。若团队中的成员不注重自己的编码风格,则会严重影响与其他成员的合作和沟通,最终将可能导致系统质量出现问题。

为了写出好程序,应该注意下述 4 个方面。

1. 源程序文档化

源程序文档化的规则有以下几点。

1) 标识符命名规则

标识符即符号名,包括模块名、变量名、常量名、标号名、子程序名、数据区名以及缓冲区名等。为了便于阅读程序时正确地理解标识符的作用,标识符的命名应注意以下几点:

(1) 选用具有实际含义的标识符。例如,用 Times 表示次数,用 Total 表示总量,用 Average 表示平均值,用 Sum 表示和,等等。若标识符由多个单词构成,则每个单词的第一个字母最好采用大写或单词间用下画线分隔,以利于对标识符含义的理解。例如,某个标识符取名为 rowofscreen,若写成 RowOfScreen 或 row_of_screen 就容易理解了。

(2) 为了便于程序的输入，标识符的名字不宜过长，否则输入时容易出错，通常不要超过 8 个字符。特别是对于那些对标识符长度有限制的语言编译系统来说，取过长的标识符名没有任何意义。必要时可使用缩写的名字，但这时要注意缩写规则的一致性，并且要给每一个缩写的名字加注释。

(3) 为了便于区分，不同的标识符不要取过于相似的名字，如 student 和 students，否则很容易在使用或阅读时产生混淆。

2) 注释规则

注释是程序员之间交流的重要工具，用自然语言或伪码描述。它说明了程序的功能。一些正规的程序代码中，注释行的数量占到整个源程序的 1/3~1/2。特别是在维护阶段，注释为理解程序提供了明确指导。

注释分序言性注释和功能性注释两种。

序言性注释一般置于每个模块的起始部分，主要内容如下：

(1) 说明每个模块的用途和功能。
(2) 说明模块的接口，即调用形式、参数描述及从属模块的清单。
(3) 数据描述：给出重要数据的名称、用途、限制、约束及其他信息。
(4) 开发历史：给出设计者、审阅者姓名及日期和修改说明及日期。

功能性注释一般嵌在源程序体中，用以描述语句或程序段的功能。注意，功能性注释不要解释语句是怎么做的，因为这种解释往往是与语句重复的，并且对于阅读者理解程序也没有帮助。例如：

```
/* add amount to total */
total=amount+total
```

这样的注释行仅仅重复了后面的语句，对于理解它的工作并没有作用。注释可以说明语句的意图。例如，将注释改写为

```
/* add monthly-sales to annual-total */
total=amount+total
```

在书写功能性注释时，还要注意以下几点：

(1) 注释用来说明程序段，而不是每一行代码都要加注释。
(2) 使用空格、缩进或对齐等格式，以便阅读者很容易区分注释和程序。
(3) 注释要正确。
(4) 在修改程序时，也应相应地修改注释。

3) 代码书写格式规则

恰当地利用空格，可以突出运算的优先级，避免发生运算的错误。例如，将表达式

```
(A<-17)and not(B<=49)or C
```

写成

```
(A<-17) and not (B<=49) or C
```

自然的程序段之间可用空行隔开。程序中的各行不应都在左端对齐,这样做使程序完全分不清层次关系。特别是对于选择语句和循环语句,把其中的程序段语句向右缩进,可以使程序的逻辑结构更加清晰。例如,双重选择结构嵌套,写成下面的缩进形式,层次就清楚得多。

```
if (…) then
    if (…) then
        …
    else
        …
    endif
else
    …
endif
```

2. 数据说明

在设计阶段已经确定了数据结构的组织及其复杂性。在编写程序时,则需要注意数据说明的风格。为了使数据说明更易于理解和维护,可以参考下述的指导原则。

1) 数据说明的次序应当规范化

数据说明次序规范化,使数据属性容易查找,也有利于测试、排错和维护。原则上,数据说明的次序与语法无关,其次序可以是任意的。但出于阅读、理解和维护的需要,最好使其规范化,使说明的先后次序固定。

例如,在 FORTRAN 程序中,数据说明次序如下:

(1) 常量说明。
(2) 简单变量说明。
(3) 数组说明。
(4) 公用数据块说明。
(5) 所有的文件说明。

在简单变量说明中还可进一步规范化。例如,可按下面的顺序排列:

(1) 整型量说明。
(2) 实型量说明。
(3) 字符量说明。
(4) 逻辑量说明。

2) 说明语句中变量安排要有序化

当多个变量名在一个说明语句中说明时,应当对这些变量按字母的顺序(a～z)排列。带标号的全程数据(如 FORTRAN 的公用块)也应当按字母的顺序排列。例如:

```
INTEGER size,length,width,cost,price
```

应写成

```
INTEGER cost,length,price,size,width
```

  3)使用注释说明复杂的数据结构

  如果设计了一个复杂的数据结构,应当使用注释来说明在程序实现时这个数据结构的固有特点。例如,对 PL/1 的链表结构和 Pascal 语句中用户自定义的数据类型,都应当在注释中做必要的补充说明。

3. 语句构造

  在设计阶段确定了系统的逻辑结构,但构造单个语句则是编码阶段的任务。语句构造力求简单、直接,不能为了片面追求效率而使语句复杂化。

  在构造语句时需注意以下问题。

  (1)在一行内只写一条语句,并且采取适当的缩进格式,使程序的逻辑和功能变得更加明确。许多程序设计语言允许在一行内写多个语句,但这种方式会使程序可读性变差,因而不可取。例如,有以下排序语句:

```
for I:=1 to N-1 do begin T:=I;for J:=I+1 to N do if A[J]<A[T] then T:=J;
if T≠I then begin work:=A[T];A[T]:=A[I];A[I]:=work;end end;
```

  由于一行中包括了多个语句,掩盖了程序的循环结构和条件结构,使其可读性变得很差,如果将它改为如下形式,就十分清晰易读了。

```
for I:=1 to N-1 DO
begin
    T:=I;
    for J:=I+1 to N do
        IF A[J]<A[T] then T:=J;
    if T≠I then
        begin
            work:=A[T];
            A[T]:=A[I];
            A[I]:=work;
        end
end;
```

  (2)编写程序时,首先应当考虑清晰性,不要刻意追求技巧性,使程序难以理解。
例如,有一个用 Pascal 语句编写的程序段:

```
A[I]:=A[I]+A[T];A[T]:=A[I]-A[T];A[I]:=A[I]-A[T];
```

此段程序不易看懂。实际上,这段程序的功能就是交换 A[I] 和 A[T] 中的内容,这种写法只是为了节省一个工作单元。如果改为

```
work:=A[T];A[T]:=A[I];A[I]:=work;
```

就能让阅读者一目了然了。

  (3)对复杂的表达式,应加上必要的括号,使表达更加清晰。例如,C 语言中判断闰

年的表达式若写为

  (year % 400 == 0) || (year % 4== 0 && year %100 != 0)

就比不加括号时看起来要清晰得多。

  (4) 由于人的思维方式对逻辑非运算不太适应，因此在条件表达式中尽量不要使用否定的逻辑表示。如 Pascal 语句中的条件表达式 not((x$\geq$5) and (x$\leq$10))，若表示为(x$<$5) or (x$>$10)则更加直观和清晰。

  (5) 为了不破坏程序结构的清晰性，尽量只采用3种基本的控制结构来编写程序，在程序中应尽量不使用强制转移语句 goto。例如，有一个求3个数中最小值的程序：

```
     if (X<Y) goto 30;
     if (Y<Z) goto 50;
     small=Z;
     goto 70;
30   if (X<Z) goto 60;
     small=Z;
     goto 70;
50   small=Y;
     goto 70;
60   small=X;
70   continue;
```

只需写成

```
small=X;
if (Y<small) small=Y;
if (Z<small) small=Z;
```

  (6) 避免使用临时变量而使可读性下降。例如，有的程序员为了追求效率，往往喜欢把表达式 Y=A[I]+1/A[I]写成 X=A[I]；Y=X+1/X。这样将一句分成两句写，会产生意想不到的问题。

  (7) 避免使用空的 else 语句和 if⋯then if⋯的语句，这种结构容易使读者产生误解。例如，

```
if (char>='A') then
if (char<='Z') then
print " This is a letter."
else
print " This is not a letter.";
```

这里的 else 到底与哪一个 if 配对？按照程序设计语言的约定，else 一般与离它最近的未与 else 配对的 if 配对。但是，不同的读者可能会产生不同的理解，出现了二义性问题。

  (8) 为了便于程序的理解，不要书写太复杂的条件，嵌套的重数也不宜过多。

  (9) 为了缩短程序的代码，在程序中应尽可能地使用编译系统提供的标准函数。对

于程序中需要重复出现的代码段,应将其用独立模块(函数或过程)实现。

(10) 除非对效率有特殊要求,程序编写要做到清晰第一、效率第二。不要为了追求效率而丧失了清晰性。程序效率的提高主要通过选择高效的算法来实现。

(11) 首先要保证程序的正确,然后才能提高运行速度。

(12) 不要修补不好的程序,而要重新编写。也不要一味地追求代码的复用,而要重新组织代码。

(13) 对太大的程序,要分块编写、测试,然后再集成。

4. 输入和输出

由于输入和输出是用户与程序之间传递信息的渠道,因此输入和输出的方式往往是衡量程序好坏的重要指标。为了使程序的输入和输出能便于用户使用,在编写程序时应对输入和输出的设计格外注意。

1) 输入

在运行程序时,原始数据的输入工作通常由用户自己完成。为了使用户能够方便地进行数据的输入,应注意以下几点:

(1) 输入方式应力求简单,尽量避免给用户带来不必要的麻烦。例如,尽可能采用简单的输入格式,尽可能减少用户的输入量。当程序中对输入数据的格式有严格规定时,应保持一致。

(2) 交互式输入数据时应有必要的提示信息,提示信息可包括输入请求、数据的格式及可选范围等。例如:"请输入待查职工的编号(5位数字,00001~99999)"。

(3) 程序应对输入数据的合法性进行检查。若用户输入了非法的数据,则应向用户输出相应的提示信息,并允许用户重新输入正确的信息。例如,月份的正确值只能是1~12,若用户输入的月份超出了这个范围,程序应输出出错提示并允许用户再次输入。

(4) 若用户输入某些数据后可能会产生严重的后果,应向用户输出必要的提示,并在必要的时候要求用户确认。例如:"清空库会使库中原有数据全部丢失,真的需要清空库吗?(Y/N)"。

(5) 当需要输入一批数据时,不要以计数方式控制数据的输入个数,而应以特殊标记作为数据输入结束的标志。例如,要输入一个班级学生的成绩,若要求用户输入学生的总数并通过总数来控制输入数据的个数,无疑会增加用户的麻烦;而若以特殊标记来控制数据的录入,如当用户输入-1时结束输入,对于用户而言就方便多了。

(6) 应根据系统的特点和用户的习惯设计出令用户满意的输入方式。

2) 输出

用户需要通过程序的输出来获取运行结果。为了使用户能够清楚地看到需要的结果,设计数据输出方式时应注意以下几点:

(1) 输出数据的格式应清晰、美观。例如,对大量数据采用表格的形式输出,可以使用户一目了然。

(2) 输出数据时要加上必要的提示信息。例如,表格的输出一定要带有表头,以说明表格中各项数据的含义。

6.2 信息系统的测试

任何产品在交付使用之前都必须经过严格的质量检验过程。信息系统也不例外,而且对于信息系统来说,测试的必要性尤为突出。

6.2.1 系统测试的基本概念

1. 系统测试的定义

所谓系统测试,就是为了发现程序中的错误而执行程序的过程。具体地说,系统测试是根据系统开发各阶段的规格说明和程序的内部结构而精心设计一批测试用例(包括测试的数据和预期的输出结果),并利用测试用例来运行程序,以发现程序错误的过程。

系统测试在系统生命周期中横跨了两个阶段。通常在编写出每个模块之后就要对它作必要的测试(称为单元测试)。模块的编写者和测试者是同一个人,编码和单元测试属于系统生命周期的同一个阶段。在这个阶段结束之后,对软件系统还应该进行各种综合测试,这是系统生命周期中的另一个独立的阶段,通常由专门的测试人员承担这项工作。

2. 系统测试的作用和意义

系统测试是信息系统生命周期中一个十分重要的活动。尽管在系统生命周期的各个阶段均采取了严格的技术审查,但依然难免遗留错误。如果这些错误在投入运行前的系统测试阶段没有被发现并纠正,迟早会在运行中暴露出来,到那时再纠正错误,将要付出更大的代价。系统测试占用的时间、花费的人力占系统开发成本的很大比例,大量统计资料表明,系统测试的工作量往往占系统开发总工作量的40%以上,在极端情况下,测试关系人的生命安全的系统所花费的成本可能相当于其他开发步骤总成本的3~5倍。因此,必须高度重视系统测试工作,绝不要以为写出程序之后系统开发工作就接近完成了,实际上,大约还有同样多的测试工作量需要完成。

3. 系统测试的目的

基于不同的角度,测试存在着两种完全不同的目的。

(1) 从用户的角度出发,普遍希望通过系统测试暴露系统中隐藏的错误和缺陷,以考虑是否可接受该产品。

(2) 从系统开发者的角度出发,则希望通过系统测试表明系统产品中不存在错误,验证该系统已正确地实现了用户的要求,使用户对系统质量有信心。

迈尔斯(Grenford J. Myers)就系统测试的目的提出下列观点:

(1) 测试是程序的执行过程,目的在于发现错误。

(2) 一个好的测试用例在于能发现至今未发现的错误。

(3) 一个成功的测试是发现了至今未发现的错误的测试。

设计测试的目标是以最少的时间和人力找出软件中潜在的各种错误和缺陷。如果成功地实施了测试,就能够发现软件中的错误。测试的附带收获是,它能够证明系统的功能和性能是否与需求说明相符合。此外,实施测试收集到的测试结果数据为可靠性分析提供了依据。测试不能表明系统中不存在错误,而只能说明系统中存在错误。

4. 系统测试的基本原则

系统测试是一项非常复杂的、需要创造性和智慧的工作。人们为了提高测试的效率,在长期测试实验中积累了不少经验。下面列出在实践中总结的主要基本原则。

(1) 应该把"尽早地和不断地进行系统测试"作为系统测试者的座右铭。

实际问题的复杂性、系统本身的复杂性与抽象性以及开发期间各级人员工作的配合关系等各种错综复杂的因素使得系统开发的各个阶段都可能存在错误及潜在的缺陷,所以,在系统开发的各阶段都应当进行测试。错误发现得越早,后续阶段耗费的人力、财力就越少,系统质量就越高。

(2) 程序员或程序设计机构应避免测试自己设计的程序。

测试是为了查找错误。而程序员大多对自己所编写的程序过于自信,总认为自己编写的程序问题不大或不存在错误,因此程序员自己很难查出错误。此外,设计机构在测试自己的程序时,由于开发周期和经费等问题的限制,要采用客观的态度是十分困难的。从工作效率来讲,最好由与原程序无关的程序员和程序设计机构进行测试。

(3) 测试用例不仅要有输入数据,还要有与之对应的预期结果。

测试前应当设计合理的测试用例。如果在程序执行前无法确定预期的测试结果,由于人们的心理作用,可能把实际上是错误的结果当成是正确的。

(4) 测试用例不仅要有合法的输入数据,还要有非法的输入数据。

在测试程序时,常会忽视不合法的和预想不到的输入数据,而倾向于考虑合法的和预期的输入数据。然而,在系统的实际使用过程中,由于各种因素的存在,可能会出现一些非法的输入,例如按错键或使用不合法的命令。对于一个功能完善的系统来说,不仅当输入合法时能正确运行,而且当有非法输入时,应当能拒绝接受非法的输入,同时给出相应的提示信息,使系统便于使用。

(5) 要充分注意测试过程中的群集现象。

所谓群集现象,是指程序中尚未发现的错误的数量通常与该程序中已发现的错误的数量成正比。经验表明:在一段程序中发现错误的数目越多,则此段程序中残存的错误数目也越多。例如,在美国的 IBM/370 的一个操作系统中,47% 的错误(由用户发现的错误)仅与该系统的 4% 的程序模块有关。据此规律推算,在实际测试时,为了提高测试效率,要花较多的时间和代价来测试那些容易出错(即出错多)的程序段。

(6) 严格执行测试计划,避免测试的随意性。

测试前要制订测试计划,测试过程要严格按计划执行。测试计划的内容包括被测系统的功能、输入和输出、测试内容、各项测试的进度安排、资源要求、测试资料、测试工具、测试用例的选择、测试的控制方式和过程、系统组装方式、跟踪规程、调试规程、回归测试的规定以及评价标准等。

(7) 应当对每一个测试结果做全面检查。

这条重要的原则时常被人们忽视。如果不仔细、全面地检查测试结果,就会使得有错误征兆的输出结果被漏掉。

(8) 除了检查程序是否做完了它应做的事之外,还要检查它是否做了不应该做的事。

例如发放工资程序,对不存在的职工也产生了工资单。在这种情况下,即使程序能产生正确的工作单,程序也是错误的。

(9) 在对程序进行修改之后,要进行回归测试。

在修改程序的同时,往往又会引进新的错误,因而在对程序修改完之后,还要用以前的测试用例进行回归测试,这有助于发现因修改程序而引进的新的错误。

(10) 妥善保留测试计划、全部测试用例、出错统计和最终分析报告,并把它们作为系统的组成部分之一,为维护提供方便。

设计测试用例要耗费相当大的工作量。若测试完成后就随意丢弃它,以后一旦程序改错后需重新测试时,又不得不重复设计测试用例,这会造成很大的浪费。因而,妥善保留与测试有关的资料,能为后期的维护工作带来方便。

5. 系统测试的方法

系统测试方法一般包括静态测试与动态测试两大类。

1) 静态测试

静态测试是指不在计算机上运行被测试程序,而是采用人工检测和计算机辅助静态分析的手段对程序进行检测。

(1) 人工测试。

人工测试是指不依靠计算机而靠人工或评审软件审查程序的测试方法。人工审查程序偏重于编码质量的检验;而软件审查除了审查编码,还要对各阶段的软件产品进行检验。人工审查具体有下列3种方式。

① 个人复查。源程序编完以后,直接由程序员自己进行检查。

② 走查。在预先阅读过该系统资料和源程序的前提下,由测试人员扮演计算机的角色,用人工方法将测试数据输入被测程序,并在纸上跟踪、监视程序的执行情况,让人代替计算机沿着程序的逻辑走一遍,发现程序中的错误。

③ 会审。测试人员在会审前仔细阅读系统的有关资料,根据错误类型清单(根据以往的经验容易发生的错误),填写检测表,列出根据错误类型要提问的问题。会审时,由程序员逐个阅读和讲解程序,测试人员逐个审查、提问,讨论可能产生的错误。

(2) 计算机辅助静态分析。

这种方法是指利用静态分析工具对被测试程序进行特性分析,从程序中提取一些信息,以便检查程序逻辑的各种缺陷和可疑的程序构造,如用错的局部量和全程量、不匹配的参数、不适当的循环嵌套和分支嵌套、潜在的死循环及不会执行到的代码等。在静态分析中,还可以用符号代替数值求得程序结果,以便对程序进行运算规律的检验。

2) 动态测试

动态测试指通过运行程序发现错误,一般意义上的测试大多是指动态测试。为使测试能够发现更多的错误,需要运用一些有效的方法。通常,无论测试任何产品都有两种方法:一是测试产品内部结构及处理过程,二是测试产品的功能。对软件产品进行动态测试时,也采用这两种方法,分别称为白盒测试法和黑盒测试法。

(1) 白盒测试法。该方法把测试对象看作一个打开的盒子,测试人员需要了解程序的内部结构和处理过程,以检查处理过程的细节为基础,对程序中尽可能多的逻辑路径进行测试,检验内部控制结构和数据结构是否有错,以及实际的运行状态与预期的状态是否一致。

(2) 黑盒测试法。该方法把被测试对象看作一个黑盒子,测试人员完全不考虑程序的内部结构和处理过程,只在系统的接口处进行测试,依据需求说明书,检查程序是否满足功能要求。因此,黑盒测试又称为功能测试或数据驱动测试。

无论采用白盒测试还是黑盒测试,只要对每一种可能的输入情况都进行测试,就可以得到完全正确的程序,这种包括所有可能输入情况的测试称为穷尽测试。但对于实际程序,穷尽测试通常是无法实现的,下面来分析一下原因。

使用白盒实现穷尽测试,要求程序中的每条可能的通路至少执行一次,即使对于一个规模很小的程序,通常也无法实现。例如,一段具有多重选择和循环嵌套的程序,循环次数为 20 次,如图 6-1 所示。那么它包含的不同执行路径数达 5^{20}($\approx 9.54 \times 10^{13}$)条。若要对它进行穷尽测试,覆盖所有的路径,假设测试一条路径需要 1ms,一天工作 24 小时,一年工作 365 天,把所有路径测试完需要 3024 年。

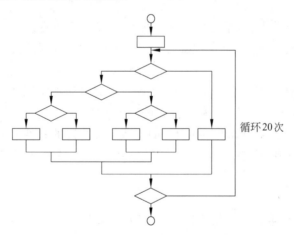

图 6-1 一个小程序的流程图

使用黑盒测试,为了实现穷尽测试,至少必须对所有有效输入数据的各种可能的组合进行测试,但由此得到的测试数据往往大到根本无法测试的程度。例如,一个程序需要输入两个整型变量 A、B,输出一个变量 C。如果计算机字长为 32 位,则每个输入数据的可能取值为 2^{32} 个,两个输入数据的各种可能发生的排列组合共有 $2^{32} \times 2^{32} = 2^{64}$ 种,此程序执行大约 2^{64} 次才能完成穷尽测试。假定每执行一次程序需要 1ms,执行上述 2^{64} 次大约需要五亿年!上述程序测试只是针对有效的输入数据进行的测试,还应对无效的输入数据进行测试,因为利用无效输入数据往往能发现更多的错误。因此,穷尽测试输入的数据量非常大,根本无法一一实现。

由此可见,无论采用白盒测试还是黑盒测试,穷尽测试都是不可能实现的。为了保证程序的可靠性,必须仔细设计测试方案,用尽可能少的测试用例发现尽可能多的错误。

6. 系统测试的过程

系统测试的过程如图 6-2 所示。

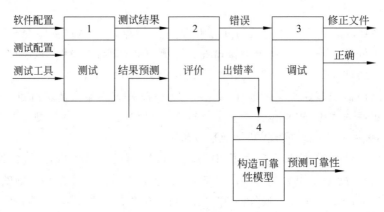

图 6-2　系统测试的过程

1)测试

测试过程有 3 类输入,包括系统的软件配置、测试配置和测试工具。

软件配置指被测试系统的文件,如系统需求规格说明书、系统设计说明书和源程序清单等文档。

测试配置指测试方案、测试计划、测试用例、测试驱动程序等文档。实际上,在整个软件工程的过程中,测试配置只是软件配置的一个子集。

测试工具指为了提高测试效率而设计的支持系统测试的软件,例如测试数据自动生成程序、静态分析程序、动态分析程序、测试结果分析程序以及驱动测试的测试数据库等。

2)测试评价

测试的结果和预期的结果相比较,即是评价。如果不符,就意味着错误,需要改正,也就是要进行纠错。

3)调试

调试指找到出错的原因与位置并纠错,包括修正文件,直到系统正确为止。纠错过程是测试过程中最无法预料的部分。为了诊断和纠正一个错误,可能需要一小时、一天甚至几个月的时间。正是因为纠错本身所具有的不确定性,常常难以准确地安排测试日程表。

4)构造可靠性模型

通过对测试出的系统出错率的分析来建立模型,得出可靠的数据,指导系统的设计与维护。对测试结果进行收集和评价后,系统可靠性能够达到的质量指标也就清楚了。

若出现一些有规律的、严重的、要求修改设计的错误,系统的质量和可靠性就值得怀疑,则应作进一步测试。另外,若系统功能看来完成得很好且遇到错误也容易纠正,可以得到两种不同的结论:一种结论是系统质量和可靠性是可以接受的;另一种结论是目前进行的测试尚不足以发现严重的错误。若没有发现任何错误,可能是由于测试配置不够完备,因此依然有潜在的错误存在。

6.2.2 系统测试的步骤

除非是测试一个小程序,否则一开始就把整个系统作为一个单独的实体来测试是不现实的。与开发过程类似,测试过程也必须分步骤进行,后一个步骤在逻辑上是前一个步骤的继续。大型软件系统的测试步骤由以下 4 个基本步骤组成:单元测试、集成测试、确认测试和系统测试,如图 6-3 所示。

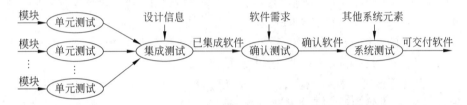

图 6-3 系统测试的步骤

单元测试指对源程序中每一个程序单元进行测试,检查各个模块是否正确实现了规定的功能,从而发现模块在编码中或算法中的错误。单元测试大量使用白盒测试技术,检查模块控制结构中的特定路径,以确保做到完全覆盖并发现最大数量的错误。对各模块进行单元测试后,将它们组装起来进行集成测试,以检查与设计相关的系统体系结构的有关问题。在集成测试过程中最常用的是黑盒测试技术。当然,为了保证覆盖主要的控制路径,也可能使用一定的白盒测试。在系统集成测试完成之后,还需要进行一系列高级测试,如确认测试和系统测试。确认测试主要检查已实现的系统是否满足需求说明书中确定的各种需求。在确认测试过程中仅使用黑盒测试技术。系统测试指把已确定的系统软件与其他系统元素(如硬件、其他支持软件、数据和人工等)结合在一起进行的测试。图 6-4 给出了软件工程领域中的系统测试与系统开发各阶段的关系。

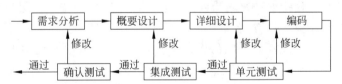

图 6-4 系统测试与系统开发各阶段的关系

1. 单元测试

所谓单元是指程序中的一个模块或一个子程序,它是程序中最小的独立编译单位,因此,单元测试也被称为模块测试,有时也叫逻辑测试或结构测试。

由于每个模块完成一个定义明确而又相对独立的子功能,因此可以把它作为一个单独实体来测试,而且通常比较容易设计测试用例。单元测试的目的是保证每个模块作为一个单元能够独立运行。在单元测试中发现的往往是编程和详细设计的错误。单元测试一般采用白盒测试方法,以路径覆盖为最佳准则,且系统内多个模块可以并行地进行测试。单元测试和编码属于软件工程过程的同一个阶段,因为单元模块一般比较简单,为了节约时间、提高效率,往往由编程人员自己进行,在编写出源程序代码并通过了编译程序的语法检查之后,就可以开始单元测试了。

1) 单元测试的内容

单元测试主要针对模块的 5 个基本特征进行测试。

(1) 模块接口测试。对通过被测模块的数据流进行测试。为此,对模块接口,包括参数表、调用子模块的参数、全程数据、文件输入输出操作,都必须检查。

(2) 局部数据结构测试。设计测试用例,检查数据类型说明、初始化、默认值等方面的问题,还要查清全局数据对模块的影响。

(3) 路径测试。选择适当的测试用例,对模块中重要的执行路径进行测试。对基本执行路径和循环进行测试可以发现大量的路径错误。

(4) 错误处理测试。检查模块的错误处理功能是否包含错误或缺陷。例如,是否拒绝不合理的输入,出错的描述是否难以理解,是否对错误定位有误,是否出错原因报告有误,是否对错误条件的处理不正确,在对错误处理之前错误条件是否已经引起系统的干预,等等。

(5) 边界测试。要特别注意数据流、控制流中刚好等于、大于或小于确定的比较值时出错的可能性。对这些地方要仔细地选择测试用例,认真加以测试。

此外,如果对模块运行时间有要求,还要专门进行关键路径测试,以确定最坏情况下和平均意义下影响模块运行时间的因素。这类信息对进行性能评价是十分有用的。

2) 单元测试的方法

可以应用人工测试和计算机测试这两种方法完成单元测试工作。

(1) 代码审查。

人工测试源程序可以由编写者本人非正式地进行,也可以由审查小组正式进行,后者称为代码审查。它是一种非常有效的程序验证技术,对于典型的程序来说,可以查出 30%～70%的逻辑设计错误和编码错误。审查小组一般由下述 4 人组成:组长(应该是一个很有能力的程序员,而且没有直接参与这项工程)、程序的设计者、程序的编写者、程序的测试者。如果一个人既是程序的设计者又是编写者,或既是编写者又是测试者,则审查小组中应该再增加一个程序员。审查之前,小组成员应该先研究设计说明书,力求理解这个设计。为了帮助理解,可以先由设计者扼要地介绍他的设计。在审查会上由程序的编写者解释他是怎样用程序代码实现这个设计的,通常是逐个语句地讲述程序的逻辑,小组其他成员仔细倾听他的讲解,并力图发现其中的错误。当发现错误时由组长记录下来,审查会继续进行(审查小组的任务是发现错误而不是改正错误)。

审查会还有另外一种常见的进行方法(称为预排):由一个人扮演测试者,其他人扮演计算机。会前测试者准备好测试方案,会上由扮演计算机的成员模拟计算机执行被测试的程序。当然,由于人执行程序速度极慢,因此测试数据必须简单,测试方案的数目也不能过多。但是,测试方案本身并不十分关键,它只起到促进思考、引发讨论的作用。在大多数情况下,向程序员提出关于他的程序的逻辑和编写程序时所做的假设的疑问,可以发现的错误比由测试方案直接发现的错误还多。代码审查比计算机测试优越的是:一次审查会上可以发现许多错误。用计算机测试的方法发现错误之后,通常需要先改正这个错误才能继续测试,因此错误是一个一个地发现并改正的。也就是说,采用代码审查的方法可以减少系统验证的总工作量。实践表明,对于某些类型的错误来说,人工测试比计算机测试更有效;对于其他类型的错误来说则刚好相反。因此,人工测试和计算机测试是互相补充、相辅相成的,缺少其中任何一种方法,都会使查找错误的效率降低。

(2) 测试软件。

由于被测试的模块往往不是独立的程序,而是处于整个系统结构的某一层位置上,被其他模块调用或调用其他模块,其本身不能单独运行,因此在单元测试时,需要为被测模块设计驱动模块和桩模块。

驱动模块的作用是用来模拟被测模块的上级调用模块,其功能要比真正的上级模块简单得多,它只完成以下功能:接收测试数据,以上级模块调用被测模块的格式驱动被测模块,接收被测模块的测试结果并输出。桩模块用来代替被测模块所调用的模块,它的作用是返回被测模块所需的信息。如图 6-5 所示,为了测试系统结构(图 6-5(a))中的模块 B,建立了模块 B 的测试环境(图 6-5(b))。驱动模块和桩模块的编写给测试带来额外开销,但是与被测模块有联系的那些模块(如模块 M、D、E)在尚未编写好或未测试的情况下,设计驱动模块和桩模块是必要的。

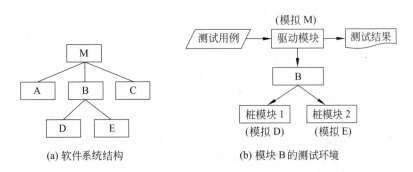

图 6-5 单元测试的测试环境

2. 集成测试

集成测试是指在单元测试的基础上,将所有模块按照设计要求组装成一个完整的系统而进行的测试,故也被称为组装测试或联合测试。实践证明,单个模块能正常工作,组装后不见得仍能正常工作,因此必须进行集成测试,以发现模块组装中可能出现的问题,最终构成一个符合要求的软件系统。

1) 集成测试的方法

集成测试的方法主要有非渐增式测试和渐增式测试两类。

(1) 非渐增式测试。首先对每个模块分别进行单元测试,然后再把所有的模块按设计要求组装在一起进行测试。

(2) 渐增式测试。把未经过测试的模块逐个组装到已经测试过的模块上去,进行集成测试。每加入一个新模块,就进行一次集成测试,重复此过程,直至程序组装完毕。

渐增式测试与非渐增式测试有以下区别:

(1) 非渐增式测试把单元测试和集成测试分成两个不同的阶段,前一阶段完成模块的单元测试,后一阶段完成集成测试;而渐增式测试把单元测试与集成测试合在一起,同时完成。

(2) 非渐增式测试需要更多的工作量,因为每个模块都需要驱动模块和桩模块;而渐增式测试利用已测试过的模块作为驱动模块或桩模块,因此工作量较少。

(3) 渐增式测试可以较早地发现接口之间的错误;非渐增式测试只有到最后组装时才能发现。

(4) 渐增式测试有利于排错,发生错误往往和最近加进来的模块有关;而非渐增式测试发现接口错误被推迟到最后,而且很难判断是哪一部分接口出错。

(5) 渐增式测试比较彻底,已测试的模块和新的模块组装在一起重新接受测试。

(6) 非渐增式测试开始可并行测试所有模块,能充分利用人力,对测试大型系统很有意义。

考虑到目前计算机硬件价格下降、人工费用上升、系统错误纠正越早代价越低等特点,采用渐增式测试较好。也可考虑将两种方法结合起来,对一些模块分别测试,然后将这些测试过的模块再用渐增式测试逐步结合进软件系统中去。

2) 渐增式测试组装模块的方法

渐增式测试组装模块的方法主要有自顶向下集成和自底向上集成两种。

(1) 自顶向下集成。

自顶向下的集成方法是一个为人们广泛采用的组装软件的途径。从主控制模块(主程序)开始,沿着软件的控制层次向下移动,从而逐渐把各个模块结合起来。在把附属于(以及最终附属于)主控制模块的那些模块组装到软件结构中去时,可以使用深度优先的策略或者宽度优先的策略。

深度优先的结合方法是先组装在软件结构的一条主控制通路上的所有模块。主控制通路的选择取决于应用的特点,并且有很大的随意性。例如,如图 6-6 所示,选取左通路,首先结合模块 M_1、M_2 和 M_5,其次,将 M_8 或 M_6(如果为了使 M_2 具有适当功能需要 M_6)结合进来,最后构造中央的和右侧的控制通路。而宽度优先的结合方法是沿软件结构水平地移动,把处于同一个控制层次上的所有模块组装起来。例如,对于图 6-6 来说,首先结合模块 M_2、M_3 和 M_4(代替存根程序 S_4),然后结合下一个控制层次中的模块 M_5、M_6 和 M_7(代替 S_7),如此继续进行下去,直到所有模块都被结合进来为止。

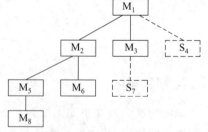

图 6-6 自顶向下集成

(2) 自底向上集成。

自底向上集成指从"原子"模块(即在系统结构最底层的模块)开始组装和测试。因为是从底部向上结合模块,总能得到需要的下层模块处理功能,所以不需要设计桩模块。

图 6-7 描绘了自底向上的集成过程。首先把模块组合成簇 1、簇 2 和簇 3,使用驱动程序(图中用虚线方框表示)对每个簇进行测试。簇 1 和簇 2 中的模块附属于模块 M_a,去掉驱动程序 D_1 和 D_2,把这两个簇直接同 M_a 连接起来;类似地,在和模块 M_b 结合之前去掉簇 3 的驱动程序 D_3;最终 M_a 和 M_b 这两个模块都与模块 M_c 结合起来。

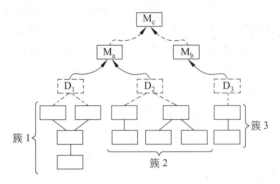

图 6-7 自底向上集成

一般说来,一种方法的优点正好对应于另一种方法的缺点。自顶向下集成测试方法的主要优点是不需要设计驱动模块,也不需要测试驱动程序,能够在测试阶段的早期实现并验证系统的主要功能,而且能在早期发现上层模块的接口错误。自顶向下测试方法的主要缺点是需要设计桩模块,低层关键模块中的错误发现得较晚,而且用这种方法在早期不能充分发挥人力的作用。可以看出,自底向上集成测试方法的优缺点与上述自顶向下测试方法的优缺点刚好相反。

在测试实际的软件系统时,应该根据软件系统的特点以及工程进度安排来选用适当的测试策略。一般来说,纯粹自顶向下或纯粹自底向上的策略可能都不实用,人们在实践中创造出了许多混合策略,具体如下。

(1) 衍变的自顶向下的渐增式测试。首先对输入输出模块和引入了新算法的模块进行测试,再自底向上组装成为功能相当完整且相对独立的子系统,最后由主模块开始自顶向下进行渐增式测试。

(2) 自底向上-自顶向下的渐增式测试。首先对包含读操作的子系统自底向上直至根结点模块进行组装和测试,然后对包含写操作的子系统自顶向下进行组装与测试。

(3) 回归测试。这种策略采取自顶向下的方式测试被修改的模块及其子模块;然后将这一部分视为子系统,再自底向上进行测试。

3. 确认测试

确认测试也称验收测试或有效性测试。确认测试的任务是检查软件能否按合同要求进行工作,即是否满足软件需求说明书中的确认标准。确认测试采用的方法一般是一系列黑盒测试。确认测试同样需要制定测试计划和过程。测试计划应规定测试的种类和测试进度;测试过程则要定义一些特殊的测试用例,用以说明软件与需求是否一致。无论是测试计划还是测试过程,都应该着重考虑合同规定的所有功能、性能和其他方面是否让用户满意。确认测试的结果有两种可能:一种是功能和性能指标满足软件需求说明书的要求,用户可以接受;另一种是软件没有满足软件需求说明书的要求,用户不能接受。如果这时候发现的问题比较严重,开发方可能会遇到比较大的麻烦。

无论多么优秀的软件开发人员,都不可能预见用户实际使用程序的情况。因此,软件能否让最终的用户真正满意,组织"用户"进行一系列"验收测试"是必要的。其方式可以是正式的或非正式的,时间也可以长短不等。这种测试可以分为 α 测试和 β 测试。α 测试是指软件开发公司组织内部人员模拟各类用户行为,对即将面市的软件产品(称为 α 版本)进行测试,并对发现的错误进行修正。α 测试的关键在于尽可能逼真地模拟实际运行环境和用户对软件产品的操作,并尽最大努力涵盖所有可能的用户操作方式。经过 α 测试并进行了相应调整的软件产品称为 β 版本。紧随其后的 β 测试是指软件开发公司组织各方面的典型用户在日常工作中实际使用 β 版本,并要求用户报告异常情况,提出意见。然后软件开发公司再对 β 版本进行修改和完善。这部分工作有时需要较长的时间。

确认测试的另一个重要环节是配置复审。其目的在于保证软件配置齐全、分类有序,并且包括软件维护所必需的细节。

4. 系统测试

系统测试是把通过确认测试的系统作为基于计算机系统的一个整体元素,与整个系统的其他元素结合起来,在实际运行环境下,对计算机系统进行一系列的集成测试和有效性测试。系统测试应该由若干个不同的测试组成,其目的是充分运行系统,验证系统各部分是否都能正常工作,并完成预期的任务。

6.2.3 系统测试方案的设计

设计测试方案是测试阶段的关键技术问题。测试方案包括下述 3 方面内容:具体的测试目的(例如,要测试的具体功能),应该输入的测试数据,预期的输出结果。通常又把测试数据和预期的输出结果称为测试用例。不同的测试数据发现程序错误的能力差别很大,为了提高测试效率,降低测试成本,应该选用高效的测试数据。因为不可能进行穷尽测试,选用少量最有效的测试数据,做到尽可能完备的测试就更重要了。下面详细地介绍白盒测试和黑盒测试方法。

1. 白盒测试方法

白盒测试方法把测试对象看作一个透明的盒子,它允许测试人员利用程序内部的逻辑结构及有关信息,设计或选择测试用例,对程序所有逻辑路径进行测试。通过在不同点检查程序的状态,确定实际的状态是否与预期的状态一致。因此白盒测试又称为结构测试或逻辑驱动测试。使用白盒测试方法,主要是对程序模块进行如下的检查:

(1) 对程序模块的所有独立路径至少执行一次。
(2) 对所有的逻辑判定取真值或取假值都测试一遍。

(3) 在循环的边界和运行的界限内执行循环体。
(4) 测试内部结构的有效性。

逻辑覆盖和基本路径测试是两种常见的白盒测试技术。

1) 逻辑覆盖

因为通常不可能进行穷尽测试,所以有选择地执行程序中某些最有代表性的通路,是用白盒方法测试程序时对穷尽测试唯一可行的替代办法。逻辑覆盖是对一系列测试过程的总称,这一系列测试过程逐渐进行越来越完整的通路测试。根据覆盖源程序语句的详尽程度的不同,有不同的覆盖标准,即语句覆盖、判定覆盖、条件覆盖、判定/条件覆盖、条件组合覆盖和路径覆盖。例如,图 6-8 是一个被测模块的程序流程图,它的源程序(用 Pascal 语言书写)如下:

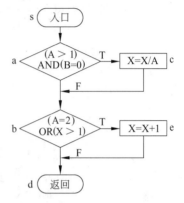

图 6-8 被测试模块的程序流程图

```
PROCEDURE EXAMPLE (A,B: REAL; VAR X: REAL);
    BEGIN
        IF (A>1) AND (B=0)
            THEN X:=X/A;
        IF (A=2) OR (X>1)
            THEN X:=X+1;
    END;
```

下面以这个源程序为例来介绍 6 种不同的逻辑覆盖标准。

(1) 语句覆盖。

为了暴露程序中的错误,至少每个语句应该执行一次。语句覆盖的含义是:选择足够多的测试数据,使被测程序中每个语句至少执行一次。

为了使每个语句都执行一次,图 6-8 程序的执行路径应该是 s→a→c→b→e→d,为此只需要输入下面的测试数据(实际上 X 可以是任意实数):

A=2,B=0,X=4

通过上例可以看出,这组数据只测试了条件为真的情况,若实际输入的条件为假时,有错误显然测试不出来。事实上,语句覆盖对程序的逻辑覆盖很少,语句覆盖只关心判定表达式的值,而没有分别测试判定表达式中每个条件取不同值的情况。在上例中,为了执行 s→a→c→b→e→d 路径以测试每个语句,只需两个判定表达式(A>1) AND (B=0)和(A=2) OR (X>1)都取真值,上例中测试数据足够满足要求。但是,若程序中第 1 个判断表达式中的逻辑运算符 AND 误写成 OR,或把第 2 个判定表达式中的条件 X>1 误写成 X<1,上面这组测试数据则不符合要求,不能查出这些错误。与后面所介绍的其他覆盖标准相比,语句覆盖是最弱的逻辑覆盖标准。

(2) 判定覆盖。

判定覆盖又叫分支覆盖,它的含义是:不仅每个语句必须至少执行一次,而且每个判定的每种可能的结果都应该至少执行一次,也就是每个判定的每个分支都至少执行一次。对于上述例子来说,能够分别覆盖路径 s→a→c→b→e→d 和 s→a→b→d 的两组测试数据,或者可以分别覆盖路径 s→a→c→b→d 和 s→a→b→e→d 的两组测试数据,都满足判定覆盖标准。例如,用下面两组测试数据就可做到判定覆盖:

① A=3,B=0,X=3(覆盖 s→a→c→b→d)

② A=2,B=1,X=1(覆盖 s→a→b→e→d)

判定覆盖的缺点仍然是覆盖得不全,只覆盖了路径的一半。例如,若将 X>1 误写成 X<1,第①组数据仍覆盖 s→a→c→b→d。由此可见判定覆盖仍然很弱,但比语句覆盖强。

(3) 条件覆盖。

条件覆盖的含义是:不仅每个语句至少执行一次,而且使判定表达式中的每个条件都取到各种可能的结果。

图 6-8 的例子中共有两个判定表达式,每个表达式中有两个条件,为了做到条件覆盖,应该选取测试数据使得在 a 点有下述各种结果出现:

A>、A≤1、B=0 或者 B≠0

在 b 点有下述各种结果出现:

A=2、A≠2、X>1 或者 X≤1

只需要使用下述两组测试数据就可以达到上述覆盖标准:

① A=2,B=0,X=4

(满足 A>1、B=0、A=2 和 X>1 的条件,执行路径 s→a→c→b→e→d)

② A=1,B=1,X=1

(满足 A≤1、B≠0、A≠2 和 X≤1 的条件,执行路径 s→a→b→d)

条件覆盖通常比判定覆盖强,因为它使判定表达式中每个条件都取到了两个不同的结果,而判定覆盖却只关心整个判定表达式的值。例如,上面两组测试数据也同时满足判定覆盖标准。但是,也可能有相反的情况:虽然每个条件都取到了两个不同的结果,判定表达式却始终只取一个值。例如,如果使用下述两组测试数据,则只满足条件覆盖标准,而并不满足判定覆盖标准(第 2 个判定表达式的值总为真)。

① A=2,B=0,X=1

(满足 A>1、B=0、A=2 和 X≤1 的条件,执行路径 s→a→c→b→e→d)

② A=1,B=1,X=2

(满足 A≤1、B≠0、A≠2 和 X>1 的条件,执行路径 s→a→b→e→d)

为解决这一矛盾,需要兼顾判定覆盖和条件覆盖。

(4) 判定/条件覆盖。

既然判定覆盖不一定包含条件覆盖,条件覆盖也不一定包含判定覆盖,自然会提出能同时满足这两种覆盖标准的逻辑覆盖,这就是判定/条件覆盖。它的含义是:选取足够多的测试数据,使得判定表达式中的每个条件都取到各种可能的值,而且每个判定表达式也都取到各种可能的结果。

对于图 6-8 的例子而言,下面两组测试数据满足判定/条件覆盖标准:

① A=2,B=0,X=4

② A=1,B=1,X=1

但是,这两组测试数据也就是为了满足条件覆盖标准最初选取的两组数据,因此,有时判定/条件覆盖也并不比条件覆盖更强。而且,判定/条件覆盖也有缺陷。从表面来看,它测试了所有条件的取值,但实际并不是这样,因为一些条件往往掩盖了另一些条件。例如,对于条件表达式(A>1) AND (B=0)来说,只要 A>1 的值为真,才需测试 B=0 的值来确定此表达式的值;但是,若 A>1 的值为假时,不需再测 B=0 的值就可确定此表达式的值为假,因而 B=0 没有被检查。同理,对于(A=2) OR (X>1)这个表达式来说,只要 A=2 的值为真,不必测试 X>1 的结果就可确定表达式的值为真。所以对于判定/条件覆盖来说,逻辑表达式中的错误不一定能够查得出来。

(5) 条件组合覆盖。

条件组合覆盖是更强的逻辑覆盖标准,它要求选取足够多的测试数据,使得每个判定表达式中条件的各种可能组合都至少出现一次。对于图 6-8 的例子,共有如下 8 种可能的条件组合:

① A>1,B=0
② A>1,B≠0
③ A≤1,B=0
④ A≤1,B≠0
⑤ A=2,X>1
⑥ A=2,X≤1
⑦ A≠2,X>1
⑧ A≠2,X≤1

和其他逻辑覆盖标准中的测试数据一样,条件组合⑤~⑧中的 X 值是指在程序流程图第 2 个判定框(b 点)的 X 值。

下面的 4 组测试数据可以使上面列出的 8 种条件组合至少各出现一次:

① A=2,B=0,X=4
(针对上面的①、⑤两种组合,执行路径 s→a→c→b→e→d)
② A=2,B=1,X=1
(针对上面的②、⑥两种组合,执行路径 s→a→b→e→d)
③ A=1,B=0,X=2
(针对上面的③、⑦两种组合,执行路径 s→a→b→e→d)
④ A=1,B=1,X=1
(针对上面的④、⑧两种组合,执行路径 s→a→b→d)

显然,满足条件组合覆盖标准的测试数据也一定满足判定覆盖、条件覆盖和判定/条件覆盖标准。因此,条件组合覆盖是前述几种覆盖标准中最强的。但是,满足条件组合覆盖标准的测试数据并不一定能使程序中的每条路径都执行到。例如,上述 4 组测试数据都没有测试到路径 s→a→c→b→d。

(6) 路径覆盖。

路径覆盖是选取足够多测试数据,使程序的每条可能路径都至少执行一次。如图 6-9

所示是由图 6-8 得出的程序图,对于图 6-9 而言,共有 4 条可执行的路径:s→a→b→d、s→a→b→e→d、s→a→c→b→d 和 s→a→c→b→e→d。对应于这 4 条路径,下面 4 组测试数据可以满足路径覆盖标准:

① A=1,B=1,X=1(执行路径 s→a→b→d)
② A=1,B=1,X=2(执行路径 s→a→b→e→d)
③ A=3,B=0,X=1(执行路径 s→a→c→b→d)
④ A=2,B=0,X=4(执行路径 s→a→c→b→e→d)

相对来说,路径覆盖是相当强的逻辑覆盖标准。其测试数据暴露程序错误的能力比较强,有一定的代表性,它能够保证程序中每条可能的路径都至少执行一次。但是路径覆盖并没有检验表达式中条件的各种组合情况,而只考虑每个判定表达式的取值。若把路径覆盖和条件覆盖组合起来,可以设计出检错能力更强的测试数据。

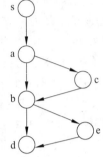

图 6-9 和图 6-8 对应的程序图

上述 6 种覆盖标准的比较如表 6-1 所示。

表 6-1　6 种覆盖标准的比较

覆盖标准	说　明	发现错误能力
语句覆盖	每个语句至少执行一次	弱
判定覆盖	每个判定的每个分支至少执行一次	↓
条件覆盖	每个判定的每个条件应取各种可能的值	
判定/条件覆盖	同时满足判定覆盖和条件覆盖	
条件组合覆盖	每个判定中各条件的每一种组合至少出现一次	
路径覆盖	使程序中每一条可能的路径至少执行一次	强

2) 基本路径测试

基本路径测试也是一种常用的白盒测试技术。使用这种技术设计测试用例时,首先计算被测过程的逻辑复杂度,并依据算出的复杂度定义执行路径的基本集合,从该基本集合导出的测试用例可以保证程序中的每条语句至少被执行一次,而且每个判定条件在执行时都分别取真和假两个值。

使用基本路径测试技术设计测试用例的步骤如下。

(1) 依据过程设计的结果画出相应的程序图。

图 6-10(a)是一个程序流程图,可以将它转换成如图 6-10(b)所示的程序图(假设菱形框表示的判断内设有复合的条件)。在程序图中,标有数字的圆圈称为结点,结点间的箭线称为边,由多条边构成的闭合多边形称为区域(图 6-10(b)中的 R1~R3 为 3 个封闭区域,R4 为开放区域)。在转换时注意:一条边必须终止于一个结点,在选择结构中的分支汇聚处即使无语句也应有汇聚结点;若判断中的逻辑表达式是复合条件,应分解为一系列只有单个条件的嵌套判断。例如,对于如图 6-11(a)所示的复合条件的判定应画成如图 6-11(b)所示的程序图。

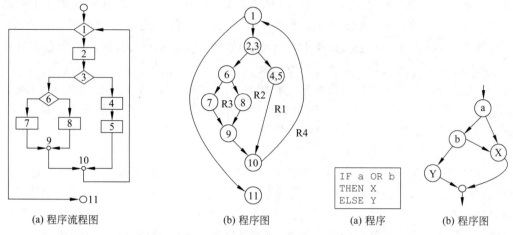

(a) 程序流程图　　　　　　　(b) 程序图　　　　　　(a) 程序　　(b) 程序图

图 6-10　程序流程图和程序图　　　　　　图 6-11　复合条件下的程序和程序图

(2) 计算程序图的复杂度。

McCabe 定义程序图的复杂度为此平面图中区域的个数。对于程序图而言,区域个数为边和结点圈定的封闭区域数加上图形外的开放区域数(为 1)。例如,图 6-10(b)的复杂度为 4。

(3) 确定只包含独立路径的基本路径集。

所谓线性独立路径是指这样的路径,该路径至少引入了程序的一个新处理语句集合或一个新条件,用程序图术语描述,独立路径中至少包含一条在定义该路径之前不曾用过的边。

使用基本路径测试法设计测试用例时,程序的复杂度决定了程序中独立路径的数量,而且这个数量是确保程序中所有语句至少被执行一次所需要的测试数量的上限。

例如,在图 6-10(b)所示的图中,一组独立的路径如下:

路径 1:1→11。

路径 2:1→2→3→4→5→10→1→11。

路径 3:1→2→3→6→7→9→10→1→11。

路径 4:1→2→3→6→8→9→10→1→11。

最终路径 1、路径 2、路径 3、路径 4 组成了控制流图的一个基本路径集。

(4) 设计出可强制执行基本集合中每条路径的测试用例。

设计测试用例,确保基本路径集中的每一条路径的执行。在测试过程中,执行每个测试用例,并把程序实际输出的结果与预期结果相比较。一旦执行完全部测试用例,就可以确保程序中所有语句都至少被执行了一次,而且每个判定条件都分别取过真和假两个值。

必须注意,一些独立的路径,如例中的路径 1,往往不是完全孤立的,有时它是程序正常的控制流的一部分,这时,这些路径的测试可以是另一条路径的测试的一部分。

2. 黑盒测试方法

通常,白盒测试在测试过程的早期阶段进行,而黑盒测试则主要用在测试过程的后期。黑盒测试是功能测试,因此在设计测试用例时,需要研究需求说明和概要设计说明中有关程序功能或输入、输出之间的关系等信息,从而与测试后的结果进行分析比较。黑盒测试技术不能取代白盒测试技术,它是与白盒测试技术互补的方法。黑盒测试很可能发现白盒测试不易发现的其他类型的错误。

用黑盒技术设计测试用例的方法一般有4种:等价类划分法、边界值分析法、错误推测法和因果图法,但没有一种方法能提供一组完整的测试用例以检查程序的全部功能,在实际测试中应该把各种方法结合起来使用。

1) 等价类划分法

等价类划分是一种典型的黑盒测试方法,使用这一方法时,完全不考虑程序的内部结构,只依据程序的规格说明来设计测试用例。等价类划分法把所有可能的输入数据,即程序的输入域划分成若干部分,然后从每一部分中选取少数有代表性的数据作为测试用例。使用这一方法要经历划分等价类(列出等价类表)和设计测试用例两个步骤。

(1) 划分等价类。等价类是指某个输入域的子集合。在该子集合中,各个输入数据对于暴露程序中的错误都是等效的,测试某等价类的代表值就等价于对这一类其他值的测试。

等价类的划分有两种不同的情况(对于程序的规格说明来说):

① 有效等价类:是合理的、有意义的输入数据构成的集合。

② 无效等价类:是不合理的、无意义的输入数据构成的集合。

在设计测试用例时,要同时考虑有效等价类和无效等价类的设计。划分等价类是一个比较复杂的问题,下面提供了几条经验供参考。

① 如果输入条件规定了取值范围或值的个数,则可以确立一个有效等价类和两个无效等价类。例如,输入值是学生的成绩,范围为0～100,可以确定一个合理的等价类为"0≤成绩≤100",两个不合理的等价类为"成绩<0"和"成绩>100"。

② 如果输入条件规定了输入值的集合,或者是规定了"必须如何"的条件,这时可确立一个有效等价类和一个无效等价类。例如,在Pascal语言中对变量标识符规定为"以字母打头的字符串",那么所有以字母打头的字符串构成有效等价类,而不在此集合内(不以字母打头)的字符串构成无效等价类。

③ 如果输入条件是一个布尔量,则可以确定一个有效等价类和一个无效等价类。

④ 如果规定了输入数据的一组值,而且程序要对每个输入值分别进行处理,这时可为每个输入值确立一个有效等价类,再针对这组值确立一个无效等价类,它是所有不允许的输入值的集合。例如,在教师上岗方案中规定:对教授、副教授、讲师和助教分别计算分数,并做相应的处理。因此,可以确定4个有效等价类,分别为教授、副教授、讲师和助教;再确定一个无效等价类,它是所有不符合以上身份的人员的输入值的集合。

⑤ 如果规定了输入数据必须遵守的规则,则可以确立一个有效等价类(符合规则)和若干个无效等价类(从不同角度违反规则)。例如,Pascal语言规定一个语句必须以分号(;)结束。这时可以确定一个有效等价类——"以';'结束",以及若干个无效等价类——"以':'结束""以','结束""以' '结束"和"以LF结束"等。

在确立了等价类之后,建立等价类表,列出所有划分出的等价类,如表6-2所示。

表 6-2 等价类表

输入条件	有效等价类	无效等价类
…	…	…
…	…	…

(2) 设计测试用例。

根据已划分的等价类,可以按以下步骤来设计测试用例。

① 为每一个等价类规定一个唯一编号。

② 设计一个新的测试用例,使其尽可能多地覆盖尚未被覆盖的有效等价类。重复这一步,直到所有的有效等价类都被覆盖为止。

③ 设计一个新的测试用例,使其仅覆盖一个尚未被覆盖的无效等价类。重复这一步,直到所有的无效等价类都被覆盖为止。

下面给出一个用等价类划分法设计测试用例的实例。

某报表处理系统要求用户输入处理报表的日期。假设日期限制在 1990 年 1 月至 1999 年 12 月,即系统只能对该段时期内的报表进行处理。如果用户输入的日期不在此范围内,则显示输入错误信息。该系统规定日期由年、月的 6 位数字字符组成,前 4 位代表年,后两位代表月。现用等价类划分法设计测试用例,测试程序的日期检查功能。

① 划分等价类。画出等价类表并编号。通过分析本例,可以将输入条件划分成 3 个有效等价类和 7 个无效等价类,如表 6-3 所示。

表 6-3 输入条件的等价类表

输入等价类	有效等价类	无效等价类
报表日期的类型及长度	1. 6 位数字字符	2. 有非数字字符 3. 少于 6 个数字字符 4. 多于 6 个数字字符
年份范围	5. 1990~1999	6. 小于 1990 7. 大于 1999
月份范围	8. 1~12	9. 等于 0 10. 大于 12

② 为有效等价类设计测试用例。对于表 6-3 中编号为 1、5、8 的 3 个有效等价类,用一个测试用例覆盖。例如,设计一个测试用例 199706。

③ 为每一个无效等价类至少设计一个测试用例,如表 6-4 所示。

表 6-4 无效等价类的测试用例

测试数据	期望结果	覆盖范围	测试数据	期望结果	覆盖范围
99MAY	输入无效	2	200001	输入无效	7
19995	输入无效	3	199900	输入无效	9
1999005	输入无效	4	199913	输入无效	10
198912	输入无效	6			

2）边界值分析法

经验表明，处理边界情况时程序最容易发生错误。例如，许多程序错误出现在下标、标量、数据结构和循环等的边界附近。因此，设计使程序运行在边界情况附近的测试方案，暴露出程序错误的可能性更大一些。

再如，在构造三角形时，要输入三角形的 3 个边长 A、B 和 C。这 3 个数值应当满足 A>0，B>0，C>0，A+B>C，A+C>B 和 B+C>A 的条件，才能构成三角形。但如果把 6 个不等式中的任何一个>错写成>=，不能构成三角形的问题就恰好出现在容易被疏忽的边界附近。

使用边界值分析方法设计测试方案时，首先应该确定边界情况，这需要经验和创造性，通常输入等价类和输出等价类的边界就是应该着重测试的程序边界情况。选取的测试数据应该刚好等于、刚刚小于和刚刚大于边界值。也就是说，按照边界值分析法，应该选取刚好等于、稍小于和稍大于等价类边界值的数据作为测试数据，而不是选取每个等价类内的典型值或任意值作为测试数据。通常设计测试方案时总是联合使用等价类划分和边界值分析两种技术。

以下是确定等价类的边界时几种常用的经验。

（1）如果输入条件规定了值的范围，可以选择正好等于边界值的数据作为合理的测试用例，同时还要选择刚好越过边界值的数据作为不合理的测试用例。例如，输入值的范围是[1,100]，可取 0、1、100、101 等值作为测试数据。

（2）如果输入条件指出了输入数据的个数，则按最大个数、最小个数、比最小个数少 1 及比最大个数多 1 等情况分别设计测试用例。例如，一个输入文件可包括 1～255 个记录，则分别设计有 1 个记录、255 个记录以及 0 个记录和 256 个记录的输入文件的测试用例。

（3）对每个输出条件分别按照以上两个原则确定输出值的边界情况。例如，一个学生成绩管理系统规定，只能查询 95～98 级大学生的各科成绩，可以设计测试用例，查询该范围内的某一届或 4 届学生的成绩，还需设计查询 94 级、99 级学生成绩的测试用例。

由于输出值的边界不与输入值的边界相对应，所以要检查输出值的边界不一定可能，要产生超出输出值之外的结果也不一定能做到，但必要时还需试一试。

（4）如果程序的输入输出数据是一个有序集合，则应该注意表中的第一个元素、最后一个元素及表中只剩一个元素的情况。

（5）如果输入输出数据为一个线性表，则应该考虑输入输出有 0 个、1 个和可能的最大元素个数的情况。

下面给出一个用边界值分析法设计测试用例的实例。

针对前面所述的报表处理系统中的报表日期输入条件，程序中判断输入日期（年月）是否有效，假设使用如下语句：

```
IF (ReportDate<=MaxDate) AND (ReportDate>=MinDate)
    THEN 产生指定日期报表；
    ELSE 显示错误信息；
ENDIF
```

如果将程序中的＜＝误写为＜,则上例的等价类划分中所有测试用例都不能发现这一错误,这时就应该配合使用边界值分析法。采用边界值分析法得到的测试用例如表 6-5 所示。

表 6-5 边界值分析法的测试用例

输入等价类	测试用例说明	测试数据	期望结果	选取理由
报表日期的类型及长度	1 个数字字符 5 个数字字符 7 个数字字符 有 1 个非数字字符 全部是非数字字符 6 个数字字符	5 19995 1999005 1999.5 May - - 199905	显示出错 显示出错 显示出错 显示出错 显示出错 输入有效	仅有一个合法字符 比有效长度少 1 比有效长度多 1 仅有一个非法字符 6 个非法字符 类型及长度均有效
日期范围	在有效范围边界上选取数据	199001 199912 199000 199913	输入有效 输入有效 显示出错 显示出错	最小日期 最大日期 刚好小于最小日期 刚好大于最大日期
月份范围	月份为 1 月份为 12 月份＜1 月份＞12	199801 199812 199800 199813	输入有效 输入有效 显示出错 显示出错	最小月份 最大月份 刚好小于最小月份 刚好大于最大月份

3) 错误推测法

在测试程序时,人们根据经验或直觉推测程序中可能存在的各种错误,从而有针对性地编写检查这些错误的测试用例,这就是错误推测法。错误推测法没有确定的步骤,凭经验进行。它的基本思想是:列出程序中可能发生错误的情况,然后根据这些情况选择测试用例。

对于程序中容易出错的情况,已有一些经验总结出来,下面列出一些供参考。

(1) 0 作为测试数据往往容易使程序发生错误。

(2) 通过分析规格说明书中的漏洞来编写测试数据。

(3) 根据尚未发现的软件错误与已发现软件错误成正比的统计规律,重点测试已发现错误的程序段。

(4) 等价类划分与边界值分析容易忽略组合的测试数据,因而,可采用判定表或判定树列出测试数据。

(5) 与人工代码审查相结合,两个模块中共享的变量已被修改的,可用来做测试用例。因为对一个模块测试出错误,同样会引起另一模块的错误。

下面给出一个用错误推测法设计测试用例的实例。

例如,对于一个排序程序,根据经验可以列出以下几项需特别测试的情况:

(1) 输入表为空。

(2) 输入表只含一个元素。

(3) 输入表中所有元素均相同。

(4) 输入表中元素已排好序。

4) 因果图法

前面介绍的等价类划分法和边界值分析法都是着重考虑输入条件,但未考虑输入条件之间的联系。如果在测试时必须考虑输入条件的各种组合,可使用一种适合描述对于多种输入条件的组合能产生多个动作的形式来设计测试用例,这就需要利用因果图法。因果图法最终生成的是判定表,它适合检查程序输入条件的各种组合情况。

用因果图生成测试用例的基本步骤如下:

(1) 分析软件规格说明描述中哪些是原因(即输入条件或输入条件的等价类),哪些是结果(即输出条件),并给每个原因和结果赋予一个标识符。

(2) 分析软件规格说明描述中的语义,找出原因与结果之间以及原因与原因之间对应的关系,根据这些关系画出因果图。

(3) 由于语法或环境限制,有时几个原因或几个结果不可能同时出现。为表明这些特殊情况,在因果图上用一些记号标明约束或限制条件。另外,再找出不可能的条件组合,将其去掉。

(4) 把因果图转换成判定表。

(5) 把判定表的每一列作为依据,设计测试用例。

下面介绍在因果图中出现的基本符号。

通常在因果图中用 $C_1, C_2, C_3, \cdots$ 表示原因,用 $E_1, E_2, E_3, \cdots$ 表示结果,其基本符号如图 6-12 所示。各结果表示状态,可取值 0 或 1。0 表示某状态不出现,1 表示某状态出现。原因和结果之间的主要关系有以下 4 个:

(1) 恒等。表示原因与结果之间一对一的对应关系。若原因出现,则结果出现;若原因不出现,则结果也不出现。

(2) 非。表示原因与结果之间的一种否定关系。若原因出现,则结果不出现;若原因不出现,则结果出现。

(3) 或(∨)。表示若几个原因中有一个出现,则结果出现,只有当这几个原因都不出现时,结果才不出现。

(4) 与(∧)。表示若几个原因都出现,结果才出现;若几个原因中有一个不出现,结果就不出现。

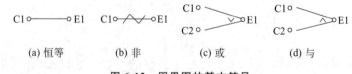

(a) 恒等　　(b) 非　　(c) 或　　(d) 与

图 6-12　因果图的基本符号

下面介绍在因果图中表示约束条件的符号。

为了表示原因与原因之间、结果与结果之间可能存在的约束条件,在因果图中可以附加一些表示约束条件的符号,如图 6-13 所示。

① E(互斥):它表示 a、b 两个原因不会同时成立,两个中最多有一个能成立。

② I(包含):它表示 a、b、c 这 3 个原因中至少有一个必须成立。

③ O(唯一):它表示 a 和 b 当中必须有一个且仅有一个成立。

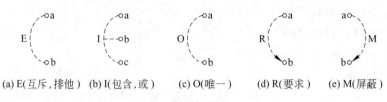

(a) E(互斥,排他)　(b) I(包含,或)　(c) O(唯一)　(d) R(要求)　(e) M(屏蔽)

图 6-13　因果图表示约束条件的符号

④ R(要求)：它表示当 a 出现时,b 必须也出现。不可能 a 出现,b 不出现。

⑤ M(屏蔽)：它表示当 a 是 1 时,b 必须是 0；而当 a 为 0 时,b 的值不定。

下面给出一个利用因果图设计测试用例的实例。

例如,有一个单价为 5 角钱的饮料自动售货机软件测试用例的设计。其软件规格说明如下：若投入 5 角或 1 元的硬币,按下"橙汁"或"啤酒"按钮,则相应的饮料就送出来。若售货机没有零钱找,则一个显示"零钱找完"的红灯亮,这时,投入 1 元硬币并按下饮料按钮后,饮料不送出来,而且 1 元硬币也退出来；若有零钱找,则显示"零钱找完"的红灯灭,在送出饮料的同时退还 5 角硬币。

(1) 分析这一段说明,列出原因和结果,如表 6-6 所示。

表 6-6　原因和结果分析表

原　因	结　果
1. 售货机有零钱找	21. 售货机"零钱找完"灯亮
2. 投入 1 元硬币	22. 退还 1 元硬币
3. 投入 5 角硬币	23. 退还 5 角硬币
4. 按下"橙汁"按钮	24. 送出橙汁
5. 按下"啤酒"按钮	25. 送出啤酒

(2) 画出因果图,如图 6-14 所示。所有原因结点列在左边,所有结果结点列在右边。建立以下 4 个中间结点,表示处理的中间状态。

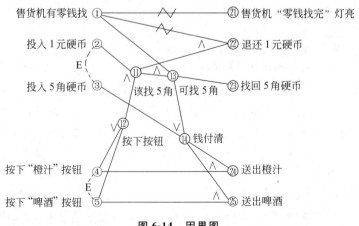

图 6-14　因果图

11. 投入1元硬币且按下饮料按钮
12. 按下"橙汁"或"啤酒"按钮
13. 应当找5角零钱并且售货机有零钱找
14. 钱已付清

（3）由于2与3,4与5不能同时发生，为这两对原因分别加上约束条件E。

（4）将因果图转换成判定表，如图6-15所示。在判定表中，阴影部分表示因违反约束条件的不可能出现的情况，应将相应的列删去。第16列与第32列由于什么动作也没做，也删去。最后可根据剩下的16列作为确定测试用例的依据，判定表中没有被删去的每一列就是一个测试用例。

图 6-15 判定表

6.2.4 实用综合测试策略

1. 综合测试策略

系统测试策略把设计测试用例的方法集成到一系列经过周密计划的测试步骤中，从而可以大大提高系统测试的效果，使系统开发获得成功。任何测试策略都必须与测试计划、测试用例设计、测试执行以及测试结果数据的收集与分析紧密地结合在一起。

以上介绍了几种常用的测试方法，使用每种测试方法都可以设计出一些有用的测试用例，但没有一种方法可以设计出全部的测试用例。通常的做法是，用黑盒测试方法设计基本的测试用例，再用白盒测试方法补充一些必要的测试用例。具体地说，可以使用下述策略结合各种方法：

（1）在任何情况下都应使用边界值分析法，用这种方法设计的测试用例暴露程序错误的能力强。设计测试用例时，应该既包括输入数据的边界情况，又包括输出数据的边界情况。

(2) 必要时用等价类划分法补充一些测试用例,再用错误推测法补充一些测试用例。

(3) 对照程序逻辑,检查已设计的测试用例的逻辑覆盖标准。如果没有达到要求的覆盖标准,应当再补充足够的测试用例。

(4) 如果软件规格说明中含有输入条件的组合情况,则一开始就可使用因果图法。

2. 综合测试策略应用实例

例如,为以下的三角形程序设计测试用例。这个程序的功能是,读入 3 个整数值,这 3 个整数代表三角形的 3 条边的长度。程序根据这 3 个值判断能否构成三角形,若能,则判断该三角形属于等边三角形、等腰三角形、普通三角形的哪一种。图 6-16 为该程序的流程图和程序图。

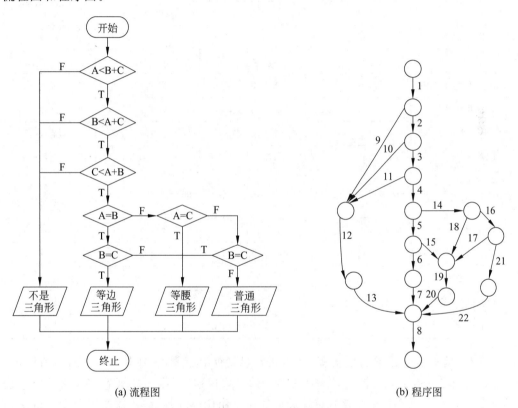

图 6-16 三角形程序的流程图与程序图

综合使用黑盒测试的边界值分析法、等价类划分法和错误推测法,可以设计出有效和无效输入情况。

有效的输入情况如下:

(1) 等边三角形。

(2) 等腰三角形。

(3) 普通三角形。

(4) 非三角形。

无效的输入情况如下：

(1) 零数据。

(2) 含负整数。

(3) 遗漏数据(少于3个数据)。

(4) 含非数字字符。

(5) 含非整数。

根据上述各种情况设计测试用例，如表6-7所示。

表6-7 三角形程序的测试用例

测试内容	测试数据			测试结果
	a	b	c	
等边三角形	5,5,5			有效
等腰三角形	3,4,4	4,3,4	4,4,3	有效
任意三角形	3,4,5	4,5,3	5,3,4	有效
非三角形	5,4,9	4,9,5	9,5,4	有效
零数据	0,4,5	4,5,0	5,0,4	无效
	0,0,4	0,4,0	4,0,0	无效
	0,0,0			无数
含负整数	$-5,5,-5$			无效
	$-5,-4,3$	$-4,3,-5$	$3,5,-4$	无效
	$-5,4,3$	$4,3,-5$	$3,-5,4$	无效
遗漏数据	5,4,—	—,5,4	5,—,4	无效
含非数字字符	3,4,W			无效
含非整数	2E3,2.5,4			无效

最后，检查上述数据的覆盖程度，覆盖测试通常达到程序图中所有边的覆盖即可。表6-8列出了有效输入的测试数据所覆盖的边。仅仅这4种测试数据已经实现了所有边的覆盖，因此，对于本例用黑盒测试法设计的测试用例已经足够，不需要用白盒测试法补充测试数据了。

表6-8 测试数据覆盖的边

编号	测试数据	覆盖的边
1	5,5,5	1,2,3,4,5,6,7,8
2a	3,4,4	1,2,3,4,14,16,17,19,20,8
2b	4,3,4	1,2,3,4,14,18,19,20,8
2c	4,4,3	1,2,3,4,5,15,19,20,8

续表

编号	测试数据	覆盖的边
3a	3,4,5	1,2,3,4,14,16,21,22,8
3b	4,5,3	1,2,3,4,14,16,21,22,8
3c	5,3,4	1,2,3,4,14,16,21,22,8
4a	5,4,9	1,2,3,11,12,13,8
4b	4,9,5	1,2,10,12,13,8
4c	9,5,4	1,9,12,13,8

6.3 系统调试

调试是指在成功地进行了测试之后,进一步诊断和改进程序中存在的错误过程。它由两部分工作组成:一是确定存在于程序中的错误的确切性质和位置;二是对程序进行修改和排除。

系统测试的目的是尽可能多地发现程序中的错误,而调试则是在进行了成功的测试之后才开始的工作。调试的目的是确定错误的原因和位置,并改正错误,因此调试也称为纠错。调试是程序员自己进行的技巧性很强的工作,要确定发生错误的内在原因和位置不是一件容易的事,它占整个调试工作量的 90% 左右。调试工作的困难与人的心理因素和技术因素都有关系,需要繁重的脑力劳动和丰富的经验。与测试比较,调试技术缺乏系统的理论研究,因此下面介绍的调试方法多是实践中的经验积累。

6.3.1 系统调试的过程

如图 6-17 所示,调试过程开始于一个测试用例的执行。若测试结果与期望结果不一致,即出现了错误征兆。在调试过程中,首先找出错误原因,然后对错误进行修正。因此调试过程有两种可能:一种可能是找到了错误原因,并纠正了错误;另一种可能是错误原因不明,调试人员只得作某种推测,然后再设计测试用例,证实这种推测,若第 1 次推测失败,再作第 2 次推测,直至发现并纠正了错误。

6.3.2 系统调试的方法

常用的调试方法有简单的调试方法、归纳法调试、演绎法调试和回溯法调试。

1. 简单的调试方法

简单的调试方法主要包括在程序中插入打印语句、运行部分程序和使用调试工具。

1) 在程序中插入打印语句

该方法的优点是显示程序的动态过程,比较容易检查源程序的有关信息。其缺点是

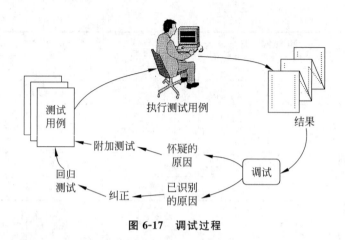

图 6-17 调试过程

低效率,可能输出大量无关的数据,发现错误带有偶然性。同时还要修改程序,这种修改可能会掩盖错误,改变关键的时间关系,或把新的错误引入程序。

2) 运行部分程序

有时为了测试某些被怀疑为有错的程序段,整个程序被反复执行多次,使很多时间浪费在执行已经是正确的程序段上。在此情况下,应设法使被测试程序只执行需要检查的程序段,以提高效率。可采用以下方法:

(1) 在不需要执行的语句段的前面和后面加上注释符,使这段程序不再执行。调试过后,再将注释符去掉。

(2) 在不需要执行的语句段前加判定值为"假"的 IF 语句或者加 GOTO 语句,使该程序不执行。调试结束后,再删除这些语句,使程序复原。

3) 借助于调试工具

目前大多数程序设计语言都有专门的调试工具,可以利用这些工具分析程序的动态行为。例如借助追踪功能可以追踪子程序调用、循环与分支执行路径、特定变量的变化情况等,利用设置断点功能可以执行特定语句或改变特定变量值引起的程序中断,以便检查程序的当前状态。

还可利用调试工具观察或输出内存变量的值,这样可以大大提高调试程序的效率。其缺点是会产生大量的无关信息,也会走弯路。

2. 归纳法调试

归纳法是一种从特殊到一般的思维过程,是从对个别事例的认识当中概括出共同特点,得出一般性规律的思考方法。归纳法调试从测试结果发现的线索(错误迹象、征兆)入手分析它们之间的联系,导出错误原因的假设,然后再证明或否定这个假设。归纳法调试的具体步骤如下:

(1) 收集有关数据。列出程序做对了什么、做错了什么的全部信息。

(2) 组织数据。整理数据以便发现规律,使用分类法构造一张线索表。

(3) 提出假设。分析线索之间的关系,导出一个或多个错误原因的假设。如果不能推测一个假设,再选用测试用例去测试,以便得到更多的数据。如果有多个假设,首先选择可能性最大的一个。

(4) 证明假设。假设不是事实,需要证明假设是否成立。不经证明就根据假设改错,只能纠正错误的一种表现(即消除错误的征兆)或只纠正一部分错误。如果不能证明这个假设成立,需要提出下一个假设。

3. 演绎法调试

演绎法是一种从一般的推测和前提出发,运用排除和推断过程作出结论的思考方法。演绎法调试是列出所有可能的错误原因的假设,然后利用测试数据排除不适当的假设,最后再用测试数据验证余下的假设确实是出错的原因。演绎法调试的具体步骤如下:

(1) 列出所有可能的错误原因的假设。把可能的错误原因列成表,不需要完全解释,仅是一些可能因素的假设。

(2) 排除不适当的假设。应仔细分析已有的数据,寻找矛盾,力求排除前一步列出的所有原因。如果都排除了,则需补充一些测试用例,以建立新的假设;如果保留下来的假设多于一个,则选择可能性最大的原因做基本的假设。

(3) 精化余下的假设。利用已知的线索,进一步精化余下的假设,使之更具体化,以便可以精确地确定出错位置。

(4) 证明余下的假设,其做法同归纳法。

4. 回溯法调试

回溯法从程序产生错误的地方出发,以人工方式沿程序的逻辑路径反向搜索,直到找到错误的原因为止。例如,从打印语句出错开始,通过看到的变量值,从相反的执行路径查询该变量值从何而来。该方法对小型程序寻找错误位置非常有效。

6.3.3 系统调试的原则

调试由确定错误的性质和位置以及改正错误两部分组成,调试原则也相应分成两类。

1. 确定错误的性质和位置的原则

确定错误的性质和位置的原则如下:

(1) 思考与错误征兆有关的信息。最有效的调试方法是分析与错误征兆有关的信息。程序调试员应能做到不使用计算机就能够确定大部分错误。

(2) 避开死胡同。如果程序调试员走进了死胡同,或者陷入了绝境,最好暂时把问题抛开,留到第二天再去考虑,或者向其他人讲解这个问题。

(3) 将调试工具当作辅助手段来使用。利用调试工具可以帮助思考,但不能代替思考。因为调试工具给出的是一种无规律的调试方式。实验证明,即使是对一个不熟悉的程序进行调试,不用工具的人往往比使用工具的人更容易成功。

（4）避免用试探法。初学调试的人最常犯的一个错误是试图随意修改程序来解决问题，这是一种碰运气的盲目的作法，是一种费时、费力的方法，成功机会很小，一般不应使用。而且，这种方法还常把新的错误带到问题中来，最多只能把它当作最后的手段。

2．改正错误的原则

改正错误的原则如下：

（1）注意错误的群集现象。在出现错误的地方很可能还有别的错误。经验证明，错误有群集现象。当在某一程序段发现有错误时，在该程序段中还存在别的错误的概率也很高。因此，在修改一个错误时，还要查一下它的附近，看是否还有别的错误。

（2）避免只修改错误的征兆。修改错误的一个常见失误是只修改了这个错误的征兆或这个错误的表现，而没有修改错误本身。如果提出的修改不能解释与这个错误有关的全部线索，那就表明只修改了错误的一部分。

（3）修正一个错误的同时有可能会引入新的错误。人们不仅需要注意不正确的修改，而且还要注意看起来是正确的修改可能会带来的副作用，即引进新的错误。因此在修改了错误之后，必须进行回归测试，以确认是否引入了新的错误。

（4）修改错误的过程将迫使人们暂时回到程序设计阶段。修改错误也是程序设计的一种形式。一般来说，在程序设计阶段使用的任何方法都可以应用到错误修正的过程中。

（5）修改源代码，而不要修改目标代码。

习　题　6

1．名词解释

编码、编码风格、测试、白盒测试、黑盒测试、调试

2．选择题

（1）下面属于功能性注释的是（　　）。
  A．说明模块的用处和功能的注释　　B．说明数据的名称和用处的注释
  C．说明程序段的注释　　D．说明程序开发背景的注释

（2）在选择程序设计语言时最重要的依据是（　　）。
  A．语言的应用领域　　B．对语言的熟悉程度
  C．数据结构的复杂度　　D．算法的复杂度

（3）在下面关于程序编制的叙述中，3个正确的叙述是（　　）。
  A．在编制程序之前，首先必须仔细阅读程序说明书。然后，如实地依照说明书编写程序。说明书中常会有含糊不清或难以理解的地方，程序员应该对这些地方做出适当的解释
  B．在着手编制程序时，重要的是采用既能使程序正确地按说明书进行处理，又

易于出错的编写方法
- C. 在编制程序时,首先应该对程序的结构充分加以考虑,不要急于开始编码,而要像写软件文档那样,很好地琢磨程序具有什么样的功能,这些功能如何安排,等等
- D. 考虑到以后的程序变更,为程序编写完整的说明书是一项很重要的工作。而且程序的编写形式也应尽可能让他人看得懂
- E. 编制程序时不可缺少的条件是程序的输入和输出数据的格式都应确定。其他各项规定都是附带的,无足轻重
- F. 作为一个好的程序,不仅处理速度要快,而且易读易修改等也都是重要的条件。为了能得到这样的程序,不仅要熟悉程序设计语言的语法,还要注意采用适当的规程和单纯的表现方法,注意使整个程序的结构简洁

(4) 在下列文档中,与测试无关的是(　　)。
　　A. 立项报告　　B. 需求说明书　　C. 设计说明书　　D. 源程序

(5) 以下措施中可提高系统测试效率的是(　　)。
　　A. 随意选取测试的数据　　　　B. 制定测试计划
　　C. 选取边界数据作为测试用例　D. 取全部可能的数据进行测试

(6) 在系统测试中,黑盒法在设计测试用例时主要考虑的依据是(　　)。
　　A. 系统功能　　B. 输入数据　　C. 输出数据　　D. 内部逻辑

(7) 采用白盒法的是(　　)。
　　A. 单元测试　　B. 集成测试　　C. 确认测试　　D. 系统测试

(8) 集成测试有两个具体的方法,分别是(　　)。
　　A. 非渐增式方法和渐增式方法　　B. 白盒法和黑盒法
　　C. 确认测试和系统测试　　　　　D. 归纳法和演绎法

(9) 集成测试是为了发现(　　)阶段的错误。
　　A. 编码　　B. 详细设计　　C. 概要设计　　D. 需求分析

(10) 确认测试是以(　　)为基础进行的测试。
　　A. 源程序　　B. 需求说明　　C. 设计说明　　D. 测试报告

(11) 在下列关于系统测试的叙述中,5个正确的叙述是(　　)。
- A. 为了使得系统容易测试,应该使用高级的程序设计语言编制程序
- B. 系统测试是一个程序的执行过程,目的是为了发现系统中隐藏的错误
- C. α测试是指软件开发公司组织内部人员模拟各类用户行为,对其即将面市的软件产品进行的测试
- D. 白盒测试仅与程序的内部结构有关,完全可以不考虑程序的功能要求
- E. 为了快速完成集成测试,采用一次性集成方式是适宜的
- F. 对一批模块进行测试,已发现的错误较多的模块中残留的错误将比其他模块少
- G. 好的测试用例应能证明软件是正确的
- H. 边界值分析法是取输入输出等价类的边界值作为测试用例

I. 等价类划分法考虑了各等价类之间取值的组合情况下可能的结果

　　J. 判定覆盖法可能查不出在判定中逻辑运算符使用有误时产生的错误

3. 简答题

（1）选择程序设计语言时应考虑哪些因素？

（2）系统测试的目标是什么？有哪些基本原则？

（3）黑盒测试与白盒测试有什么区别？各有哪些具体的测试方法？

（4）系统测试分成哪几个阶段？各阶段的任务是什么？

（5）非渐增式方法和渐增式方法有什么区别？

（6）α 测试和 β 测试有什么区别？

（7）使用等价类划分法进行测试有哪些步骤？

（8）测试的综合策略是什么？

（9）调试和测试有什么不同？它们各有什么用途？

（10）系统调试的原则有哪些？

4. 应用题

（1）如图 6-18 所示的程序有 4 条不同的路径。分别表示为 L1（a→c→e）、L2（a→b→d）、L3（a→b→e）和 L4（a→c→d）。由于覆盖测试的目标不同，逻辑覆盖方法可以分为语句覆盖、判定覆盖、条件覆盖、判定/条件覆盖、条件组合覆盖和路径覆盖。

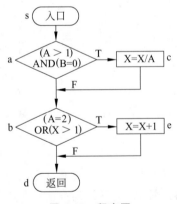

图 6-18　程序图

　　从备选的答案中选择适当的测试用例与之匹配：___A___ 属于语句覆盖；___B___、___C___ 属于判定覆盖；___D___、___E___ 属于条件覆盖；___F___、___G___ 属于判定/条件覆盖；___H___ 属于条件组合覆盖；___I___ 属于路径覆盖。

A～I 供选择的答案：

① (2，0，4)，(2，0，3)　（覆盖 a→c→e）
　(1，1，1)，(1，1，1)　（覆盖 a→b→d）

② (1，0，3)，(1，0，4)　（覆盖 a→b→e）
　(2，1，1)，(2，1，2)　（覆盖 a→b→e）

③ (2,0,4),(2,0,3)　（覆盖 a→c→e）
④ (2,1,1),(2,1,2)　（覆盖 a→b→e）
　 (3,0,3),(3,1,1)　（覆盖 a→c→d）
⑤ (2,0,4),(2,0,3)　（覆盖 a→c→e）
　 (1,0,1),(1,0,1)　（覆盖 a→b→d）
　 (2,1,1),(2,1,2)　（覆盖 a→b→e）
⑥ (2,0,4),(2,0,3)　（覆盖 a→c→e）
　 (1,1,1),(1,1,1)　（覆盖 a→b→d）
　 (1,1,2),(1,1,3)　（覆盖 a→b→e）
　 (3,0,3),(3,0,1)　（覆盖 a→c→d）
⑦ (2,0,4),(2,0,3)　（覆盖 a→c→e）
　 (1,1,1),(1,1,1)　（覆盖 a→b→d）
　 (1,0,3),(1,0,4)　（覆盖 a→b→e）
　 (2,1,1),(2,1,2)　（覆盖 a→b→e）

（2）在某 Pascal 语言版本中规定："标识符是由字母开头,后跟字母或数字的任意组合构成的字符串。有效字符数为 8 个,最大字符数为 80 个。"并且规定："标识符必须先说明,再使用。在同一说明语句中,标识符至少必须有一个。"请用等价类划分方法设计测试用例。

第7章 信息系统的运行与维护

7.1 信息系统的运行

经过前期的分析、设计与实施阶段后,系统已经开发完成,可以交给用户使用了,运行阶段应该是信息系统生命周期中时间最长的一个阶段。而系统能否发挥应有的作用,达到设计的目的,一方面取决于系统开发的质量,另一个更重要的方面是取决于对系统运行过程的管理。为了让信息系统长期高效地工作,必须加强对运行的日常管理工作。

7.1.1 运行的组织

为了发挥信息系统的核心作用,应将信息系统的运行纳入整个企业的管理工作中,建立相应的运行组织,明确组织中应包含的各类人员及其职能与任务。从信息系统在企业中的地位看,目前信息系统在企业中的组织形式主要有以下3种形式。

1. 分散平行式

分散平行式是一种传统的组织方式,计算机系统分散在各职能部门,各部门各自负责本部门的信息处理业务,信息管理部门为企业的某个业务单位所有。采用这种组织方式时需要进行统一规划,以有利于系统的标准化和规范化,减少各子系统在数据通信上的困难。这种方式一般和实际结合较好,但对数据的综合处理能力和支持决策能力较差,如果处理不当,容易造成信息孤岛,使得信息不能成为全企业的资源。采用这种组织方式,信息系统在企业中的地位较低。

2. 集中式

集中式是将所有的计算机系统集中在信息中心统一管理,信息中心与其他职能部门是平行的关系,各职能部门是信息中心的服务对象。采用这种集中管理的组织形式,充分强调了信息在企业中的重要作用,信息资源可为全企业共享,有利于信息共享和支持决策。但是,这种组织形式容易造成信息资源与职能部门脱节。因此要慎重处理信息部门与各业务部门的关系,保证企业信息渠道的畅通,使信息系统发挥作用。

3. 集中-分散式

集中-分散式是在计算机局域网络的基础上,在企业设置信息中心,而在各职能部门建立相应的子系统,各子系统与信息中心联网。它实际是前两种方式的结合,吸收了集中与分散管理的优点,又弥补了各自的不足,所以是一种较为理想的方式。但是,采用这种组织形式一定要加强信息资源的管理,否则容易造成信息资源分散化。

7.1.2 建立系统运行的规章制度

为保证系统能够正常、有效、安全地运行,必须建立系统的、完善的系统管理制度、系统操作制度和工作人员纪律。必要的管理规章制度可归纳为以下几个方面:

(1) 系统运行操作规程。
(2) 系统定期维护制度。
(3) 系统安全制度。
(4) 用户使用规范。
(5) 系统信息的安全保密制度。
(6) 系统修改规程。
(7) 系统日志的填写规定。

光有制度还不够,必须有制度的实施和监察手段,要对系统人员进行教育和督促,从思想和制度上保证各项规章制度的正常执行。

7.1.3 日常运行的管理

1. 系统运行情况记录

系统运行情况有正常、不正常和无法运行等,后两种情况应将所见的现象、发生的时间及可能的原因做尽量详细的记录。运行情况的记录对系统问题的分析与解决有重要的参考价值。由于该项工作较烦琐,在实际中往往会流于形式,因此一般应在系统中设置自动记录功能。同时,作为一种责任与制度,对于一些重要的运行情况及遇到的问题仍应强制做书面记录。

对系统运行情况记录工作应事先建立完善的规章制度,具体工作主要由使用人员完成。系统运行情况无论是自动记录还是人工记录,都应该作为基本的系统文档长期保管,以备系统维护时参考。

2. 系统运行的日常维护

日常维护是定时、定内容地重复进行的有关数据与硬件的维护以及突发事件的处理等。在数据或信息方面,需要给日常维护的内容建立备份、存档、整理及初始化等。大部分的日常维护应该由专门的软件来处理,但处理功能的选择与控制一般还是由使用人员或专业人员来完成。出于安全考虑,每天操作完毕后,都要对改动过的或新增加的数据做备份。数据正本与备份应分别存于不同的磁盘上或其他存储介质上。硬件方面的日常维护主要有各种设备的保养与安全管理、简易故障的诊断与排除、易耗品的更换与安装等。硬件的维护应由专人负责。

对于系统运行中的突发性事件,应由信息管理机构的专业人员处理,有时要由原系统开发人员或软硬件供应商来解决。对发生的现象、造成的损失、引发的原因及解决的方法等必须作详细的记录。

3. 系统的安全保密

系统的安全性已经成为信息时代最重要的话题,这里有必要再强调一下。信息系统的各种软硬件以及在系统运行过程中积累的大量信息是企业的宝贵财富和重要资源,软硬件的损坏或信息的泄露将给企业带来不可估量的损失,甚至危及企业的生存与发展。而随着信息系统规模的不断扩大以及 Internet 的不断普及与发展,信息系统的安全与保密显得日益重要。媒体经常报道的计算机病毒传播和计算机黑客犯罪等事件说明了加强信息系统安全与保密工作的必要性和紧迫性。

信息系统的安全性问题主要由以下几个原因导致:

(1) 自然现象或电源不正常引起的软硬件损坏与数据破坏。
(2) 操作失误引起的数据破坏。
(3) 病毒侵扰导致的软件与数据的破坏。
(4) 人为因素造成的对软硬件和数据的破坏。

为了维护信息系统的安全性与保密性,应该采取以下措施:

(1) 依照国家法规及用户单位的具体情况,制定信息系统安全与保密制度,深入宣传,提高每一位使用信息系统的人员的安全与保密意识。
(2) 配备齐全的安全设备,如稳压电源、空调、电源保护装置等。
(3) 制定信息系统损害恢复规程,以便在信息系统遭到损坏时采取各种恢复和补救措施。
(4) 设置切实可靠的系统访问机制,包括系统功能的选用与数据的读取权限、用户身份的确认、防火墙设置等。
(5) 定期查毒杀毒,隔离内部与外部数据。
(6) 完整地制作系统软件和应用软件的备份,作好数据的备份和备份的保管工作,敏感数据尽可能以隔离方式存放,由专人保管。

7.2 信息系统的维护

信息系统在实施阶段结束,就进入了系统运行与维护阶段。一般信息系统的使用寿命短则四五年,长则 10 年以上。在系统的整个使用寿命期间,都将伴随着系统维护工作的进行。所谓系统维护就是在系统已经交付使用之后,为了改正错误或满足新的需要而修改系统的过程。系统维护的最终目的是满足用户对已开发产品的性能与运行环境不断提高的要求,达到延长系统寿命的目的。

7.2.1 系统维护的基本概念

1. 系统维护的内容

系统维护面向的是系统中的各种构成因素,按照维护对象不同,系统维护的内容可分为以下 4 类。

(1) 程序的维护。在系统维护阶段,会有一部分程序需要改动。例如,根据运行记录,发现程序的错误,这时需要改正;随着用户对系统的熟悉,用户有更高的要求,部分程序需要改进;因为环境的变化,部分程序需要修改。

(2) 数据文件的维护。由于业务发生了变化,从而需要建立新文件,或者对现有文件的结构进行修改。

(3) 代码的维护。随着系统应用范围的扩大和应用环境的变化,系统中的各种代码都需要进行一定程度的增加、修改、删除,以及编写新的代码。

(4) 硬件的维护。包括计算机、网络及相关设备的日常管理和维护工作。一旦硬件发生故障,必须由专门的人员进行修理。

2. 系统维护的类型

依据信息系统需要维护的原因不同,系统维护工作可以分为改正性、适应性、完善性和预防性 4 种类型。

1) 改正性维护

改正性维护又叫纠错性维护。通常,在系统开发过程中所进行的测试都是不完全、不彻底的,系统测试不可能暴露出一个大型软件系统中所有潜藏的错误。这些潜藏的错误在某些特定的使用条件下就会暴露出来。用户将把他们遇到的问题报告给系统维护人员,要求解决。诊断和改正系统错误的过程被称为改正性维护。改正性维护的目的在于纠正在开发期间未能发现的遗留错误。改正性维护约占总维护量的 17%~21%。

2) 适应性维护

适应性维护是指使系统适应运行环境的改变而进行的一类维护。计算机科学技术领域的各个方面都在迅速进步,大约每过 36 个月就有新一代的硬件宣告出现,经常会推出新操作系统或已有系统的修改版本,时常增加或修改外部设备和其他系统部件;而应用系统软件的使用寿命却很容易超过 10 年,远远长于最初开发这个系统时的运行环境的寿命。因此,为了和变化了的环境适当地配合,必须进行适应性维护。适应性维护大约占整个维护的 18%~25%。

3) 完善性维护

在使用系统的过程中,用户往往提出增加新功能或改变某些已有功能的要求,还可能提出提高程序性能的要求。为了满足这类要求而修改系统的活动被称为完善性维护。有些专家建议,系统生存周期应改成"开发、改进、改进……"才更符合实际,改进的过程进行的就是完善性维护。在整个维护工作量中,完善性维护约占 50%~66%,居于第一位。

4) 预防性维护

为了提高系统未来的可维护性或可靠性,或为了给未来的改进工作奠定更好的基础而修改系统的活动被称为预防性维护。通常,把预防性维护定义为"把今天的方法学应用于昨天的系统以满足明天的需要"。也就是说,预防性维护就是采用先进的软件工程方法对需要维护的系统或系统中的某一部分主动地进行重新设计、编码和测试。这类维护约占总维护量的 4%。

从以上系统维护的内容可知:系统维护不仅仅是在运行过程中纠正系统的错误,系统维护工作量的一半左右是完善性维护。各类维护工作量所占比例的经验性估计如图 7-1 所示。在维护阶段的最初一两年,改正性维护的工作量往往比较大,随着在系统运行过程中错误发现率迅速降低并趋于稳定,就进入了正常使用期。但是,由于用户经常提出改造系统的要求,适应性维护和完善性维护的工作量逐渐增加,而且在这种维护过程中往往又会引入新的错误,从而进一步加大了维护的工作量。

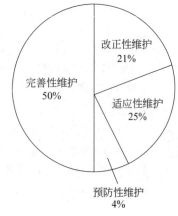

图 7-1 各类维护工作量所占的比例

3. 系统维护的特点

系统维护具有如下特点。

(1) 结构化维护与非结构化维护的差别很大。

采用软件工程方法论开发的应用软件除了提供程序代码以外,更重要的是文档。文档是影响软件可维护性的决定因素,由于长期使用的大型软件系统在维护过程中会经受多次修改,所以文档比程序代码更重要。有文档的系统维护称为结构化维护,没有文档的系统维护称为非结构化维护。结构化维护能减少精力的浪费,并能提高维护的总体质量。

(2) 维护的代价高昂。

系统维护的工作量很大。平均说来,大型系统的维护成本高达开发成本的 4 倍左右。目前国外许多系统开发组织把 60% 以上的人力用于维护已有的系统,而且,随着系统数量增多和系统使用寿命延长,这个比例还在持续增加。

维护费用只不过是系统维护的最明显的代价,未来可能还会有其他一些现在还不明显的代价更为人们所关心,具体如下:

(1) 由于资源(人力、设备)必须供维护任务使用,以致耽误甚至丧失了开发新系统的良机。

(2) 某些表面合理,但实际不能实现的维护请求将引起用户不满。

(3) 由于维护时的改动,在系统中引入了潜伏的故障,从而降低了系统的质量。

(4) 从开发小组中临时抽调工程师从事维护工作,影响了正在进行的系统开发。

4. 维护的工作困难

系统维护的困难性主要是由于系统需求分析和开发方法的缺陷造成的。系统生存

周期中的开发阶段没有严格而又科学的管理和规划,就会引起系统运行时的维护困难。这种困难表现在如下几个方面:

(1) 理解别人写的程序通常非常困难,而且在缺乏文档时,困难程度会迅速增加。如果仅有程序代码,而没有说明文档,则会出现严重的问题。一般程序员都有这样的体会,修改别人的程序,还不如自己重新编程序。

(2) 需要维护的系统往往没有合格的文档,或者文档资料明显不足。认识到系统必须有文档仅仅是第一步,容易理解并且和程序代码完全一致的文档才真正有价值。

(3) 文档不一致性是维护工作困难的又一因素。它会导致维护人员不知道根据什么进行修改。文档不一致表现在各种文档之间的不一致以及文档与程序之间的不一致两方面。文档不一致是由于开发过程中文档管理不严造成的。在开发中经常会出现修改了程序却遗忘了修改与其相关的文档,或某一文档做了修改,却没有修改与其相关的另一文档等现象。要消除文档不一致性,就要加强开发工作中的文档版本管理工作。

(4) 当要求对系统进行维护时,不能指望由开发人员提供帮助。如果系统维护工作是由系统的开发人员进行的,则维护工作就变得容易,因为他们熟悉系统的功能、结构等。但通常开发人员与维护人员是不同的,当需要维护系统时,往往原来编写程序的人已经难以找到了。

(5) 绝大多数系统在设计时没有考虑将来的修改。除非使用强调模块独立性的设计方法论,否则修改系统既困难又容易发生差错。

(6) 系统维护不是一项吸引人的工作。因为维护工作经常遭受挫折,不像开发软件那样具有成就感。

上述种种问题在现有的没有采用软件工程思想开发出来的系统中都或多或少地存在着。虽然采用软件工程思想开发软件,并不能解决与维护有关的所有问题,但是至少能部分地解决与维护有关的问题。

7.2.2 系统维护工作量的估算和影响因素

1. 系统维护工作量的估算

系统维护工作量分为生产性活动(用于分析与评价、修改设计和代码等)和非生产性活动(用于理解代码功能、解释数据结构、接口特征与性能约束等)两类。下面给出维护工作量的一种估算模型:

$$M = P + K \cdot \exp(c - d)$$

其中:
- M 为维护所用总工作量。
- P 为生产性工作量。
- K 为经验常数。
- c 为复杂度,非结构化设计及缺少文档都会增加系统的复杂度。
- d 为对维护系统的熟悉程度。

上面的模型表明,如果系统的开发途径不好(即没有采用软件工程思想),而且原来的开发人员不能参加维护工作,那么维护工作量(和费用)将急剧增加。

2. 影响系统维护工作量的因素

影响系统维护工作量的因素有以下 6 种。

(1) 系统的大小。系统越大,理解和掌握起来越困难;系统越大,执行的功能越复杂。因而需要的维护工作量越大。

(2) 程序设计的语言。语言的功能越强,生成程序所需的指令数就越少;语言的功能越弱,实现同样功能所需的语句就越多,程序就越大。有许多系统是用较老的程序设计语言编写的,其程序逻辑复杂而混乱,且没有做到模块化和结构化,直接影响到程序的可读性。

(3) 系统的年龄。老系统随着不断的修改,结构越来越乱。由于维护人员经常更换,程序会变得越来越难于理解。而且许多老系统在当初并未按照软件工程思想开发,因而没有文档,或文档太少,或在长期的维护过程中文档在许多地方与程序实现变得不一致,这样在维护时就会遇到很大困难。

(4) 数据库技术的应用。使用数据库,可以简单而有效地管理和存储用户程序中的数据,还可以减少对生成用户报表应用系统的维护工作量。

(5) 先进的系统开发技术。在系统开发时,若使用能使系统结构比较稳定的分析与设计技术以及程序设计技术,如面向对象技术、复用技术等,可减少大量的系统维护工作量。

(6) 其他因素。例如,应用的类型、数学模型、任务的难度、开关与标记、IF 嵌套深度、索引或下标数等,对维护工作量都有影响。

7.2.3 系统维护的策略

不同的维护工作可以采取不同的维护策略,针对改正性维护、适应性维护、完善性维护这 3 种典型的维护活动,詹姆斯·马丁(James Martin)等人提出了一些可以减少维护成本的策略。

1. 降低改正性维护成本的策略

如果系统中包含的错误越少,改正性维护的成本也就越低,但是,要生成 100% 可靠的系统通常成本太高,并不一定合算。通过使用先进技术也可以大大提高系统的可靠性,从而减少改正性维护的需求。这些技术包括数据库管理系统、系统开发环境、程序自动生成系统、较高级(第 4 代)的语言,应用以上 4 种方法可产生更加可靠的代码。此外还可考虑实施以下方法:

(1) 利用应用软件包,可开发出比用户完全自己开发的系统可靠性更高的系统。

(2) 采用结构化技术开发的系统易于理解和测试。

(3) 使用防错性程序设计,把自检能力引入程序,通过非正式状态的检查,提供审查跟踪功能。

(4) 通过周期性维护审查,在形成维护问题之前就可确定质量缺陷。

2. 降低适应性维护成本的策略

适应性维护是必然要进行的,但是采取适当的策略仍然能降低这类维护的成本。

(1) 在进行配置管理时,把硬件、操作系统和其他有关环境因素的可能变化尽可能考虑在内,可以减少某些适应性维护的工作量。

(2) 把与硬件、操作系统以及其他外围设备有关的程序归到特定的程序模块中,可把因环境变化而必须修改的程序局限于某些程序模块之中。

(3) 使用内部程序列表、外部文件以及处理的例行程序包,可为维护时修改程序提供方便。

3. 降低完善性维护成本的策略

利用前两类维护中列举的方法,通常也能降低完善性维护的成本。特别是数据库管理系统、程序生成器、应用软件包,可明显减少完善性维护工作量。

此外,可建立系统的原型,在实际系统开发之前把它提供给用户。用户通过研究原型,进一步完善它们的功能需求,可以大大减少以后完善性维护的需求。

7.2.4 系统维护任务的实施

系统维护的过程本质上是修改和压缩了的系统分析和开发过程,要进行系统维护,首先必须建立一个维护组织,再按照如下流程进行:

(1) 提交维护申请表。
(2) 审查维护申请表并批准。
(3) 进行维护并做详细记录。
(4) 复审。

下面具体来了解一下系统维护任务中的各个内容。

1. 维护组织

维护是软件开发公司的责任,虽然通常并不需要建立正式的维护组织,但是,即使对于一个小的软件开发团队而言,非正式的委托责任也是必须承担的。软件开发公司根据自己规模的大小,可以确定一名高级管理人员担任维护管理员,建立由高级管理人员和专业人员组成的变化授权机构。由用户或系统分析员提出维护请求,通过维护管理员转交给系统管理员进行评价。系统管理员是对程序(某一部分)熟悉的技术人员,他们对申请及可能引起的系统修改进行评估,并向变化授权机构报告,最后由变化授权机构决定是否进行系统维护。维护活动完成后,必须在系统管理员和维护管理员的参与下进行评审,只有维护有效性得到确认,才能交给用户投入运行。在维护活动开展之前,明确有关人员的责任,会提高维护效率,减少维护过程的混乱。图 7-2 描绘了上述的维护组织结构。

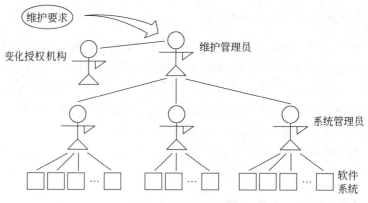

图 7-2 维护组织结构

2. 维护申请表

用户应该用标准化的格式表达所有系统维护要求。系统维护人员通常向用户提供空白的维护申请表,它有时被称为系统问题报告表,这个申请表由要求维护系统的用户填写。如果遇到了错误,必须完整描述出现错误的环境(包括输入数据、全部输出数据,以及其他有关信息)。对于适应性或完善性的维护要求,应该提出一个简短的需求说明书,由维护管理员和系统管理员评价用户提交的维护申请表。

维护申请表是用户提出的外部文档,是计划维护活动的基础。软件维护组织内部还应该制定一个系统修改报告,给出下述信息:

(1) 维护申请表中提出的要求所需要的工作量。
(2) 维护要求的性质。
(3) 维护要求的优先次序。
(4) 预期修改以后的系统状况。

在拟定进一步的维护计划之前,把系统修改报告提交给变化授权机构审查批准。

3. 维护过程

图 7-3 是一个维护过程模型,它描绘了由一个维护要求引起的事件流。一个维护要求被提出之后,经评审认定需要维护,则按此过程实施维护。从图 7-3 中描述的模型来看,可将维护的过程归纳如下。

(1) 明确维护的类型。在很多情况下,用户可能将一项维护看作改正性维护,而开发人员则可能将这项维护看作适应性维护或完善性维护。当存在不同意见时应该协商解决。

(2) 对改正性维护,从评价错误的严重性开始。如果存在一个严重的错误,例如一个系统的重要功能不能执行,则由管理者组织有关人员立即开始分析问题。如果错误并不严重,则改正性维护与系统其他任务一起统一安排,按计划进行维护工作。

(3) 对适应性和完善性的维护请求按照相同的事件流推进。先确定每项请求的优先次序,安排工作时间。如果某项维护请求的优先次序非常高,就可立即开始维护工作;否

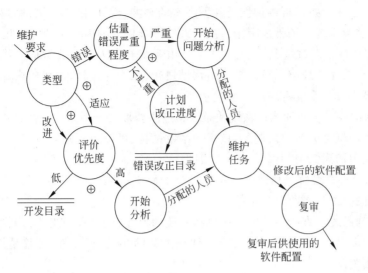

图 7-3　维护阶段的事件流

则就同其他开发任务一起统一安排工作时间。

(4) 实施维护任务。不管维护类型如何,大体上要开展的技术工作相同。这些工作包括修改系统设计、必要的代码修改、单元测试、集成测试、确认测试以及复审,每种维护类型的侧重点不一样。

(5) "救火"维护。当系统发生恶性问题时,就出现被称为"救火"的维护请求。这时,应立即启用所有资源解决这个系统问题。如果对于一个组织,"救火"是常见的过程,那么必须从它的管理能力和技术能力方面查找问题根源。

4. 维护的复审

在维护任务完成后,要对维护任务进行复审。进行复审时要回答下列问题:

(1) 给出当前情况,即设计、代码和测试的哪些方面已经完成?
(2) 各种维护资源已经用了哪些?还有哪些未用?
(3) 对于这个工作,主要的、次要的障碍是什么?

复审对维护工作能否顺利进行有重大影响,对一个软件机构来说也是有效的管理工作的一部分。

7.2.5 系统的可维护性

系统可维护性是一个关于系统维护难易程度的定性概念。系统可维护性可以定义为维护人员理解、改正、改动和改进系统的难易程度。

1. 影响系统可维护性的因素

系统开发工作应该严格按照软件工程要求,遵循特定的软件标准或者规范进行。可维护性是所有系统都努力追求的基本特性。提高可维护性是软件工程每一步骤要求实现的关键目标之一。系统可维护性受各种因素的影响,设计、编码和测试时粗心,软件配置不齐全,都会给系统维护带来困难。决定系统可维护性的因素包括以下几个方面。

(1) 可理解性。多数情况下,维护并不是由系统开发人员来完成的。维护人员在进行系统维护前,首先要理解系统。系统结构模块化、结构化设计,源代码内部的文档和选择适当的高级语言对系统可理解性至关重要。

(2) 可测试性。诊断和测试系统的难易程度主要取决于系统的可测试性。良好的文档对于测试和调试至关重要。此外,良好的系统结构、可以得到的测试工具、调试工具以及原来测试使用的测试用例都是十分宝贵的。

(3) 可修改性。系统可修改性与系统设计的原则(耦合、内聚、局部化、控制域、作用域等)密切相关。

此外,影响系统可维护性的因素还包括系统的可靠性、可移植性、可用性和效率。其中,可理解性、可测试性、可修改性与改正性维护活动相关,可靠性、可移植性、可用性与适应性维护相关。

2. 提高系统可维护性的方法

为提高系统的可维护性,可以从以下几个方面考虑。

1) 建立系统质量目标和优先级

在系统开发过程中,要全面实现前述 7 项指标,可能需要付出极大的代价。其中有些指标是相互依存的,如可理解性与可测试性、可修改性;但有些指标是相互抵触的,如效率和可理解性、效率和可移植性等。可维护性各项指标的相对重要性随程序系统的应用领域和运行环境不同而有所差异。例如,对于通信系统的支持软件可能要求可靠性与效率;对于管理信息系统则可能强调可用性和可修改性。所以应该根据用户需求和运行支持环境规定系统可维护性各项指标的优先级。这对于提高系统整体质量、降低系统维护费用有极大影响。

2) 使用提高系统质量的技术和工具

在系统设计和实现过程中采用程序系统模块和程序设计结构技术是获得良好系统结构、提高系统可理解性、保证系统可维护性的基本要求。

3) 系统审查

为保证系统的可维护性,有 4 种类型的系统审查。

(1) 在检查点进行复审。为了保证系统质量,在系统开发的最初阶段就应考虑系统的质量要求,并在开发过程的每个阶段设置检查点进行检查。

(2) 验收检查。这是系统交付之前的最后一次检查,是系统投入运行之前保证可维护性的最后机会。

(3) 周期性维护审查。在系统运行期应该定期检查系统的运行情况,跟踪系统质量变化。

(4) 对软件包的检查。软件包是一种标准化的商品软件,其开发商通常不提供源代码和程序文档,因此系统维护人员应该仔细分析、研究与软件包配套的用户手册、操作手册、培训教程、版本说明、环境要求以及承诺的技术支持,在此基础上编制软件包的检验程序,以确定软件包所实现的功能是否与用户要求和条件一致。

4) 程序设计语言的选择

系统的实现语言对于程序的可维护性影响很大。低级语言程序难于理解,当然也难以维护;高级语言程序具有较好的可维护性,不同的高级语言具有不同的特点,可理解性也不同。第4代语言,例如数据库查询语言、图形语言、报表生成器等都具有非过程化特征,程序开发人员只要描述实现的任务,低层算法与代码由系统自动实现,因此编制的程序容易理解和修改,从维护角度看,第4代语言程序更容易维护。

5) 文档

文档包括程序文档、用户文档、操作文档、数据文档和历史文档等。

(1) 程序文档。包括源代码的注释、设计文档、系统流程图、程序流程图和交叉引用表等。程序文档是对程序功能、程序各组成部分之间的关系、程序设计策略和程序实现过程的历史数据等的说明和补充。程序文档对提高程序的可阅读性有重要作用。

(2) 用户文档。提供用户如何使用程序的命令和指示,通常是指用户手册。更好的用户文档是联机的,用户在终端就可以阅读它,这给没有经验的用户提供了必要的帮助和引导。

(3) 操作文档。指导用户如何运行程序,包括操作员手册、运行记录和备用文件目录等。

(4) 数据文档。是程序数据部分的说明,它由数据模型和数据词典组成。数据模型表示数据内部结构和数据各部分之间的功能依赖性,通常用图形表示。数据词典列出了程序中使用的全部数据项,包括数据项的定义、数据项的使用以及在什么地方使用。

(5) 历史文档。用于记录程序开发和维护的历史,在系统维护阶段,利用历史文档,可以大大简化维护工作。历史文档有3类,即系统开发日志、出错历史和系统维护日志。

习 题 7

1. 名词解释

系统维护、系统可维护性

2. 选择题

(1) 为了识别和纠正运行中的程序的错误而进行的维护被称为(　　)。
  A. 改正性维护 B. 适应性维护 C. 完善性维护 D. 预防性维护

(2) 维护困难的主要原因是(　　)。
  A. 人员少   B. 开发方法的欠缺
  C. 费用少   D. 系统维护有副作用

(3) 系统维护的最后一项工作是(　　)。
  A. 提出维护申请 B. 复审 C. 编制修改报告 D. 系统修改

(4) 下面有关系统维护的叙述中不准确的有(　　)。

A. 要维护一个系统，必须首先理解这个系统
B. 阅读别人写的程序并不困难
C. 如果文档不齐全，也可以维护一个系统
D. 谁编写的系统软件，就应由谁来维护这个软件
E. 设计系统时就应考虑到将来的可修改性
F. 维护系统是一件很吸引人的创造性工作
G. 维护系统就是改正系统中的错误
H. 维护好一个系统是一件很难的事情

3. 简答题

(1) 常见的信息系统运行的组织形式有哪些？
(2) 系统运行应建立哪些方面的规章制度？
(3) 可以采取哪些措施来提高信息系统的安全性与保密性？
(4) 系统维护有哪些类型？
(5) 影响系统维护工作量的因素有哪些？
(6) 系统维护的策略有哪些？
(7) 简述系统维护的过程。
(8) 系统的可维护性与哪些因素有关？在系统开发过程中应采取哪些措施提高系统的可维护性？

第8章

面向对象的信息系统开发基础

面向对象（Object-Oriented，OO）的思想起源于20世纪60年代由挪威计算中心开发的Simula 67语言，1972年发布的Smalltalk 72首次提出"面向对象"的概念。面向对象开发方法是20世纪80年代发展起来的系统开发方法。首先出现了面向对象的编程语言，在此基础上，发展出了面向对象分析（Object-Oriented Analysis，OOA）、面向对象设计（Object-Oriented Design，OOD）、面向对象编程（Object-Oriented Programming，OOP）、面向对象测试（Object-Oriented Testing，OOT）等与软件生命周期相一致的整套方法，并共同构成了面向对象开发方法。

下面从面向对象的基本概念开始，了解整个面向对象的开发过程与方法，并引入用来描述面向对象开发的统一建模语言（Unified Modeling Language，UML）。为了方便读者阅读，在讲述面向对象概念的同时也介绍一些基本的UML表示法。

8.1 面向对象方法概论

8.1.1 面向对象的含义及基本思想

什么是面向对象？软件工程学家寇得（Coad）和尤顿（Yourdon）给出了一个简单定义：

$$OO = Objects + Classes + Inheritance + Communication\ with\ Messages$$

也就是说，面向对象就是既使用对象又使用类和继承等机制，而且对象之间仅能通过传递消息实现彼此通信。

面向对象方法解决问题的思路是：从现实世界中的客观对象入手，尽量运用人类的自然思维方式从不同的抽象层次和方面来构造软件系统，这与传统开发方法构造系统的思想是不一样的。下面具体阐述面向对象方法的基本思想。

（1）面向对象方法以对象为中心，认为客观世界是由各种对象组成的，任何事物都是对象，复杂的对象可以由比较简单的对象以某种方式组合而成。

（2）通过抽象对事物进行分类，把具有相同属性和相同操作的对象归为一类，每个对象是它的类的一个实例。对象是由属性和操作方法组成的，其属性反映了对象的数据信息特征，而操作方法则用来定义改变对象属性状态的各种操作方式。

(3) 对象具有封装的特征。对象把它的属性和操作结合在一起，成为一个独立的、不可分的实体，并对外屏蔽它的内部细节，在系统开发中可被共享和重复引用，达到软件重用的目的。

(4) 类可以派生子类，借助类的层次结构，子类可以通过继承机制获得其父类的特征，也可以有自己的特性。

(5) 对象之间的联系通过消息传递机制来实现，而消息传递的方式是通过消息传递模式和方法所定义的操作过程来完成的。

8.1.2 面向对象方法的发展及现状

面向对象方法的发展分为 3 个阶段：雏形阶段、完善阶段和繁荣阶段。

1. 雏形阶段

20 世纪 60 年代挪威计算中心开发的 Simula 67 首先引入了类的概念和继承机制，它是面向对象语言的先驱。该语言的诞生是面向对象方法发展史上的第一个里程碑。20 世纪 70 年代的 CLU、并发 Pascal、Ada 和 Modula-2 等语言对抽象数据类型理论的发展起到了重要作用，它们支持数据与操作的封装。犹他大学的博士生 Alan Kay 设计了一个实验性的语言——Flex，该语言从 Simula 67 中借鉴了许多概念，如类、对象和继承等。1972 年，Palo Alno 研究中心(PARC)发布了 Smalltalk-72，其中正式使用了"面向对象"这个术语。Smalltalk-72 的问世标志着面向对象程序设计方法的正式形成，但是这个时期的 Smalltalk 语言还不够完善。

2. 完善阶段

PARC 先后发布了 Smalltalk-72、Smalltalk-76、Smalltalk-78 等版本，直至 1981 年推出了该语言最完善的版本——Smalltalk-80。Smalltalk-80 的问世被认为是面向对象方法发展史上最重要的里程碑。今天绝大部分面向对象的基本概念及其支持机制在 Smalltalk-80 中都已具备，它是第一个完善的、能够实际应用的面向对象语言。但是 Smalltalk 的应用并不广泛，其原因如下：

(1) 其追求纯面向对象的宗旨使得许多软件开发人员感到不便。

(2) 一种新的软件开发方法被广泛接受需要一定的时间。

(3) 针对该语言的商业化软件开发工作到 1987 年才开始进行。

3. 繁荣阶段

从 20 世纪 80 年代中期到 90 年代，是面向对象语言走向繁荣的阶段。其主要表现是大批比较实用的面向对象编程语言的涌现，例如 C++、Objective-C、Object Pascal、CLOS (Common Lisp Object System)、Eiffel 和 Actor 等。这些面向对象的编程语言分为纯面向对象语言和混合型面向对象语言。混合型面向对象语言是在传统的过程式语言基础上增加了面向对象语言成分形成的，在实用性方面具有更大的优势。此时的纯面向对象语言也比较重视实用性。现在，在面向对象编程方面，普遍采用语言、类库和可视化编程环境相结合的方法,如 Visual C++、JBuilder 和 Delphi 等。面向对象方法也从编程延伸到设计、分析,进而延伸到整个软件生命周期。

到 20 世纪 90 年代,面向对象的分析与设计方法已多达数十种,这些方法各有所长。目前统一建模语言(Unified Modeling Language,UML)已成为世界性的建模语言,适用于多种开发方法。UML 作为面向对象的建模语言,不但在软件产业界获得了普遍支持,在学术界影响也很大。在面向对象的过程指导方面,目前还没有发布国际规范。当前较为流行的用于面向对象软件开发的过程指导有"统一软件开发过程"(有人称为 RUP)和国内的青鸟面向对象软件开发过程指导等。

当前,面向对象方法几乎覆盖了计算机软件领域的所有分支。例如,已经出现了面向对象的编程语言、面向对象的分析、面向对象的设计、面向对象的测试、面向对象的维护、面向对象的图形用户界面、面向对象的数据库、面向对象的数据结构、面向对象的智能程序设计、面向对象的软件开发环境和面向对象的体系结构等。此外,许多新领域都以面向对象理论为基础或作为主要技术,如面向对象的软件体系结构、领域工程、智能代理(Agent)、基于构件的软件工程和面向服务的软件开发等。

8.1.3 面向对象的基本概念

在面向对象的世界中,对象(object)、类(class)和关系(relationship)是最重要的 3 个概念,也是构建整个面向对象开发方法的 3 个最基本的概念。

1. 对象与类

1) 对象的概念

世界是由各种各样的对象构成的,这个世界客观存在的一切事物都是对象,例如日常生活中的一个人、一本书、一片树叶,还有大到宇宙、小到原子的事物,这些是能看得见或摸得着的有形事物,它们都是对象;另外,某个时刻、一项任务、一种思想等,这些是看不到的,但是可以感受到真实存在的事物,它们也是对象;甚至人们想象出来的虚拟的事物,如一个游戏人物,也可以是对象。

如何区分不同的对象呢?通过进一步分析对象,可以发现对象具有两方面的特性:表示事物静态特征的属性和表示事物动态行为的操作。例如:一个人有姓名、性别、身高、体重、血型等静态特征,称为对象的属性;而一个人会走路、吃饭、跳舞等,这些动态行为称为对象的操作。正是通过静态属性的内容不同或者通过动态行为的表现差异来区分两个不同的对象。

对象实现了数据和操作的结合,使数据和操作封装于对象的统一体中。一个对象通常由对象名、属性和操作 3 部分组成。在现实世界中,每个实体都是对象,如学生、汽车、电视机、空调、计数器等。每个对象都有它的属性和操作。对于电视机,对象名是某个电视机名,其属性有型号、尺寸、清晰度、响应速度、分辨率、输入输出接口、价格等,操作包括开机、关机、选台、设置等。

因此,可以这样来定义对象:对象是系统中用来描述客观事物的一个实体,由一组属性和施加于这组属性的一组操作构成,它是构成系统的一个基本单位。

2) 类的概念

人们认识世界,总会将众多具有相同属性和操作的对象归于一类,这也是人类认知世界的一种行之有效而且很常用的基本方法之一。在面向对象开发方法中,类的概念就是这种人类认识世界基本技能运用的具体体现。类是具有相同属性和操作的一组对象的集合,它为属于该类的全部对象提供了统一的抽象描述,它由一个类名、一组属性和一组操作构成。例如,"张三""李四"这些对象可以归入"人"这个类;"信息系统分析与设计""会计学原理"这些对象可以归入"课程"这个类。同时类也是构造对象实例的模板,需要被先定义出来,就像要生产一个机械零件,需要有相应的模具一样,类就像生产零件对象的模具。

类是有层次的。举一个通俗的例子:"虎""狼""豹""狮"等属于一个共同的类——"食肉动物","马""牛""羊""兔"等属于一个共同的类——"食草动物",而"食肉动物"和"食草动物"等都属于一个共同的类——"动物"。在面向对象的方法中,可以向上归类,也可向下分类。自下而上对现有类的共同性质进行抽象,体现了人们的归纳思维能力,称为泛化;自上而下把现有类划分为更具体的子类,体现了人们的演绎思维能力,称为细化。

类和对象的关系就像集合与元素,对象是类的实例。一个类的所有对象具有相同的属性,是指所有对象的属性的个数、名称、数据类型都相同,各个对象的属性值则可以互不相同,并且随着程序的执行而变化;至于操作,对于一个类的所有对象都是一样的,即所有的对象共同使用它们的类定义中给出的操作。

3) 对象与类的表示法

在 UML 中,通常用一个划分成 3 格的矩形表示类,在最上面的格中写类名,在中间的格中写属性列表,在最下面的格中写操作列表,每个属性和操作都各占一行,如图 8-1 所示。因为对象是类的实例,一个类的各个对象所拥有的操作都是相同的,所以对于对象只需要给出对象名和属性列表,如图 8-2 所示。若不想给出类的属性或操作,或不想给出对象的属性,可不画出相应的格。省略了对象名的对象(即仅给出":类名"的对象)为匿名对象,它代表类的任何一个对象实例;若要指明类和对象的角色,可在类名或对象名后面加上"[角色名]",如图 8-3 所示。

图 8-1 表示一般类的符号

图 8-2 表示对象的符号

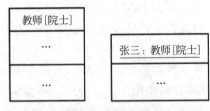

图 8-3 带有角色的类和对象的符号示例

2. 关系

这个世界的任何对象都不是孤立存在的,它们相互联系,相互作用。在面向对象开发方法中，对象之间众多的关系被归纳成 4 种基本的关系：关联、泛化、依赖、实现，并从这 4 种关系演化出更多、更丰富的关系。

关联关系表示两个对象之间存在拥有和属于的关系，例如"一个人"和"一套住房"、"一名作者"和"一本书"。关联的 UML 表示如图 8-4 所示。在 UML 中，两个关联的类之间用实线连接，就表示两个类之间存在关联关系。

泛化关系表示两个对象之间存在包含与被包含的关系。例如"一本小说"和"一本书"、"一项紧急任务"和"一项任务"、"一个非洲人"和"一个人"，前者被包含在后者的范围之内，可以通过判断"一本小说是一本书"的说法是否成立，来确定两个对象之间是不是存在泛化关系，这在面向对象编程中称为继承。泛化的 UML 表示如图 8-5 所示。在 UML 中，用带有空心三角形箭头的线从子类（派生类）指向父类，以表示两个类之间的泛化关系。

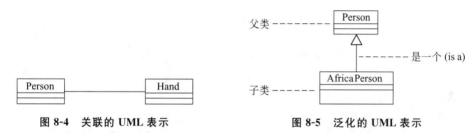

图 8-4　关联的 UML 表示　　　　图 8-5　泛化的 UML 表示

依赖关系表示一个对象的改变会引起另一个对象的改变。依赖关系是一种普遍存在的关系，可以说正是由于各个对象之间的依赖关系，才能让世界正常运转起来。在 UML 中，用带有箭头的虚线指向依赖的类，以表示两个类之间的依赖关系。依赖的 UML 表示如图 8-6 所示。

实现关系表示一个具体的对象帮助一个抽象的对象完成其行为操作的关系。例如，契约是写在纸上的东西，它的切实履行还需要人们按照契约规定完成具体的工作。在 UML 中，用一根带有空心三角形箭头的虚线指向被实现的抽象类（接口）来表示实现关系。实现的 UML 表示如图 8-7 所示。

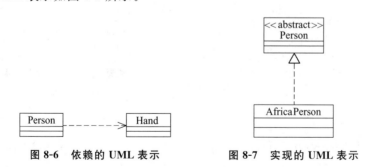

图 8-6　依赖的 UML 表示　　　　图 8-7　实现的 UML 表示

8.1.4　面向对象的基本特征

面向对象方法具有抽象（abstract）、封装（encapsulation）、消息（message）、继承（inheritance）和多态（polymorphism）等基本特征，下面进行具体介绍。

1. 抽象

抽象是指将世界上的事物表述成类的概念，即对象的静态属性可以被抽象成类的属性定义，对象的动态行为可以被抽象成类的操作定义。从面向对象方法的角度看，一切事物都是有属性和操作的对象，这些对象同时又可以分门别类。

概括起来，抽象包括如下两层含义。

(1) 将对象抽象为类。

例如，可以将"张强""王勇""赵武"等一个个具体的人抽象成 Person 类，如图 8-8 所示。

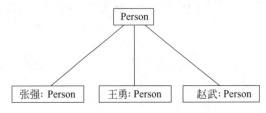

图 8-8 具体的对象被抽象成类

(2) 抽象出类的属性和行为。

类可以抽象出静态属性和动态行为。例如，Person 类具有 Name、Gender、Age 等属性，并且具有 Eat()、Dance()、Run() 等行为，其 UML 表示如图 8-9 所示。

在抽象类的属性和行为的时候，不能赋予不属于这个类的属性和行为，例如，图 8-10 所示的 Student 类代表所有的学生对象，但是它还定义了 ClassName（所在班级名）属性和 AddClass()（增加班级）的行为。很显然，ClassName 应该作为 Class（班级）类的属性，AddClass() 则应该作为 Class 类的行为。

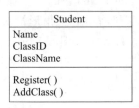

图 8-9 类的属性和行为的 UML 表示　　图 8-10 类的属性和操作定义不当的例子

2. 封装

对于世界上的事物，人们可以观察到它们的行为动作，或通过它们提供的某些"接口"来操纵它们，但是一般是不知道它们是如何"工作"的。例如一辆小汽车，可以通过启动点火开关、挂挡、踩油门、踩刹车等操作来完成驾驶操作，但是汽车的驾驶者并不需要知道这辆小汽车点火、驱动、减速的具体工作原理，如图 8-11 所示。

因此，将对象的操作包装成只有名称、参数、返回值，而不向使用者提供实现该操作的具体行为细节和操作过程，称为封装。封装是面向对象技术必须提供的一种机制，它

图 8-11　汽车内部工作的细节被封装成外部的操作

有两个作用：一方面,使对象以外的部分不能随意存取对象的内部数据(属性),从而有效地避免了外部错误对对象的影响;另一方面,当对象的内部需要修改时,由于对象只是通过少量的服务接口对外提供服务,也可减少对外部的影响。

3. 消息

消息是指对象之间传送的通信信息,是访问类中所定义的行为的手段。当一个消息发送给某一个对象时,即要求该对象产生某些行为,这些行为包含在发送的消息中;对象接收到消息后,给予解释并产生响应。这种通信过程称为消息传递。

原则上,对象之间只能通过消息进行通信,而不允许在对象外部直接访问它内部的属性,这是由封装原则所决定的。

消息必须直接发给特定的对象,消息中包含所请求的服务的必要信息,且遵守规定的通信规格说明。一条消息的规格说明至少包括消息名、入口参数和可能的返回参数。一个对象可以是消息的发送者,也可以是消息的接收者,还可以作为消息中的参数。

消息通常分为 3 类：报告消息、询问消息和操作消息。报告消息是对象向外报告自己的状态,可以比作应聘者向招聘者报告自己的简历;询问消息是请求一个对象需说明的某些信息,可以比作招聘者要求应聘者详细说明其特长和爱好等;操作消息是要求一个对象或系统环境本身完成的某些具体的操作,可以比作某单位人力资源部负责人要求工作人员按招聘条件去招聘急需人才。

4. 继承

对事物的分类是有层次的,总存在一个分类包含了另一个或若干个分类的情况。一个类被包含在另一个类中,就是继承。例如,"人"类和"猩猩"类都包含在"动物"类中,"树木"类和"小草"类都包含在"植物"类中,而"动物"类和"植物"类又都包含在"生物"类中。可以使用 UML 图形表示这种继承关系,如图 8-12 所示。

在整个继承关系中,"动物"类和"植物"类既是下属子类的父类,同时又是"生物"类的子类,由继承关系联系起来的所有类形成了一个类族。

实际上,继承的特征是反映在类之间的泛化关系上的。继承简化了人们认识世界的过程,并且使人们对世界形成了系统而有联系的看法。从代码角度看,通过继承可以实现对代码的复用,因为,子类在继承父类之后会吸收父类的属性与操作,从而无须对父类拥有的属性与操作在子类中重复定义。

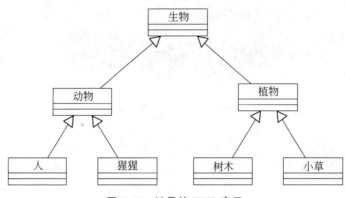

图 8-12　继承的 UML 表示

5. 多态

同一条消息被不同的对象接收时可能产生完全不同的行为,这就是多态。多态支持"同一接口,多种方法"的面向对象原则,使高层代码只写一次即可在低层多次复用。

实际上,在现实生活中可以看到许多多态的例子。例如,学校发布一条消息:8月25日新学期开学。不同的对象接收到该消息后会作出不同的反应:学生要准备好开学上课的必需物品;教师要备好课;教室管理员要打扫干净教室,准备好教学设备和仪器;宿舍管理员要整理好宿舍;等等。这就是多态。可以设想,如果没有多态,那么学校就要分别给学生、教师、教室管理员和宿舍管理员等不同对象分别发开学通知,分别告知需要做的具体工作,这是一件非常复杂的事情。有了多态,学校在发消息时不必一一考虑各类人员的特点而不断发送各种消息,只需要发一条消息,各类人员就可以根据学校事先安排好的工作机制有条不紊地工作。

从编程角度来看,多态有助于提高软件的可重用性和可扩充性。编程人员利用多态,只需少量修改甚至不修改原来的代码,即可轻松加入新的功能,使代码更加健壮,更易于维护。

8.1.5　面向对象方法的优势

面向对象方法具有以下优势。

(1) 使系统更易于建模与理解。

从问题域中的实际事物出发来构造系统模型,使系统模型能直接地映射问题域;继承、封装、聚合等概念使系统的复杂性得到有效的控制,对问题域的复杂性具有较强的适应能力。

(2) 提供了便于各类相关人员交流的共同语言。

面向对象的开发方法以对象为核心,对象之间通过传递消息互相联系,以模拟现实世界中不同事物彼此之间的联系。用这种技术开发出来的软件系统由对象组成,这种开发方法使用与问题域一致的概念及术语,与人类习惯的思维方式一致,为促进各类人员之间的交流提供了最基本的条件。

(3) 具有较强的适应性和较好的稳定性。

通过封装把系统中最容易变化的因素封闭起来,系统的各个单元成分之间接口很少,把需求变化所引起的影响局部化。当系统的功能需求发生变化时,往往只需要做一些局部的修改。

(4) 可重用性好,有助于提高软件的质量和生产率。

面向对象方法的封装、继承、聚合等原则的运用,对象的完整性、独立性以及与问题域的良好对应,使得面向对象方法非常有利于软件复用。

在面向对象的开发方法中,重用一个对象的类有两种方法:一种是创建该类的实例,从而直接使用它;另一种是从它派生出一个满足当前需要的新类。继承机制使得子类不仅可以重用其父类的数据结构和程序代码,而且可以在父类代码的基础上方便地修改和扩充,这种修改并不影响对原有类的使用。

(5) 具有贯穿软件生命周期全过程的一致性,有利于开发大型软件产品。

从面向对象分析开始使用与问题域一致的概念、词汇、原则及表示法,这种一致性保持到设计、编程、测试、维护等各个阶段,对于整个软件生命周期的开发、维护及管理活动都具有重要的意义。用面向对象的开发方法可以把大系统分解成相对独立的小产品来处理,使软件系统可以降低开发成本和提高质量,可维护性和稳定性好,比较容易修改和理解,易于测试和调试。

那么在软件系统开发时是否应该放弃传统的软件开发方法而选择面向对象的开发方法呢?其实,从执行效率来说,结构化方法比面向对象方法产生的可执行代码更直接,效率更高。所以,对于一些嵌入式系统,结构化方法产生的系统更小,运行效率更高。从掌握难度来看,面向对象方法比结构化方法复杂,不仅内容广、概念多,而且很多概念难以理解,一般要经过长期的开发实践才能很好地理解、掌握。从应用范围看,结构化方法适用于数据少而操作多的问题。实践证明,对于像操作系统这样的以功能为主的系统,结构化方法比较适合;而对于数据库系统、信息管理系统等以数据为主而操作较少的系统,用面向对象方法描述要好于结构化方法。

8.1.6 面向对象系统开发过程

传统的开发方法有面向过程(Processing-Oriented,PO)的方法和面向数据(Data-Oriented,DO)的方法。面向过程的方法是以系统的处理为依据,按功能或者过程划分成一个个模块进行处理;面向数据的方法是从分析系统的信息需求及建立系统的信息模型出发来开发系统。这两类方法在一定程度上人为地把数据和操作分割开来,开发出来的系统不可能真实地反映客观世界。

面向对象的开发方法把描述对象的数据和操作结合在一起,符合客观世界的实际情况。封装后的对象就是客观实体,对象各自独立,相互间可以通信、协作。简单对象可归并为复杂对象,同类对象可抽象为类,类可派生出子类,子类可继承父类。对象是一些具有接口的个体,所以对象的复用性好,在同一系统中,类的继承机制使得一些类具有公共的属性和操作;在不同的系统间,某些成熟的类可以从一个系统移植到另一个系统。由于对象是独立的个体,所以在系统需求发生变化时,系统调试和维护不会因一个对象的变化而影响全局。面向对象的开发方法在概念和表示方法上具有一致性,使得开发活动之间实现无缝链接,有利于开发人员和用户跟踪整个系统开发过程。

需要指出的是：面向对象的开发方法并不绝对排斥面向过程和面向数据的开发方法。面向对象是从宏观上看的,在具体细节中还要用到面向过程和面向数据的方法。

面向对象的开发方法始终以对象为主体,一切工作均围绕系统中的各个对象来进行。与生命周期法等系统开发方法一样,面向对象的系统开发方法也分为几个阶段,各个阶段有不同的任务,具体如下：

(1) 需求分析阶段。确定系统需求并建立需求模型,即明确系统需要做什么。

(2) 系统分析阶段。根据需求模型建立系统模型,包括对象的静态模型、动态模型、功能模型等,即进一步明确系统具体做什么,需要改进什么。

(3) 系统设计阶段。根据系统分析提出的模型,选择适当的开发环境,进行系统设计、对象设计和模式设计,即确定系统如何做。

(4) 系统实施阶段。实现系统的程序编制、调试、测试,建立系统的硬件设施,测试系统功能,最后切换运行,即按要求实现系统。

(5) 系统运行和维护阶段。系统投入实际运行,根据运行情况和应用需求进行相应的维护,即长期的应用和维护。

8.1.7 面向对象的方法、开发语言和建模工具

20 世纪 80 年代末以来,随着面向对象技术成为研究的热点,出现了几十种支持软件开发的面向对象方法与工具。其中,布驰(Booch)、寇得/尤顿(Coad/Yourdon)、OMT(Object Modeling Technique)和杰克布森(Jacobson)的 OOSE(Object-Oriented Software Engineering)方法在软件开发界得到了广泛的认可。特别值得一提的是统一建模语言(UML),该方法结合了 Booch、OMT 和 Jacobson 方法的优点,统一了符号体系,并从其他的方法和工程实践中吸收了许多经过实际检验的概念和技术。UML 方法已被对象管理组织(Object Management Organization,OMG)接受为面向对象方法的标准。

最早出现的比较完善的面向对象的程序设计语言是 1981 年美国 Xerox 公司 Pato Alto 研究中心推出的 Smalltalk-80,它几乎包含了面向对象技术的所有核心元素,并由此提出了支持面向对象开发的基本机制,可以说 Smalltalk 的出现引发了计算机软件领域的一场深刻革命。从此以后,面向对象技术逐渐占据了软件开发的主导地位。当今主流的面向对象的程序设计语言主要有 Microsoft 公司的 Visual C++ 和 Visual Basic、IBM 公司的 Delphi、Sun 公司的 Java 等。这些开发工具不仅完全支持面向对象的特征,而且提供了可视化的集成开发环境,还提供了大量常用的系统对象类供程序员使用,大大减少了开发人员书写代码的工作量,使程序的维护与变更更加方便。

为了更方便地建立软件系统模型,一个良好的支持面向对象建模语言的设计工具也必不可少。面向对象的设计工具覆盖软件需求分析、软件设计、代码生成、软件测试、软件文档等多个阶段。目前,主流的面向对象设计工具主要有 Sparx Systems 公司的 Enterprise Architect、IBM 公司的 Rational Rose 和 Rational Rhapsody 以及北京大学开发的面向对象建模工具 JBOO,这些工具都支持 UML。

8.2 面向对象建模语言 UML

8.2.1 UML 发展历史

从 20 世纪 80 年代初期开始,软件方法学家尝试用不同的方法进行面向对象的分析和设计。有不少方法在一些关键性的项目中发挥了作用,包括 Booch、OMT、Shlaer/Mellor、Odell/Martin、RDD、OBA 和 Objectory。到了 20 世纪 90 年代中期,出现了第二代面向对象方法,著名的有 Booch'94、OMT 的延续以及 Fusion 等。此时,面向对象方法已经成为软件分析和设计方法的主流。

由于 Booch 和 OMT 方法都是当时世界上最主要的面向对象方法,因此 Grady Booch 和 James Rumbaugh 在 1994 年 10 月共同合作,把他们的工作统一起来,到 1995 年成为 Unified Method(统一方法)0.8 版本。随后,Ivar Jacobson 加入,并采用了他的用例(use case)思想,1996 年,格瑞迪·布弛(Grady Booch)、詹姆斯·罗姆包(James Rumbaugh)、埃瓦·杰克布森(Ivar Jacobson)齐集于 Rational 公司,携手合作,以各自原有的方法为基础,并吸收了其他方法,如 Coad-Yourdon、Fusion、Shlaer/Mellor 的长处,共同提出了新的面向对象的分析与设计语言——统一建模语言(UML)。UML 0.9 草案在 1996 年 6 月发布,它结合了 Booch 等 3 人方法的主要技术。此后,UML 的创始人 Booch 等邀请计算机软件工程界的著名人士和著名企业(如 IBM、HP、MCI、DEC、Microsoft、Oracle、Rational、TI、Unisys)对 UML 进行评估,提出修改意见。1997 年 1 月,UML 1.0 被提交给 OMG,作为软件建模语言的候选标准。其后的半年多时间里,"UML 伙伴"IBM、HP、Microsoft 积极使用 UML 并提出反馈意见,1997 年 9 月将 UML 再次提交给 OMG。1997 年 11 月 7 日,UML 正式被 OMG 采纳为业界标准,并正式颁布了 UML 1.1 作为官方的标准文本。此后,OMG 的修改任务组的专家负责对 UML 不断进行扩充和完善,相继推出了 UML 1.2、UML 1.3、UML 1.4。现在 OMG 已经把 UML 作为公共可得到的规范说明(Publicly Available Specification,PAS)提交给国际标准化组织(ISO)进行国际标准化。有了若干年使用 UML 的经验之后,OMG 提出了升级 UML 的建议方案,以修正使用中发现的问题,并扩充一部分应用领域中所需的额外功能。建议方案于 2000 年 11 月起开始起草,至 2003 年 7 月完成。此后不久,UML 2.0 规范被全体 OMG 会员采纳。

UML 是一种建模语言,作为一种标准的表示方法,适用于系统开发的全过程,它的应用贯穿于从需求分析到系统建成后测试的各个阶段。

(1) 需求分析。可以用用例来捕获用户的需求。通过用例建模,可以描述对系统感兴趣的外部角色及其对系统的功能要求(用例)。

(2) 分析。分析阶段主要关心问题域中的基本概念(例如抽象、类和对象等)和机制,需要识别这些类以及它们相互间的关系,可以用 UML 的逻辑视图和动态视图来描述。类图描述系统的静态结构,协作图、顺序图、活动图和状态图描述系统的动态行为。在这个阶段只为问题域的类建模,而不定义软件系统的解决方案细节(例如处理用户接口、数据库、通信和并行性等问题的类)。

(3) 设计。把分析阶段的结果扩展成技术解决方案,加入新的类来定义软件系统的技术方案细节。设计阶段以和分析阶段类似的方式使用 UML。

（4）构造（编码）。这个阶段的任务是把来自设计阶段的类转换成某种面向对象程序设计语言的代码。

（5）测试。对系统的测试通常分为单元测试、集成测试、系统测试和验收测试等几个不同的步骤。UML 模型可作为测试阶段的依据，不同测试小组使用不同的 UML 图作为工作依据：单元测试使用类图和类规格说明；集成测试使用构件图和协作图；系统测试使用用例图来验证系统的行为；验收测试由用户进行，采用与系统测试类似的方法，验证系统是否满足在分析阶段确定的所有需求。

总之，UML 适用于以面向对象方法来描述任何类型的系统，而且适用于系统开发的全过程。

8.2.2 UML 基本构成要素

UML 是面向对象软件的标准化建模语言。由于其简单、统一，又能够表达软件设计中的动态和静态信息，目前已经成为可视化建模语言事实上的工业标准。

从企业信息系统到基于 Web 的分布式应用甚至严格的实时嵌入式系统都适合用 UML 来建模。它是一种富于表达能力的语言，可以描述开发所需要的各种视图，然后以此为基础装配系统。UML 由 3 部分构成：UML 的基本构成要素、支配这些构成要素如何放置在一起的规则和运用于整个语言的一些公共机制。

下面简要介绍 UML 的基本构成要素。UML 的基本构成要素有 3 种：事物、关系和图，如图 8-13 所示，事物是对模型中最具有代表性的成分的抽象，关系把事物结合在一起，图聚集了相关的事物。

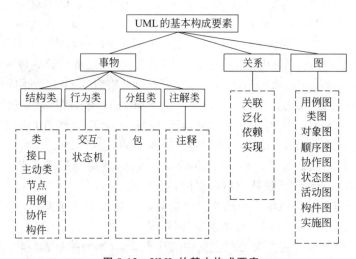

图 8-13 UML 的基本构成要素

1. 事物

事物（thing）是构成 UML 模型的基本图形元素，它又分为结构、行为、分组、注解 4

种类型。

1) 结构事物

结构事物(structural thing)是指 UML 中构成其他模型元素的基本要素,它们通常是模型的静态部分,描述概念或物理元素。结构事物包括类(class)、接口(interface)、协作(collaboration)、用例(use case)、主动类(active class)、构件(component)和节点(node)。各种结构事物的图形化表示如图 8-14 所示。

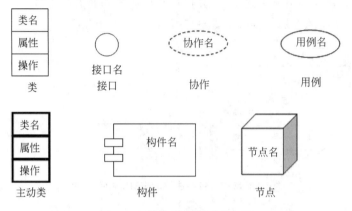

图 8-14　结构事物的图形表示

2) 行为事物

行为事物(behavior thing)是指基本构成要素之间的动态作用过程,它是 UML 模型的动态部分,描述了跨越时间和空间的行为。共有两类主要的行为事物:交互(interaction)和状态机(state machine)。

交互是指两个或以上的事物之间相互触发行为的过程,可以狭义地理解为对象之间调用成员函数的过程。交互涉及一些其他元素,包括消息、动作序列(由一个消息所引起的行为)和链(对象间的连接)。在图形上,把一个消息表示一条有向直线,通常在表示消息的线上写有操作名,如图 8-15 所示。

状态机是一个事物在其他事物触发其行为或者其自身触发自身行为后自身状态改变过程的描述,可以狭义地理解为对象成员函数被调用后属性值发生的改变。状态机涉及一些其他元素,包括状态、转换(从一个状态到另一个状态的流)、事件(触发转换的事物)和活动(对一个转换的响应)。在图形上,把状态表示为一个圆角矩形,通常在圆角矩形中含有状态的名称及其子状态,如图 8-16 所示。

图 8-15　消息　　　　　图 8-16　状态

3) 分组事物

分组事物(grouping thing)是 UML 模型的组织部分。在所有的分组事物中,最主要的是包(package)。包将各种 UML 的构成要素组织在一起,从而理顺并组织好 UML 图形中的各组成要素。包是把元素组织成组的机制,这种机制有很多用途,结构事物、行为事物甚至其他分组事物都可以放进包内。与构件(仅在运行时存在)不同,包纯粹是概念上的(仅在开发时存在)。

4) 注释事物

注释事物(annotational thing)是 UML 模型的解释部分,是用来对任何需要说明的其他 UML 事物进行解释和补充说明的图形元素。注解(note)是一种主要的注释事物,是依附于一个元素或一组元素之上,对其进行约束或解释的简单符号。

例如,包和注解的 UML 表示如图 8-17 所示。

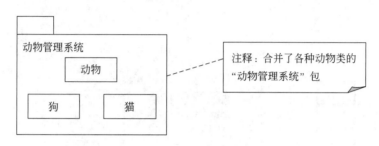

图 8-17 包和注解的 UML 表示

2. 关系

关系(relationship)是 UML 构成要素之间的联系,在 UML 中有 4 种基本的关系:关联、泛化、依赖和实现。这 4 种关系已经在前面详细阐述了,这里不再重复。

3. 图

图(diagram)是按照某种规则将 UML 事物以及它们之间的关系组织在一个平面内的图形化工具。UML 中的每个图都反映了一个主题,都用于描述系统的一个侧面。例如,记录类以及类之间关系的图是类图;记录系统功能的图是用例图;记录用例如何通过对象之间的函数调用实现其功能的图是协作图、顺序图;记录对象状态变化的图是状态图;记录业务活动过程的图是活动图;记录软件最终编译生成的可执行文件或相关文件的图是构件图;记录组件如何部署到相应的硬件或软件上的图是实施图。在 UML 中共定义了 2 类共 8 种图,如图 8-18 所示。

1) 类图

类图(class diagram)用于对系统的静态设计视图建模,主要支持系统的功能需求。一个类图由一组类以及它们之间的关系构成。类描述事物以及事物的静态和动态性质,类的关系反映事物之间的联系,主要有关联关系、泛化关系、依赖关系、实现关系等。

图 8-19 是图书管理系统的一个类图。

类图中通常包含下述内容:类、接口、协

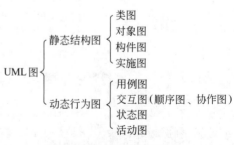

图 8-18 UML 图的分类

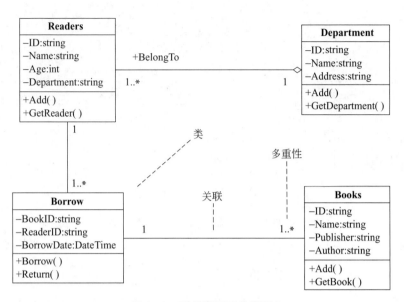

图 8-19　图书管理系统类图

作和关系。类图中也可以包含注解和约束。类图还可以包含包或子系统,二者用于把模型元素聚集成更大的组块。

2) 对象图

对象图(object diagram)是类图的实例,它反映在系统中某一时刻由类图所规定的对象之间的关系。和类图一样,对象图给出了系统的静态设计视图或静态进程视图,但它们是从真实的或原型案例的角度建立的。图 8-20 是图书管理系统类图的一个对象图。

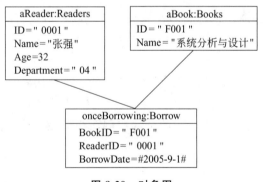

图 8-20　对象图

3) 构件图

构件(component)可以是一段源程序代码、一个文本文件、一个二进制文件或一个可执行文件。构件图(component diagram)用来描述构成软件系统的构件以及它们之间的相互依赖关系,构件图专注于系统的静态实现视图,它与类图相关,通常把构件映射为一个或多个类、接口或协作。图 8-21 是一个构件图的例子。

4) 实施图

实施图也称部署图(deployment diagram),它反映系统的物理节点、各节点之间的

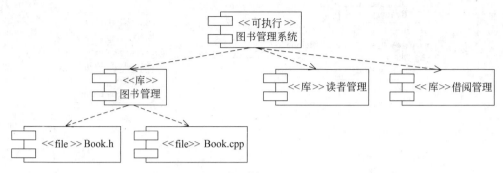

图 8-21　图书管理系统构件图

连接结构以及构件在节点上的部署。实施图给出了体系结构的静态实施视图，它与构件图相关，通常一个节点包含一个或多个构件。图 8-22 是图书管理系统的实施图。

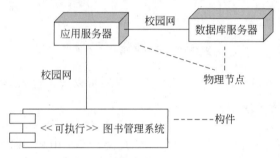

图 8-22　图书管理系统的实施图

5）用例图

用例（use case）是用户与系统之间为达到一定的目的所进行的一次能体现用户价值的交互活动。用户向系统提出某些交互请求，系统向用户反馈可见的结果。用例是系统功能需求的反映。

用例图（use case diagram）用来描述软件系统向一些使用者提供的一组相关功能，展现了一组用例、参与者以及它们之间的关系。在一个用例图中，有一个或多个使用者与一个或多个用例相互关联。一个系统的全部用例图构成该系统的需求模型。图 8-23 是图书管理系统用例图。

6）交互图

交互图反映事物对象之间的消息交互活动，用于对系统的动态方面进行建模。交互图分为顺序图和协作图两种形式。

顺序图（sequence diagram）是一种详细表示对象之间以及对象与参与者实例之间交互的图，它由一组协作的对象（或参与者实例）以及它们之间可发送的消息组成，它强调消息之间的顺序。图 8-24 描述了一次图书外借登记过程。

顺序图是二维的：垂直方向表示时间，水平方向表示不同的对象或参与者。通常，时间维由上到下；对象的顺序并不重要，可以是任意的。

协作图（collaboration diagram）反映为完成一件工作参与协作对象以及对象之间的

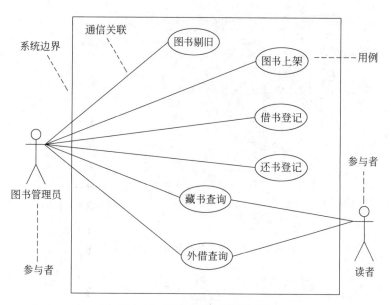

图 8-23　图书管理系统用例图

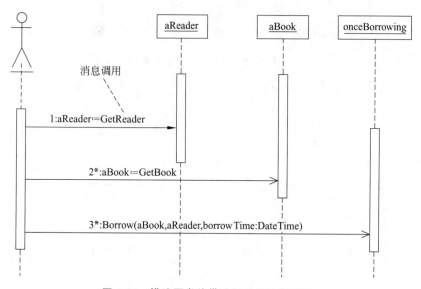

图 8-24　描述图书外借登记过程的顺序图

消息联系。一般地,协作图与顺序图为同构图形,可以互相转换。上述图书外借登记过程采用协作图描述如图 8-25 所示。

7) 状态图

状态图(state diagram)描述对象在其生命周期中所具有的各种状态以及根据事件激发各种状态变化的相互关系。图 8-26 是反映图书对象的状态变化的状态图。

8) 活动图

活动图(activity diagram)用来描述事物发展变化的过程。活动图可以描述业务流程、工作流程、类中的操作流程等。图 8-27 是反映图书外借登记的业务流程的活动图。

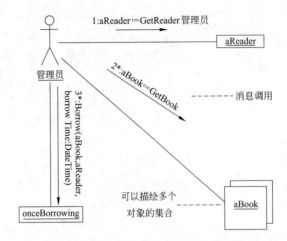

图 8-25　描述图书外借登记过程的协作图

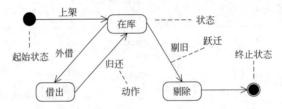

图 8-26　图书对象的状态图

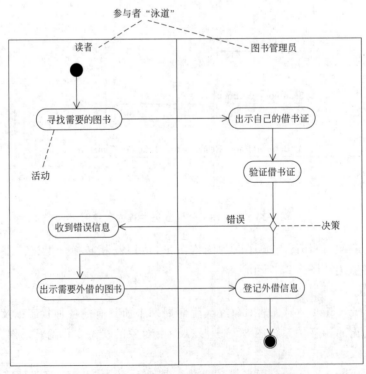

图 8-27　图书外借登记的业务流程的活动图

习 题 8

1. 名词解释

面向对象、对象、类、抽象、封装、继承、多态、UML

2. 选择题

(1) 以下关于面向对象的基本概念的说明中错误的是(　　)。
　　A. 对象是一组数据和施加在其上的一组操作构成的封闭体
　　B. 对象的特征是名称、状态、操作
　　C. 对象的集合就是类
　　D. 子类是不能被扩展属性和操作的类

(2) (　　)不是面向对象的基本特征。
　　A. 抽象　　　　B. 继承　　　　C. 多态　　　　D. 实现

(3) 面向对象的开发方法中类与对象是(　　)的关系。
　　A. 具体与抽象　　B. 抽象与具体　　C. 整体与部分　　D. 部分与整体

(4) 按照面向对象的理论,下列说法中不正确的是(　　)。
　　A. 可以把汽车看作交通工具的一个子类
　　B. 对象既可以是具体的事物,也可以是抽象的实体
　　C. 对象具有封装特性,它是属性和联系的封装体
　　D. 对象之间的联系主要通过传递消息来实现

(5) (　　)是常用的面向对象的建模语言。
　　A. C++　　　　B. PDL　　　　C. Python　　　D. UML

(6) 用于描述对象的行为,反映对象的状态与事件的关系的 UML 图是(　　)。
　　A. 状态图　　　B. 对象图　　　C. 流程图　　　D. 结构图

3. 简答题

(1) 简述面向对象方法的基本思想。
(2) 说明对象与类之间的联系与区别。
(3) 简述面向对象的 5 大基本特征。
(4) 面向对象方法的优势有哪些?
(5) 简述 UML 的基本构成要素。

4. 应用题

(1) 用顺序图描述在自动售票机上购买演出票的过程。
(2) 用状态图描述用户利用自助银行系统取款的过程的事件状态跟踪图。

第 9 章 面向对象的系统分析

9.1 面向对象的系统分析概述

9.1.1 面向对象分析的概念

面向对象分析(Object Oriented Analysis,OOA)是指运用面向对象的概念对被开发系统的应用领域进行分析,将相关的事物抽象为类和对象,并定义它们的属性、操作以及它们之间的各种关系,建立面向对象分析模型及其规约。其中,面向对象分析模型是指分析过程中产生的图形文档,包括用例图、类图等;模型规约是指对上述各种模型图及其模型元素详细、确切的定义和解释,它的作用类似于结构化分析中的数据字典。

面向对象分析方法的核心思想是:利用面向对象的概念和方法为系统需求构造一组相关模型,来获得对问题领域的全面认识。与传统的结构化生命周期法一样,在采用面向对象方法的系统开发中,对用户需求的获取和分析也是十分重要的工作,对用户需求了解的多少以及是否清晰、准确仍然是决定系统成败的关键因素。

面向对象分析的工作任务主要是:发现并记录用户的功能需求和非功能需求,在系统整体架构的基础上理解和分析需求,并将待开发的目标系统描述成方便系统设计的分析模型。采用的常见方法有用例捕获技术、领域建模技术,并且可以使用 UML 来表述在分析阶段产生的工作成果。

9.1.2 面向对象分析的内容

面向对象分析工作发生在系统开发的早期,分析的成果是直接指导后期系统设计、测试、维护工作的最高原则,因此分析工作的内容直接影响到其他与系统开发相关工作的开展,其主要工作内容如下。

(1) 采用用例捕获技术发现并记录系统的功能性需求,并形成需求模型。

对现实问题进行分析,确定用户需求,通过用例对用户需求进行规范化描述,通过用例图来描述对系统感兴趣的外部角色及其对系统的功能要求。

(2) 通过其他方法找出并记录系统的非功能需求,并采用补充规约作为用例模型补充。

有一些需求可能与用户要完成的任何一个特定业务功能都无关，并且无法用用例模型来描述，但是又是与系统开发密切相关，甚至影响到整个系统的开发工作。这样的需求一般认定为非功能性需求，例如可靠性需求、易用性需求、可移植性需求、安全性需求以及其他的设计约束等，对于这样的需求一般采用补充规约的形式加以记录。

（3）采用领域建模技术将功能性需求详细描述为分析模型。

通过领域建模技术可以获得要开发的系统中最重要的、关键的业务对象，并将这些对象之间的协作关系描述为用例的实现，这样可以进一步理解需求，同时为系统设计提供依据。这些关键业务对象以及它们的协作关系可以使用 UML 中的类图、包图、顺序图、活动图等工具进行描述。

在面向对象分析工作的内容中，对系统功能性和非功能性需求的获取与记录工作属于需求工作范畴，而对功能性需求的详细描述工作属于分析工作范畴。这两者在内容定义上是有清晰界限的，但是在实际工作中，两者是相辅相成的。分析工作的基础是需求，同时通过对需求的详细分析可以发现需求工作成果中的问题，从而改进需求描述中的不足。因此，这两个工作一般是同时进行的，即在获得需求之后立刻开始分析，发现问题，纠正错误。所以有时候也将面向对象分析称为面向对象的需求分析。

需求与分析工作的成果分成两大模型：需求模型和分析模型。需求模型属于需求工作成果，用用例图建立；而分析模型则属于分析工作成果，用类图建立。前者为后者提供分析依据。

9.2 建立需求模型

用户需求就是用户对要开发的系统提出的各种要求和期望，其中包括系统的功能、性能、保密要求和交互方式等技术性要求以及成本、交付时间和资源使用限制等非技术性要求。对分析员而言，功能需求是分析阶段要考虑的核心部分。要进行软件开发，首先要准确地描述用户需求中的功能需求，形成功能规格说明。

在面向对象开发方法中，当前的主流做法是使用用例图来描述系统的需求。用例图用于对系统的功能以及与系统进行交互的外部事物建模。通过找出与系统交互的外部事物，并说明它们如何与系统交互，易于对系统进行探讨和理解。这样，用户能够理解未来的系统，开发者也能够正确地理解需求并实施系统。用例图是对所捕捉的需求的规范化的描述，是进行面向对象分析的基础。用例图的开发过程如下：

（1）确定系统边界。
（2）发现参与者。
（3）定义用例。
（4）确定用例与参与者之间的关系。
（5）建立用例之间的关系。
（6）绘制和审查用例图。

下面详细地介绍用例图的开发过程。

9.2.1 确定系统边界

在建立需求模型时,先要确定系统边界,找出在系统边界以外与系统交互的事物,然后从这些事物与系统交互的角度,通过用例来描述这些事物怎样使用系统,以及系统向它们提供什么功能。系统边界是一个系统所包含的所有系统元素与系统以外各类参与者的分界线,如图 9-1 所示。

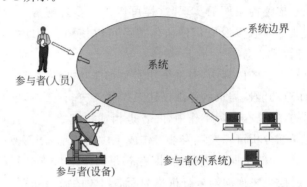

图 9-1 系统的参与者、系统边界和系统

现实世界中的事物与系统的关系有以下几种:

(1) 某些事物位于系统边界内,作为系统成分。如超市中的商品,可抽象为超市销售管理系统内的"商品"类。

(2) 某些事物位于系统边界外,作为参与者,系统中没有相应的成分作为它们的抽象表示。例如超市中的收银员,如果把他作为位于系统边界外与系统进行交互的参与者(若系统内设置了"收款机"对象),而没有在系统中设立相应的"收银员"对象,这就意味着系统并不关注收银员本身的信息和功能,而只关注销售与收款。

(3) 某些事物可能既有一个对象作为其抽象描述,而本身又是在系统边界以外与系统进行交互的参与者。例如超市中的收银员,如果他除了作为系统边界外的参与者,在系统边界内又有一个相应的"收银员"对象来模拟其行为或管理其信息,作为系统成分,这就意味着系统注重收银员本身的信息和功能。

(4) 某些事物即使属于问题域,也与系统责任没有什么关系。例如超市中的保洁员,在现实中与超市有关系,但与要开发的超市销售管理系统没有关系。这样的事物既不位于系统边界内,也与系统无关。

认识清楚了上述事物之间的关系,也就确定了系统的边界。

9.2.2 发现参与者

1. 参与者的概念与表示法

参与者并不是系统的一部分,它们位于系统之外,是在系统之外与系统进行交互的任何事物。一个参与者可以发出请求,要求系统提供服务,系统以某种方式对其做出响应,把响应的结果返回给该参与者或者其他的参与者。系统也可以向参与者发出请求,参与者对此做出响应。

参与者的表示方法是一个人形符号,参与者的名字放在符号的下方,如图 9-2 所示。

顾客

图 9-2　参与者的表示方法

2. 识别参与者

1) 参与者的类型

参与者分为 3 类:人员、外系统和设备。

(1) 人员。

从直接使用系统的人员中发现参与者。这里强调的是直接使用,而不是间接使用。这样的人可能要启动、维护和关闭系统,更多的情况是这样的人要从系统中获得信息或向系统提供信息。

特定的人在系统中可扮演不同参与者的角色。例如,录入数据、统计数据及产生数据汇总表的人就扮演了 3 种不同的角色,这些角色可能分别属于 3 种不同的参与者。再如,对于使用银行系统的一个具体的人来讲,他扮演的角色可以是前台工作人员、经理或顾客等。

(2) 外系统。

所有与本系统交互的外系统都是参与者。相对于当前正在开发的系统而言,外系统可以是其他子系统、上级系统、下级系统或任何与之协作的系统。对外系统的开发并不是当前系统开发小组的责任。

另外需要明确的是,如果一个大系统在任务分解时被划分为几个子系统,则每个子系统的开发者都把与之相关的其他子系统看作外系统,子系统的边界以内只包括它的开发者所负责的那部分功能。

(3) 设备。

识别如下的所有与系统交互的设备:它与系统相连,向系统提供外界信息;也可能系统要向它提供信息,它在系统的控制下运行。这样的设备都是系统的参与者,例如外部传感器(输入信息)和受控马达(输出信息)。通常,参与者不包括显示器、键盘、鼠标和其他标准的用户接口类型设备,这些都是由操作系统来管理的。

2) 寻找和识别参与者

可以从以下几个问题入手寻找和识别参与者:

(1) 本系统开发出来后,主要功能被谁使用?

(2) 谁需要借助本系统来完成日常工作?

(3) 本系统需要从哪里获得数据?

(4) 本系统会为哪些人或哪些系统提供数据?

(5) 本系统会与哪些系统交互?

(6) 本系统由谁负责管理和维护?

(7) 谁对本系统的结果感兴趣?

9.2.3 定义用例

1. 用例的概念与表示法

一个用例是描述系统的一项功能的一组动作序列,这样的动作序列表示参与者与系统间的交互,系统执行该动作序列,为参与者产生相应的结果。用例的表示方法是在一个椭圆形内写上相应的用例名字,如图 9-3 所示。

除了用符号表示用例外,还要描述其活动序列。对用例活动序列的描述可以使用自然语言、活动图和伪码,也可以使用用户自己定义的语言。无论用什么形式,描述的动作序列都应该足够清晰,使得其他人员易于理解。描述动作序列时,应该反映出用例何时开始和结束,参与者何时与用例交互,交换什么内容,以及用例中的基本动作序列和可选动作序列等。

图 9-3 用例的表示方法

以超市销售管理系统为例,图 9-4 给出了实现系统收款功能的用例"收款"的描述。采用缩进文字的方式描述系统的行为,使参与者的行为与系统的行为容易区分。

```
收款
输入开始本次收款的命令;
    做好收款准备,应收款总金额置为0,输出提示信息;
for 顾客选购的每种商品 do
输入商品编号;
    if 此种商品多于一件 then
        输入商品数量
    end if;
    检索商品名称及单价;
    货架商品数减去售出数;
    if 货架商品数低于下限 then
        通知供货员,请求上货
    end if;
    计算本种商品总价并显示编号、名称、数量、单价、总价;
    总价累加到应收款总金额;
end for;
    显示应收款总金额;
    输入顾客交来的金额;
    计算应找回的金额;
    显示以上两个金额,打印收款明细、顾客所交金额和找回金额;
    收款金额计入账册。
```

图 9-4 用例"收款"的描述

还有一种常见的用例描述方法,即区分用例的动作序列的基本流和可选流。以图书管理系统为例,采用区分基本流和可选流的方法,给出用例"查询借书资格"的描述,如图 9-5 所示。

在描述用例时要注意以下几点:

(1) 用例描述的是参与者所使用的一项系统功能,应保证用例是该项功能的完整说明,而不是其中的一个部分。这就要求在描述一个用例功能时,既不能过大,以至于包含过多的内容;也不能过小,以至于缺少完成一项功能的必要步骤。而且用例是不可以拆

```
查询借书资格
    基本流：工作人员可以用扫描仪识别借书证，也可以用键盘输入借书证编号；随后系统检查输入的数
据是否合法；如果合法，系统显示该客户的借书情况，该用例结束。
    可选流：如果输入的数据不合法，系统就要求重新输入。
    可选流：如果该用户借书数已达上限，则提示不能再借书。
```

图 9-5 用例"查询借书资格"的描述

分的，不能说上层的用例是由下层的较小用例组成的。

（2）在分析阶段定义用例是为了捕获需求，此时分析员还没有完全了解系统，还不能确定应该设立哪些成分以及成分之间的行为依赖关系，他们只能从系统的最高层次来观察和描述系统功能。对用例的描述只强调参与者和系统彼此为对方直接做了什么事，不描述怎么做。例如，对于一个成绩管理系统的"成绩统计"功能，可以在用例中作这样的描述："指定专业和年级，计算每个学生的各科成绩，并以成绩的高低为序打印成绩表。"该功能包含很多计算细节，如进行数据检索、计算和排序等，但是这些细节并不在用例中描述。

（3）尽管用例中描述的行为是系统级的，但在用例内所描述的交互中的动作应该是详细的，若描述得过于综合，则不易认识清楚系统的功能。另外，用例应该描述可能出现的各种情况，力求准确、清晰，不要把双方的行为混在一起。

2. 定义用例的策略

针对单个用例的描述策略如下：把自己当作参与者，与设想中的系统进行交互。这个过程需着重考虑以下问题：交互的目的是什么？需要向系统输入什么信息？希望由系统进行什么处理并得到何种结果？通过解答这些问题把上述交互过程描述出来。

定义系统中所有用例的策略如下：

（1）全面地了解和收集用户所要求的各项系统功能，找出所有的参与者，了解与各项功能相关的业务流程。

（2）把用户提出的功能要求组织成适当大小的功能，每一项功能完成一项完整而相对独立的工作。

（3）穷举每一类参与者所使用的每一项系统功能，定义相应的用例。

（4）检查用户对系统的各项功能要求是否都通过相应的用例做了描述。

3. 用例规约

针对每一个用例都应该有一个用例规约文档与之相对应，该文档用以描述用例的细节内容。参照国家电子信息行业标准《面向对象的软件系统建模规范 第三部分：文档编制》的要求，图 9-6 给出了用于描述用例规约的模板。表 9-1 为"借书登记"用例规约。

表 9-1 "借书登记"用例规约

用例名称	借书登记
用例编号	UC1

续表

用例描述	图书管理员办理借书
参与者列表	图书管理员
前置条件	图书管理员成功登录系统

用例场景
（事件流）
	1. 图书管理员开始一次新的借书登记处理。
	2. 图书管理员输入读者的借书证编号。
	3. 系统验证借书证。
	4. 如果：验证通过，则
	  4.1 图书管理员输入读者所借图书的编号。
	  4.2 如果：所借图书不属于外借范围，则
	    4.2.1 系统提示"该图书不能外借"。
	    4.2.2 返回 4.1。
	  4.3 如果：该读者外借图书的数量已达到该读者能外借图书的最大数量，则
	    4.3.1 系统提示"已达到外借最大数量"。
	    4.3.2 返回 4.1。
	  4.4 系统记录当前借阅记录，并显示。
	  4.5 如果：图书管理员删除某条借阅记录，则
	    4.5.1 系统删除该条借阅记录。
	  4.6 重复 4.1～4.5。
	5. 否则：
	  5.1 如果：读者的借书证过期，则
	    5.1.1 系统提示"借书证已经过期"。
	    5.1.2 终止该用例。
	  5.2 如果：读者有超期未还图书，则
	    5.2.1 系统提示"该读者有超期未还图书"。
	    5.2.2 终止该用例。

后置条件	1. 系统正确登记所有当前借阅记录（包括读者编号、外借图书编号、借阅时间）。 2. 系统出现错误提示

用例名：通常用一个概括用例含义的动词或动宾结构的词对用例进行命名。
描述：对该用例用一两句话简单描述。
参与者：列出参与该用例的所有参与者。
包含：列举该用例所包含的用例以及包含它的用例。
扩展：列举该用例可以扩展的用例以及扩展它的用例。
继承：列举该用例的一般用例和特殊用例。
前置条件：描述启动该用例所必须具备的条件。
细节：描述该用例的细节。要描述参与者与用例的交互步骤，每一步要提供充分的内容。若用例较为复杂，要区分出基本流与可选流。
后置条件：描述在该用例结束时确保成立的条件。执行用例的目的是产生一些预期的值或状态，用后置条件明确地标识执行该用例后的预期结果。
例外：描述在该用例的执行过程中可能会出现的意外情况。在用例中执行的每一个行为都可能出错。对于每一个例外，应该明确它所发生的环境和应该采取的措施。
限制：描述执行用例的任何限制。
注释：提供该用例的附加信息。

图 9-6 用例规约的模板

9.2.4 确定用例与参与者之间的关系

在 UML 中,把参与者与用例间的这种交互关系称为关联。若未做具体的规定,交互是双向的,即参与者能够对系统进行请求,系统也能够要求参与者采取某些动作。参与者和用例之间的关联表示成参与者和用例之间的一条实线。若要明确地指出参与者和用例之间的通信是单向的,就在接收消息的一端加一个箭头,以指示方向。

一个参与者可以使用系统的多项功能,系统的一项功能也可以供多个参与者使用。在用例图中,体现为两个(或多个)参与者共享一个用例,如图 9-7 所示;或者一个用例的执行可能需要两个(甚至多个)参与者同时与系统交互,如图 9-8 所示。

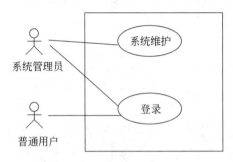

图 9-7 两个参与者共享一个用例

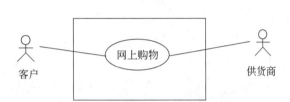

图 9-8 两个参与者同时与系统交互

9.2.5 建立用例之间的关系

不但在参与者和用例之间存在关联关系,在用例之间也存在一定的关系。例如,在下述情况下,就需要考虑产生新的用例,并在用例间建立关系:
- 在一个用例中存在着几处重复使用的动作序列。
- 在几个用例中存在着重复使用的动作序列。
- 一个用例中的主要动作序列或分支动作序列过于冗长或复杂,而且分离它们有助于管理和理解。

UML 把用例之间存在的关系分为 3 种:包含、扩展和继承。

1) 包含

包含关系表明一个用例中定义的行为包含了另一个用例中定义的行为,前者称为基用例,后者称为被包含用例。用一条带箭头的虚线(简称为虚箭线)表示用例之间的包含关系,该箭头从基用例指向被包含用例,并在虚箭线上用关键字<<include>>标记,如图 9-9 所示。

建立包含关系的方法很简单,即从具有共同活动序列的几个用例中抽取出公共动作序列,如图 9-10 所示,或者在一个用例中抽取重复出现的公共动作序列,形成一个在几处都要使用的附加用例,这样可以避免多次描述同一动作序列。当这个共同的序列发生变化时,其优势就显现出来了,即只需要在一个地方进行改动。

如图 9-11 所示,"签保险单"是被包含用例,"签汽车保险合同"和"签人寿保险合同"

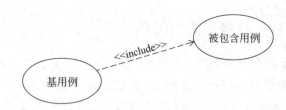

图 9-9　用例间包含关系的表示方法

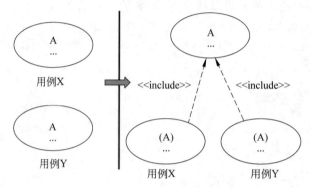

图 9-10　用例包含关系的建立

是基用例。

2）扩展

向一个用例（基用例）中加入一些新的动作后构成了另一个用例（扩展用例），这两个用例之间的关系就是扩展关系。其图形表示法是一个从扩展用例指向基用例的虚线开放式箭头，虚线上用关键字<<extend>>标记，如图 9-12 所示。

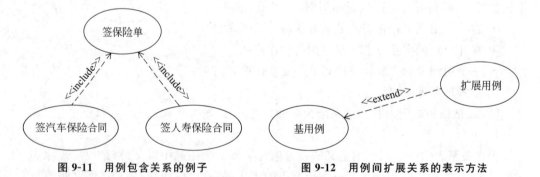

图 9-11　用例包含关系的例子　　　　　　图 9-12　用例间扩展关系的表示方法

如图 9-13 所示，"检票"是基用例，"补票"是扩展用例。

一个扩展用例可以扩展多个基用例，一个基用例也可以被多个扩展用例扩展，甚至一个扩展用例自身也可以被其他扩展用例扩展，如图 9-14 所示。

3）继承

用例之间的继承关系就像类之间的继承关系一样。特殊用例不但继承一般用例的行为，还可以增加或覆盖一般用例的行为，一般用例和特殊用例均有具体的实例。用一

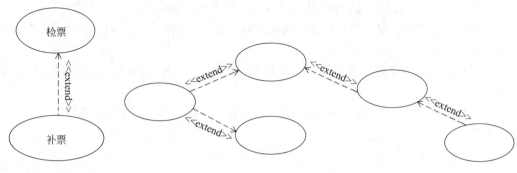

图 9-13 用例扩展关系的例子　　　　图 9-14 用例间的扩展关系

个指向一般用例的带有空心三角形箭头的实线来表示用例之间的继承关系,如图 9-15 所示。图 9-16 是一个用例间继承关系的示例。

图 9-15 用例间继承关系的表示方法　　　　图 9-16 用例间继承关系的例子

9.2.6 绘制和审查用例图

1. 绘制用例图

用例图是由一组参与者、一组用例以及这些元素之间的关系组成的图,它表达的是系统中的参与者和用例以及它们之间的关系。这些关系包括参与者和用例之间的关系、参与者之间的关系以及用例之间的关系。可以选择把一些用例用一个矩形围起来,用来表示系统边界。用例图可以包含注解和约束。使用用例图最重要的工作是对用例的描述,不要过分深入地描述系统内部的行为细节,应该运用最主要的概念,加强用例内容的描述。

下面以图书管理系统为例,介绍如何绘制系统的用例图。绘制用例图包括 4 步:确定系统需求、确定参与者、确定用例、画出用例图。

1) 确定系统需求

图书管理系统能够对借阅人进行注册登记,包括记录借阅人的姓名、编号、年龄、性别、地址、电话等信息;能够对图书进行入库登记,即将图书的基本信息(如书的编号、书名、作者、价格、出版社等)存入数据库中,以供检索和借阅。图书管理系统提供多种查询方式:以书名、作者、出版社等信息对图书进行检索,并反映出图书的借阅情况;以借阅人编号或姓名对借阅人信息进行检索;等等。图书管理系统提供对书籍进行预订的功能,也提供旧书剔除功能,对于剔旧、损坏、丢失的图书,可及时对数据库进行修改。图书管理系统能够对使用该管理系统的用户进行管理,按照不同的工作职能提供不同的功能授权。

通过分析、归纳和提炼，可以得出图书管理系统的主要功能：

(1) 对读者的管理。读者信息的输入、修改、查询，包括编号、性别、借书数量、借书期限等。

(2) 对图书的管理。图书基本信息的输入、修改、查询，包括图书编号、类别、关键词等。

(3) 对图书借阅的管理。包括查询、借书、还书、续借、预约、逾期处理和图书丢失后的处理等。

(4) 对系统的管理。包括用户权限管理、数据管理等。

2) 确定参与者

通过分析可知本系统的参与者有两个：读者和管理员。

3) 确定用例

读者所包含的用例如下：

(1) 注册登录系统。

(2) 查询：包含对个人信息和图书信息的查询。

(3) 借书。

(4) 还书。

(5) 续借。

(6) 预约。

(7) 逾期处理：图书借阅逾期后的罚款等。

(8) 图书丢失处理：对图书丢失的不同处理。

管理员所包含的用例如下：

(1) 登录系统。

(2) 图书管理：包括对图书的增删改等操作。

(3) 图书借阅管理：包括借书、还书、续借、预约、逾期或丢失处理等。

(4) 读者管理：包含对读者的增、删、改等操作。

4) 画出用例图

基于前面所确定的参与者和用例，可以画出用例图，如图9-17所示。

2. 审查用例图

1) 对于参与者的审查

确定系统环境中的所有与系统有关的角色都归入了相应的参与者；每个参与者都至少和一个用例关联；若一个参与者是另一个参与者的一部分，或扮演了类似的角色，应考虑在它们之间使用继承关系。

2) 对于用例的审查

每个用例都至少和一个参与者相关；若两个用例有相同或相似的序列，可能需要合并它们，或抽取出一个新用例，在它们之间使用包含、扩展或继承关系；若用例过于复杂，为了易于理解，考虑进行分解；若一个用例中有完全不同的多个事件流，应该把它分解成不同的用例。

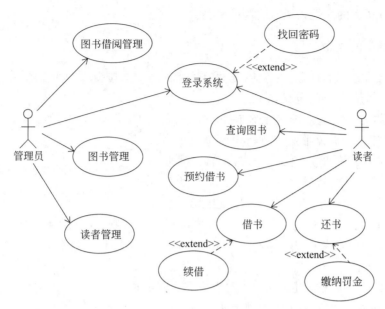

图 9-17 图书管理系统的用例图

3. 用例图的作用

用例图的作用如下：

（1）由于系统可能会很复杂，分析员借助用例图可正确、全面地理解需求。

（2）为领域专家、用户和开发者提供一种相互交流的手段，以使各方对需求的理解达成共识。

（3）易于对需求规范化。用户给出的需求材料常常是不规范或不准确的，通过规范地定义用例，可以全面和准确地表达用户的功能需求。

（4）可以作为人机界面的设计基础，也可以用作黑盒测试用例。

9.3 建立分析模型

经过了需求分析后，还需要进一步对系统进行分析，本阶段的分析工作是对前期需求分析工作的延续，集中对需求工作成果进行抽象，从而确定出系统的构成要素及结构，最终得到系统的分析模型，为后期面向对象的系统设计提供依据。

构建系统分析模型分为两部分：静态分析和动态分析。静态分析部分主要使用类图来描述系统要处理的对象和这些对象之间的相互关系，动态分析部分主要使用交互图来证明静态分析模型的可行性。

9.3.1 静态分析

静态分析的主要任务是建立反映对象静态结构的分析类图，即确定分析类的类型和分析类图、分析类的属性以及类之间的关系。

1. 分析类的类型

一般来说,分析类有 3 种:实体类、控制类和边界类,其表示方法如图 9-18 所示。这 3 种分析类在 UML 中的定义如下:

(1) 实体类。它是系统表示客观事物的抽象元素。实体类一般来源于业务分析中所确定的实体,一般都对应着在业务领域中的某个客观事物或具有较稳定信息内容的系统元素。例如人力资源管理系统中的"教职工""档案"等都属于实体类。

图 9-18　3 种分析类的表示方法

(2) 控制类。它是描述系统对其他对象进行协调控制、处理逻辑运算的抽象要素。一般来说,一个较复杂的用例都需要一个或多个控制类来协调系统中的各个对象的行为。

(3) 边界类。它是描述系统与参与者之间交互的抽象元素。边界类只对系统与参与者之间的交互进行建模,并不描述交互的具体内容及交互界面的具体形式。可以从两个方面查找边界类:一是根据每个用例的主要参与者都至少有一个边界类的原则来获取用户界面边界类;二是考虑外部设备或系统与新系统之间的通信接口,根据这些接口可以获得一些边界类。

图 9-19 描述了一个人力资源管理系统中的"工资计算"用例,它从分析类角度表达了实体类、控制类和边界类之间的协作关系。

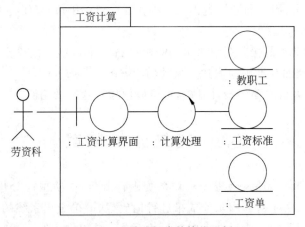

图 9-19　3 种分析类的协作示例

2. 确定分析类图

本阶段可以采用领域建模技术。所谓领域建模技术是指根据需求分析的工作成果,系统分析师站在业务的角度,而不是站在计算机怎样实现的角度,抽象出各种业务类,并确立业务类之间的关系,最终形成领域模型(业务模型),而该模型的记录工具一般使用

UML中的类图。这里的业务类实质上就是实体类。所谓业务类是指能反映业务概念或业务过程的类,这些类不涉及计算机的词汇,只与要描述的业务领域密切相关。例如,"读者""借书登记"等词汇就属于图书管理系统的业务类,而"数据库""存盘"等词汇,就不能作为图书管理系统的业务类。

在抽象出业务类的过程中,一种常用的方法是"名词/动词法"。该方法是从需求规格说明书和用例规约中寻找具有业务含义的名词或名词短语、动词或动词短语,提取成业务类以及它们之间关系的方法。下面以表9-1的"借书登记"用例规约为例,从中寻找名词与动词。

1)提取实体类

在建模的时候,一般先从寻找名词开始,因为名词往往是构成实体类的主要词汇,例如图书管理员、读者、借书证、图书、借书证编号、图书编号、借阅记录、借阅时间。但是,对于在寻找出来的名词,要注意如下3种情况:

(1)不能直接作为实体类的名词。有些名词从业务的角度考虑,是依附于其他业务名词的,具有原子性。例如,"借书证编号"是依附于"借书证"的,"图书编号"是依附于"图书"的,"借阅时间"是依附于"借阅记录"的。这些名词最终要被确定为属性而不是实体类,它们所依附的名词则往往被作为实体类。

(2)有些名词虽然看起来并不具有原子性,但是分析之后只剩下一个属于它的属性,也不能将它构造成一个实体类。例如,"借书证"只具有"借书证编号"这一个属于它自己的属性,而"读者姓名""读者所在单位"等名词并非其属性,应该是"读者"的属性。这种只有一个属性的业务名词并不能真正构成一个实体类。

(3)有些本是参与者的名词也可以成为一个实体类,例如"读者",在整个系统中,有很多其他的名词是依附于它的,如"读者姓名""读者所在单位"等,而且其他参与者,如"图书管理员",要求掌握其具体的信息。

总结一下,本例中找出来的实体类是"图书""读者"和"借阅记录"。可以使用类图来记录领域建模的成果,如图9-20所示。

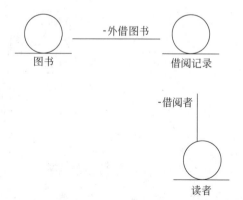

图9-20 "图书借阅"领域模型

对于类图要注意以下几点。

(1)类的形状属于实体类构造型。

（2）两个类之间的关联关系可以标明角色名，例如这里的"外借图书""借阅者"。角色名前面的"-"表示一种私有可见性。

（3）并不是每两个实体类之间都要建立关联关系。例如，"图书"和"读者"之间就不需要描绘关联关系，因为它们两者虽然在业务处理上确实具有"借阅"的关系，但是在这里这种关系通过"借阅记录"这样一个实体类间接地产生了关联关系。

2）提取控制类

在本例中，继续对动词作进一步分析，得到的动词有"借书登记""验证""删除"和"外借"。在从动词列表中提取业务类的时候要注意以下几点：

（1）这些动词词汇不同于上述由名词提取的实体类。动词提取的业务类表示一种业务行为，一般在构造类图的时候将其构造型设置成控制类，并且和由名词提取的实体类存在依赖关系。

（2）用例本身可以作为一个控制类，也可以不作为一个控制类，这要看用例本身反映的是不是一套完整的业务行为。例如这里"借书登记"最好不作为一个控制类。因为"借书登记"和"还书登记"统属于"外借管理"这个大业务行为，而且，在动词列表中还存在"外借"的动词，从涵盖范围上"外借"包括了"借书登记"的业务行为，所以从总体考虑，把"外借管理"作为控制类更合适一些。

（3）有些动词虽然是一种业务行为，但是依附于另外一种业务行为。例如，"验证"依附于"借书登记"业务行为，而且验证的业务行为不可再分为粒度更小的业务行为，具有原子性。这样的动词一般作为类的操作来对待，而不提取为控制类。

（4）有些动词完全不属于业务行为，如"删除"，不能提取为控制类。但是要注意，这种动词构成的动词短语可以构成某个控制类的操作。例如，"删除借阅记录"可以提取为"外借管理"或者"借阅记录"的一个操作。

对图 9-20 的类图进行扩充，得到如图 9-21 所示的新类图，该类图为分析模型。

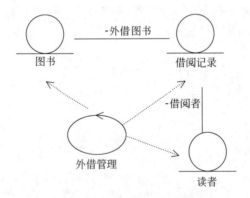

图 9-21 "图书借阅"分析模型

从分析过程可以看出，领域模型和分析模型并不是完全相同的概念。一般来说，领域模型特指由实体类构成的类图，更侧重于业务名词表述；而分析模型则是通过在领域模型中加入控制类以及后面要介绍的边界类形成含义更广的概念模型。

3）提取边界类

因为软件最终要将存储在计算机中的数据展现给用户,并与用户通过界面进行交互。因此,除了对领域建模中提取的实体类和控制类进行描述之外,还需要对用户界面进行描述,并把界面提取为边界类。但是从名词/动词法的角度不一定能直接找出边界类。有一种简便的方法,就是观察用例图,如果在该用例和参与者之间有一个关联通信,则至少需要为该用例构建一个边界类。边界类在名称上一般加上"表单"的后缀词,以更明确地表示该类的性质。例如,在如图9-22所示的用例图中,"图书管理员"与"借书登记"之间有一个关联通信,因此要为该用例提取一个"借书登记表单"的边界类。在图9-21所示的类图中加入该边界类可以得到如图9-23所示的"图书借阅"分析模型。

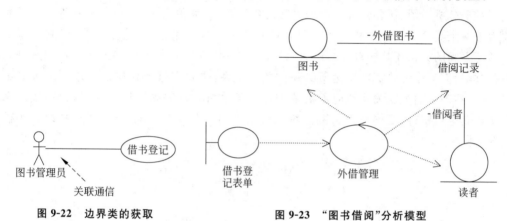

图 9-22　边界类的获取　　　　　图 9-23　"图书借阅"分析模型

在提取边界类的过程中需要注意以下几个问题:

(1) 在用例图中,并不是参与者和用例之间有一个关联通信,就只能提取一个边界类。往往要通过分析用例规约来确定是否还存在其他的用户交互界面,如果存在,则还需要考虑为该类用户提取一个边界类。

(2) 并不是在分析过程中确定了一个边界类,在后期设计过程中就一定要对应一个设计类。

(3) 边界类一般情况下与控制类有依赖关系,但是不排除和实体类有依赖关系。而且在很多情况下,边界类和实体类有直接的依赖关系。例如,"外借查询"这种用例,在构建分析类图的时候,其边界类需要和实体类直接构建依赖关系。因为查询界面会直接将数据结果反映在界面上,要依赖实体类结构来确定数据表现形式。但是,在类图中标明依赖关系的时候,不需要标出对所有依赖于实体类的虚线箭头,只需要标出关键的虚线箭头即可,这样既能说明问题的重点,又能保持图形的清晰度。

3. 分析类的属性

确定了分析类后,下一步还要给出分析类的属性。分析类属性的来源很多。可以通过查看用例文档获取分析类的属性,寻找用例事件过程中的每个名词,这些名词有些是属性;还可以从需求文档中获取分析类的属性,需求文档中存储了信息系统要收集的信息,这些信息就是分析类的属性,例如收集的教职工的姓名、性别、职称、电话、电子邮箱等。另外需要注意的是,分析类的属性不要太多,多了就要进行分解;也不能太少,少了就要进行合并。一般来说,控制类的属性较少,甚至没有属性。

分析类的属性需要用属性名称、属性说明及属性类型来描述,如图 9-24 所示。其中,属性名称是一个名词,要能清楚地表达属性的信息;属性说明要描述出属性中要存储的信息,如果属性名称可以很明显地表达要存储的信息,则可以略去属性说明;属性类型是指属性的数据类型,包括数值型、字符串、整型等。分析类属性的具体内容将在设计阶段确定。

4. 分析类的关系

对于分析类图,还要明确图中类之间的各种关系,如关联关系、包含关系等。这里需要为每一个类绘制一个它和其他类的关联关系的类图,如图 9-25 所示。当然,在这里确定的类之间的关系还是比较初步的,在设计阶段还要对其进行修改和调整。在识别关联关系时,只需考虑那些实现用例所必需的关联关系,主要根据协作图的要求添加关联关系,对于不确定的关联关系暂时不需要添加。各分析类的关系图绘制完成之后,接下来就是对其进行整合,最终可以得到系统的分析类图。图 9-26 是工资管理子系统的分析类图。

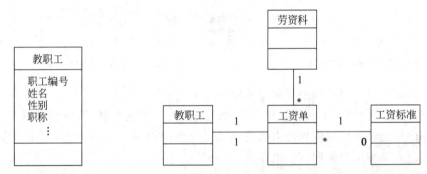

图 9-24 教职工的属性示例　　图 9-25 工资单类与其他类的关联关系图

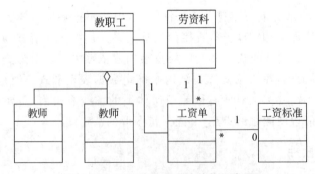

图 9-26 工资管理子系统的分析类图

对分析类图中的各要素说明如下。
(1) 关联关系的两端为角色,角色描述了类在关联关系中的作用。每个角色都有名称,用一个名词表示。对应一个类的所有角色名称都必须是唯一的。有些时候角色名和类名可以相同,可以在类名的后面加以解释,也可以略去。

(2) 在分析类图中,除包含关系外,其他关系都在两端给出允许参与关系的对象的数量,即关系中的多重性。表示多重性的符号有以下几种:

① n 和 m:表示参与的对象可以是 $n \sim m$ 个。

② 0 和 1:表示可选关系。

③ 0 和 *:表示可以取 0 到任意数值。

(3) 分析类之间的包含(继承)关系,用带空心菱形箭头的连线表示,例如图 9-26 中教师和教职工之间的关系。分析类之间的其他关系用连接线直接相连。

(4) 注意分析类之间的聚合和组合关系的表达方式。

9.3.2 动态分析

通过上述分析技术已经构建了系统分析的静态模型,即通过分析类图来表述参与系统实现过程的所有静态元素,但是用例就其本质来说是系统的动态行为的反映,因此还需要在静态模型的基础上进一步分析这些静态元素怎样通过协作来满足用例的功能性需求。

本阶段可以采用用例实现-分析方法,即通过分析类,利用 UML 中的动态图形来描述用例的交互过程。用例实现可以直接对应和跟踪到具体的某个用例。一般地,在 UML 中有两种重要的图可以用来描述用例实现,即顺序图和协作图。这两种图在结构上是相同的,可以相互转换。

1. 顺序图

图 9-27 为人力资源管理系统中"工资计算"用例的顺序图。

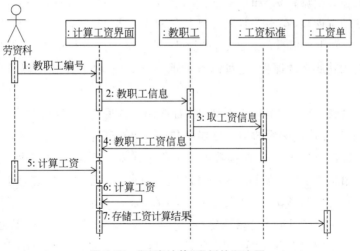

图 9-27 "工资计算"用例的顺序图

2. 协作图

图 9-28 为人力资源管理系统中"工资计算"用例的协作图。

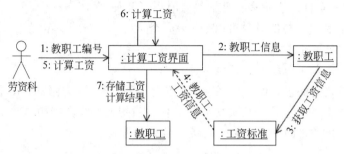

图 9-28 "工资计算"用例的协作图

9.4 面向对象的需求分析实例

本节利用面向对象的系统分析方法对一个教学管理系统建模。教学管理系统一般包括课程设置、选课管理、成绩管理、学籍管理、教材管理及教学评估管理等,这里只选取选课管理子系统进行相应的分析。

9.4.1 系统的功能需求分析

通过对选课管理子系统的分析,它应该具有以下功能。

(1) 生成选课表。提前一个学期,由各院系的开课老师提出开课申请和开课要求,教务处的课程管理员根据各院系的专业进行汇总,并根据教室管理部门提供的教室分配情况生成下学期的选课表,在本学期末在网上发布,以供学生选课。

(2) 选课。学生根据自己选课的情况在新学期第 1 周进行试听,在此期间学生可以随时查询与更改其所选的课程,还可以查询课程介绍、任课教师情况以及以往自己选课的情况和成绩。

(3) 课表调整。教务处审核选修课表,若选修人数低于下限(例如设定最少 20 人),则取消该门课程,已选该课程的学生可在第二周内改选其他课程。

(4) 公布课表。在第三周,课程管理员生成正式开课汇总表,并在网上公布,同时把有关信息发送给教务科(与计算教师工作量及授课津贴有关的信息)、教材科(教材信息)、教师(开课信息)和学籍科(录入与统计成绩所需的信息)。

(5) 查询。在第三周正式课表确定后,学生在网上可查询自己所选课程的相关信息。

为了进一步了解信息处理的过程,有必要调查用户处理这些信息的方式。表 9-2 列出了用户与选课管理子系统的主要交互信息。

表 9-2 用户与选课管理子系统的主要交互信息

编号	大类	选择子类	输入	输出
1	学生选课查询	1.1 查询课程介绍	课程号	课程号、课程名、课程类别、学分、周学时、总学时、教学内容
		1.2 查询任课教师情况	姓名	姓名、院系、教学情况、科研情况
		1.3 查询本期的选课表	专业	专业、课程列表（课程号、课程名、课程类别、学分、教师名、起始周、结束周、上课时间、上课地点、选课标记）
		1.4 查询本学期已选课程		专业、课程列表（课程号、课程名、课程类别、学分、教师名、起始周、结束周、上课时间、上课地点、选课标记）
		1.5 查询以往选课情况	选择学期	专业、课程列表（课程号、课程名、课程类别、学分、教师名、起始周、结束周、上课时间、上课地点、成绩）
2	学生选课	2.1 在课程列表中选择其一：选中、取消		成功与否的信息
3	课程管理员管理课表	3.1 生成选课表	选择生成选课表功能，并录入相关的开课信息	专业、课程列表（课程号、课程名、课程类别、学分、教师名、起始周、结束周、上课时间、上课地点、选课标记）
		3.2 维护选课表	对课程列表中的具体项进行修改	成功与否的信息
		3.3 再次生成选课表	选择再次生成选课表功能，并录入相关的开课信息	专业、课程列表（课程号、课程名、课程类别、学分、教师名、起始周、结束周、上课时间、上课地点、选课标记）
		3.4 发布选课表	选择发布选课表功能，并录入相关的分班信息	课程号、课程名、课程类别、学分、总学时、教师、班号、已选人数、起始周、结束周、上课时间、上课地点、选该课的学生名单

图 9-29 给出了选课管理子系统与其他子系统的依赖关系。其中，子系统"选课管理"要分别使用子系统"课程管理"和"教室管理"中的开课申请和教室资源中的信息，还要分别查询子系统"教师管理"和"学籍管理"中的教师信息和成绩信息；子系统"成绩管理""教务管理"和"教材管理"都要使用子系统"选课管理"中的学生选课信息；子系统"教师管理"要使用子系统"选课管理"中的任课信息；子系统"学籍管理"和"教学评估管理"都要使用子系统"成绩管理"中的学生成绩。

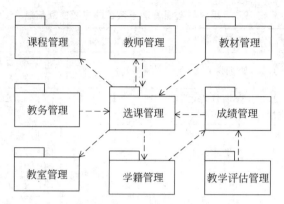

图 9-29　选课子系统与其他子系统的依赖关系

9.4.2　建立需求模型

1．识别参与者

"选课管理"子系统的人员参与者：课程管理员和学生。

"选课管理"子系统的系统参与者：课程管理部门、成绩管理部门、教室管理部门、教务管理部门、学籍管理部门、教师管理部门和教材管理部门。

2．识别用例

对于选课管理子系统的功能需求归纳整理如下：

（1）生成及维护课表。课程管理员生成本期的选课表并发布课表，学生选课后，课程管理员根据规定删除选课人数不足的课程，再度发布选课表。

（2）生成开课汇总表并公布。课程管理员生成开课汇总表并公布，同时将相关信息送给教务管理部门、教师管理部门、教材管理部门和成绩管理部门。

（3）查询选课信息。学生可以查看自己的有关选课信息；选课工作结束后，学生可以查询本学期已选课程。

（4）选课。学生在选课期间进行选课。

（5）登录。学生和课程管理员进入系统前都必须先登录。

根据上述需求，现设立 5 个用例：登录、查询选课信息、选课、生成和维护选课表、生成并发布开课汇总表。

3．对需求进行捕获与描述

图 9-30 为子系统"选课管理"的用例图。

要使用系统的学生和课程管理员都要先登录。学生要使用用例"查询选课信息"和"选课"。课程管理员要通过用例"生成和维护选课表"来管理选课信息并进行发布，在生成选课表时要用到子系统"课程管理"和"教室管理"中的信息。课程管理员要通过用例"生成并发布开课汇总表"生成并发布最终的课程信息，供参与者教师管理部门、教材管

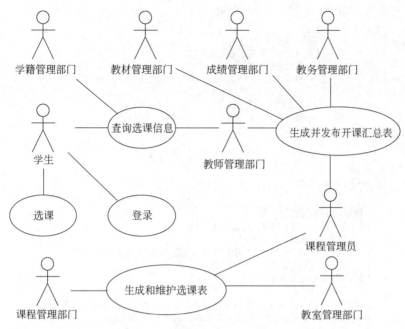

图 9-30 子系统"选课管理"的用例图

理部门、成绩管理部门和教务管理部门使用。

下面是对上述各用例的简单描述。

(1)"登录"用例的描述如图 9-31 所示。

```
用例：登录
用户启动系统
    呈现登录界面
输入用户名和密码
    如果重复次数不多于3次，系统对用户输入的用户名和
    密码进行验证，并给出验证信息，否则禁止登录
若不正确，返回上一步
```

图 9-31 "登录"用例的描述

(2)"查询选课信息"用例的描述如图 9-32 所示。

```
用例：查询选课信息
【前置条件：学生已经登录成功】
学生发查询请求
    系统给出查询类别提示
学生进行选择，发出控制命令
    若为课程介绍，系统生成相应信息，给出课程查询页面
    （内容详见表9-2编号为1.1的相应的输入和输出部分）
    若为任课教师介绍，系统生成相应信息，给出教师查询页面
    （内容详见表9-2编号为1.2的相应的输入和输出部分）
    若为本学期的选课表查询，系统生成相应信息，给出选课表查询页面
    （内容详见表9-2编号为1.3的相应的输入和输出部分）
    若为本学期已选课程，系统生成相应信息，给出已选课程页面
    （内容详见表9-2编号为1.4的相应的输入和输出部分）
    若为以往选课情况查询，系统生成相应信息，给出以往选课查询页面
    （内容详见表9-2编号为1.5的相应的输入和输出部分）
```

图 9-32 "查询选课信息"用例的描述

(3)"选课"用例的描述如图 9-33 所示。

```
用例：选课
【前置条件：学生已经登录成功】
学生发出选课请求
    系统给出适合该学生的选课表（内容见表 9-2 中编号
    为 1.3 的相应的输入和输出部分）
学生从列表中选课（选中或取消），发出控制命令
    若为选中，系统进行存储，并通知学生是否成功
    若为取消，退出本功能
```

图 9-33 "选课"用例的描述

(4)"生成和维护选课表"用例的描述如图 9-34 所示。

```
用例：生成和维护选课表
【前置条件：课程管理员已经登录成功】
课程管理员发选课表生成请求
    使用子系统"课程管理"中的开课申请信息和"教室管理"中的教室
    信息，生成选课表
课程管理员发选课表维护请求
    显示维护界面
课程管理员针对界面进行维护（对选课表内容进行增、删、改），发控制命令
    若为确认，系统进行存储，并通知是否成功
    若为取消，退出本功能
课程管理员选择发布选课表命令
    系统发布选课表
```

图 9-34 "生成和维护选课表"用例的描述

(5)"生成并发布开课汇总表"用例的描述如图 9-35 所示。

```
用例：生成并发布开课汇总表
【前置条件：课程管理员已经登录成功】
课程管理员发生成开课汇总表请求
    按照学生的选课信息生成最终开课汇总表，对外公布
    向参与者教师管理部门、 教材管理部门  成绩管理部门
    和教务管理部门发送相关信息
```

图 9-35 "生成并发布开课汇总表"用例的描述

9.4.3 系统分析

在掌握了上述需求后，下面开始用面向对象方法进行系统分析。

1. 设定类

在子系统"选课管理"中，首先设定两个类："学生"和"课程管理员"，用它们分别模拟相应的参与者。

子系统"选课管理"处理的一个关键对象是课程，因此将"课程"作为一个类。创建的"选课表"用来供学生选课使用，把它也作为一个类，且与"课程"形成组合关系。学生选课的结果应该放在一个类中，把它命名为"选课名单"。课程管理员把最终的选课信息形成一个汇总表，把它命名为"开课汇总表"，也作为一个类。

子系统"选课管理"需要从教师管理部门、学籍管理部门、课程管理部门和教室管理部门获取相关信息,因而需要设立以下需接口:"教师管理(需)""学籍管理""课程管理"和"教室管理"。子系统"选课管理"要向教师管理部门、教材管理部门、成绩管理部门和教务管理部门提供相应的数据,因而需要设立以下供接口"教师管理(供)""教材管理""成绩管理"和"教务管理"。

2. 建立类图

对设定的各个类,分别定义它们的属性和操作,考虑它们之间的关系,并绘制相应的类图。

(1)"学生"类。该类具有属性"姓名""学号"和"密码",设立操作"登录"和"修改密码"。学生要进行选课和相关查询,为此还需设立的操作有"选课""查询可选课程""查询课程内容""查询教师""查询已有成绩"和"查询本学期已选课程"。

(2)"课程"类。该类具有属性"课程名称""课程号""课程类别""学分""周学时""总学时""限选人数""现选人数""上课时间""上课地点""任课教师""课程内容介绍"和"院系"。该类有3个操作:"查询""增加选择"和"取消选择"。

(3)"选课表"类。该类具有属性"专业"和"作息表"。它与类"课程"具有聚合关系,它的实例要负责管理"课程"类的实例,故它要拥有操作"增加课程"和"删除课程"。另外,它还具有3个操作:"发布""查询"和"关闭"。

(4)"选课名单"类。该类只需记录课程号和学号,表明选各门课程的学生都有哪些。其内设有一个操作"查询",分别供学生和课程管理员查询与统计数据使用。

(5)"开课汇总表"类。该类的对象中的属性值由"课程""选课表"和"选课名单"3个类的对象的属性值计算而来。该类用于记录选课和排课的信息。其中的属性有"学号""姓名""班级""课程号""课程名""课程类别""学分""学时数""任课教师""院系""上课时间"和"上课地点"。

(6)"课程管理员"类。该类的属性有"姓名""工号"和"密码"。除了登录和修改密码外,课程管理员要生成选课表和开课汇总表,并维护选课表,因此在该类中设立操作"登录""修改密码""生成选课表""生成开课汇总表"和"维护选课表"。课程管理员还要分别向教务部门和教师管理部门发送教师任课信息,向成绩管理部门发送选课信息,向教材部门发送课程信息,故还要设立操作"向教务部门发送教师任课信息""向教师管理部门发送教师任课信息""向成绩管理部门发送选课信息"和"向教材部门发送课程信息",它们作为该类的供接口中的操作。

上述的类间关系如图9-36所示。

3. 建立顺序图

以文字的形式难以清楚地说明类图中类之间的关联,可以使用顺序图明确地表达。图9-37为学生选课的顺序图,它描述的是学生在整个选择课程期间的活动:首先要登录成功,然后可进行课程查询或选择课程,而且这两项活动是并发的。这种选课是循环的,次数不限,图中用loop(1,n)标识。通过顺序图的表达,这些交互关系就清晰多了。

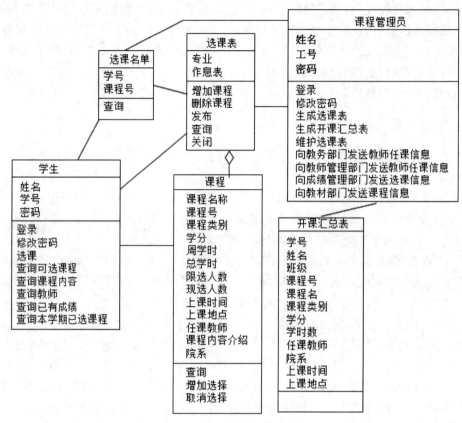

图 9-36 选课管理部分的类图

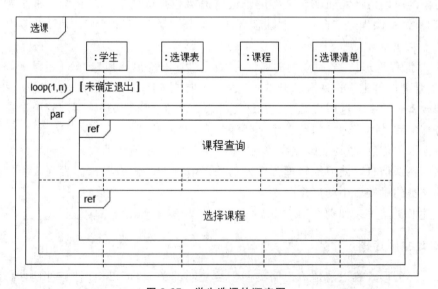

图 9-37 学生选课的顺序图

习 题 9

1. 名词解释

面向对象分析、用例

2. 选择题

(1)（　　）一般用于对系统的功能以及与系统进行交互的外部事物建模。
　　A. 类图　　　　　B. 序列图　　　　C. 协作图　　　　D. 用例图
(2) 在面向对象的分析过程中,构建系统静态分析模型主要使用的是（　　）。
　　A. 类图　　　　　B. 交互图　　　　C. 协作图　　　　D. 用例图
(3) 在面向对象的分析过程中,构建系统动态分析模型主要使用的是（　　）。
　　A. 类图　　　　　B. 交互图　　　　C. 协作图　　　　D. 用例图

3. 简答题

(1) 面向对象分析的内容有哪些?
(2) 简述用例图的开发过程。
(3) 用例之间存在的关系有几种? 如何表达?
(4) 在构建系统静态分析模型时如何绘制分析类图?

第 10 章 面向对象的系统设计

10.1 设计概述

1. 定义

面向对象的设计（Object-Oriented Design，OOD）就是在面向对象的分析模型基础上运用面向对象方法进行系统设计，目标是产生一个符合具体实现条件的面向对象设计模型。

2. 设计目标

面向对象的设计的目标是识别和确定所有对象，并生成每个用例，然后用足够的细节来说明每一个类，使得程序员能理解这些对象并可以为每一个类编写代码。

3. 设计任务

面向对象的系统设计一般可以分为两个阶段：总体设计和详细设计。

系统总体设计阶段的主要任务是设计一个简单清晰的系统体系结构，包括系统架构设计、子系统设计等内容。

系统详细设计阶段的主要任务是识别出系统运行过程中所使用的类以及类之间的关系，并为所有的类给出尽可能详细的定义和规范的说明，包括设计类的建立、数据库设计、人机交互设计等。

10.2 系统架构设计

1. 系统架构

系统架构是用来指导大型软件系统设计的，是由一系列的相关抽象模式组成的，其中，模式是指把解决某一类问题的方法归纳总结到一定高度的理论。软件架构是一个逻辑性的框架描述，它可能并无真正的可执行部分。大部分的软件架构都是由一个设计思想加上若干设计模式和一系列的接口规范、传输协议、实现标准等文档构成的。

系统架构可以描述整个系统的组成，它是一种思想、一个系统蓝图，是对软件结构组成的规划和职责设定。一个软件里有处理计算的、处理界面的、处理数据的、处理业务规则的、处理安全的等许多可逻辑划分出来的部分。软件架构的意义就是将这些可逻辑划分的部分独立出来,用约定的接口和协议将它们有机地结合在一起,形成职责明确、结构清晰的软件结构。软件架构可以简化系统的开发。

2. 常用的架构

在构建企业级 Web 应用和电子商务网站的时候,通常需要编写大量的代码,为了能够使这些代码分布在不同的计算机上,通常采用分层架构的思想。在企业中,架构通常分为两层、三层或 N 层。

1) 两层架构

传统的两层架构通常包括用户接口层和数据库层,如图 10-1 所示。数据库层通常只是一个数据库,可接收用户端的 SQL 请求;用户接口层几乎承担了所有工作,既展示用户界面,接收输入和输出,又要处理业务,还可通过网络与数据库直接进行对话。

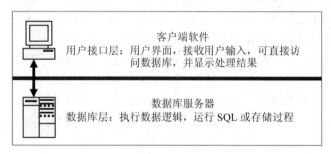

图 10-1 两层架构

2) 三层架构

三层架构通常将整个业务应用划分为 3 层:表现层、业务逻辑层、数据访问层,如图 10-2 所示。划分为 3 层的目的是为了实现"高内聚、低耦合"的思想。

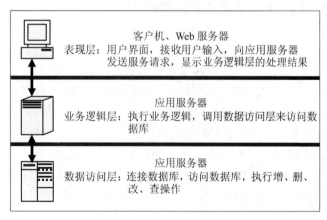

图 10-2 三层架构

(1) 表现层:就是展现给用户的界面。

(2) 业务逻辑层:针对具体问题完成不同的业务逻辑处理,调用数据访问层来访问数据库。

（3）数据访问层：直接操作数据库，包括对数据的增、删、改、查等操作。

B/S体系结构一般采用三层架构。3个层次是从逻辑上划分的，具体的物理划分方法可以有多种组合。表现层指各种网页，既包括浏览器中的显示网页，也包括Web服务器中的网页；业务逻辑层一般运行在应用服务器上，采用JavaBean或EJB等组件技术来实现，是应用程序最核心的部分；数据访问层负责对象的持久化和查询等操作，一般也采用JavaBean等组件技术来实现。这种三层架构在层与层之间是相互独立的，任何一层的改变都不会影响其他层的功能。

3) N层架构

在三层架构中，可以对某一层进行细化，例如业务逻辑层可进一步细化为会话层、实体层和业务层等。当一个应用具有3个以上的代码层时，通常把这个应用叫作N层应用。

两层架构的优点是开发过程比较简单，客户端的程序可直接访问数据库，部署起来比较方便。其缺点是程序代码维护起来比较困难，程序执行的效率比较低，用户容量比较小。

三层架构在两层架构的基础上，将表现层和业务逻辑层分开，降低了层与层之间的依赖性，从而使得开发人员可以只关注整个应用中的某一层，后台开发人员和前台界面设计人员可以同时工作，只要接口不变，一层的变化不会影响另一层的工作。三层架构有利于实现软件标准化，提高软件的可复用性，加快软件开发进度；但是三层架构部署起来比较困难。

根据实际的需要，可以进一步细化每一层，或者添加一些层，就形成了N层架构。和三层架构一样，N层架构组件化的设计使维护相对容易，但是部署更加困难。

10.3 子系统设计

一个信息系统不可能把所有的业务实体和业务过程都放在一个大系统中，这样会导致系统过于复杂，难以使用。因此，必须将这个大系统分解成若干个子系统，同时还要描述子系统之间的依赖关系以及定义子系统之间的接口。

1. 子系统的划分

子系统的划分方式比较多。可以按照系统的部门来划分，将在同一部门应用的软件划分为一个子系统；也可以按照功能来划分，将具有相似功能的模块放在一个子系统中；还可以利用系统分析阶段对用例分类的结果来划分子系统。

子系统划分完成后，还要确定子系统之间的关系，而且要注意尽量使子系统之间的关系保持低耦合。高耦合必然导致子系统之间的关系过于密切，一个子系统的变化必然会影响其他子系统，这就增加了子系统维护和理解的难度。如果出现高耦合性，可以考虑重新划分子系统，将子系统的粒度减小；或者重新规划子系统的范围，尽量把相互依赖的元素划到一个子系统中。

2. 子系统的设计

在UML中，通常使用包的机制来说明子系统。包图是UML中的一个高层次的图，它可以将具有一定关联性的类联系起来,例如前面所讲述的三层架构,表现层、业务逻辑层和数据访问层,可以分别放在 3 个不同的包中。包使用一个制表方框来表示,包名一般放在制表方框的标签上,也可以放在方框的内部。在包与包之间或者包中的类和类之间一般存在着一定的依赖关系,它表示如果系统中的一个包(或类)发生了变化,那么另一个包(或类)也一定会发生变化。在 UML 中,依赖关系在包图中一般使用虚线箭头来表示,箭头指向被依赖的包。图 10-3 给出了一个人力资源管理系统中工资管理子系统的包图。

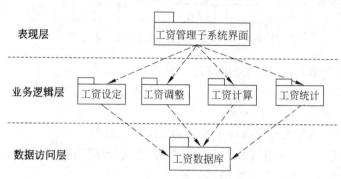

图 10-3 工资管理子系统的包图

3. 子系统间的接口设计

系统中的各个子系统之间往往存在一定的依赖关系,它们在业务操作中相互关联,对于这种子系统间的关联,在设计时需要对其定义接口。为了降低各子系统之间的耦合性,子系统之间的通信只允许通过接口来实现。定义的接口中包含子系统间通信的形式和通过子系统边界的消息。其他子系统只能通过接口间接地使用一个子系统提供的服务,不能直接地操作这个子系统的内容。因此,只要子系统对外接口不改变,无论子系统内部发生怎样的变化,也不会对依赖于该子系统的其他子系统产生影响。

子系统接口的内容描述主要包括以下几个方面:
(1) 操作的名称。
(2) 操作的返回值及其类型。
(3) 操作时要使用的参数名及参数类型。
(4) 操作主要做什么(给出处理的文字描述,包括关键的算法)。

10.4 设计类的建立

10.4.1 设计类图的构建

1. 设计类图的符号

系统分析阶段所构造的分析模型称为分析类图,进入设计阶段后需要将其转变为设计类图。在 UML 中,设计类和分析类在本质上是不同的,分析类图是从用户的角度得到的业务系统,而设计类图更多地是从系统、软件的角度出发来描述和表达系统。

在系统分析阶段将分析类分为实体类、控制类和边界类3种类型,在设计阶段设计类同样也包括实体类、控制类和边界类3种类型。与分析类的表示符号不同,设计类采用了如图10-4所示的表示形式,这种表示形式更接近于软件。

图10-4 实体类、控制类和边界类的构造型

实体类也称为永久类,对应分析模型中的某个对象。

边界类是存在于系统边界上的对象类。一般可以通过用例的人机交互设计来发现边界类。

控制类是指在边界类和实体类中间起到协调作用的类。

图10-5描述了一个人力资源管理系统中的"工资计算"用例,它从设计类的角度表达了实体类、控制类和边界类之间的协作关系。

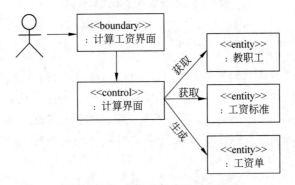

图10-5 3种设计类的协作示例

2. 设计类图的构建

在系统分析阶段已经确定了分析类、类的属性以及类之间的关系。在系统设计阶段,将对分析类图进行扩展分析,从而构建出设计类图。下面给出从分析类图到设计类图的转化步骤。

(1) 把分析类图中的类和类之间的关系直接转到设计类图中。把系统分析中确定的各个分析类、类之间的关系以及类的一些属性直接转到设计类图当中,从而构建出设计类图。

(2) 补充设计类的属性。分析类图所表示的属性都是分析类的最主要和最基本的属性,不一定全面,需要进一步补充完整。同时,还要确定这些属性所属的类型,例如日期型、布尔型、整数型等。除此之外,还要定义每个属性的可见性,主要包括公有的、私有的和保护的三种类型。

① 公有的(public),在 UML 中表示为+,表示该属性在系统所有的地方都可见。

② 私有的(private),在 UML 中表示为一,表示该属性仅在定义的类中可见。
③ 保护的(protected),在 UML 中表示为♯,表示该属性仅在定义的类以及其所有的派生类中可见。

属性的可见性往往是根据系统设计员的经验来确定的。一般而言,大多数对象的可见性都是私有的,通过在属性前面加一来表示,如图 10-6 所示。

(3) 设计关联关系和添加依赖关系。在设计类图中需要为关联类之间添加导航箭头,表示源类和目的类之间所发送的带有方向的消息。为了说明边界类与控制类之间的依赖关系,还需要画出它们与控制类之间的依赖关系线。以上过程可以不断地完善和修正。

图 10-6 工资单的属性

图 10-7 是一个转化后的工资管理子系统的设计类图。

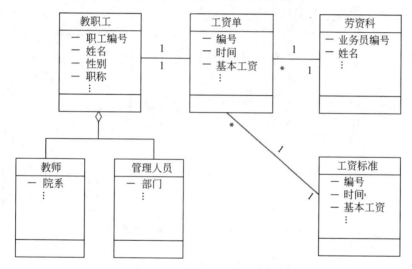

图 10-7 工资管理子系统设计类图

10.4.2 交互图的设计

在 10.4.1 小节中建立的设计类图还只是一个系统的初步设计模型,需要改进的内容还很多,可以使用交互图(顺序图和协作图)来进一步完善。

在系统分析模型的建立过程中,已经使用了顺序图和协作图描述系统用例中对象之间的交互过程,但仅给出了对象行为的基本轮廓。进入设计阶段后,对这些交互图需进一步展开,扩充更多的设计细节。

1. 顺序图

顺序图用来描述用例实现过程中的协作以及对象之间的相互关系,而且它强调对象交互的顺序。顺序图为每一个用例或者系统的功能描述了信息的输入和输出,记录了系统与参与者之间交互的过程和数据传递的关系。传递的消息间如果存在一定依赖关系,可以使用分级或分层编号的方法对顺序图以及协作图中的消息进行编号,例如将消息编号为1、1.1、1.1.1,使用这种编号方法可以使交互图更加清楚。例如,根据前面的分析和设计,人力资源管理系统中"工资计算"用例的设计顺序图如图10-8所示。

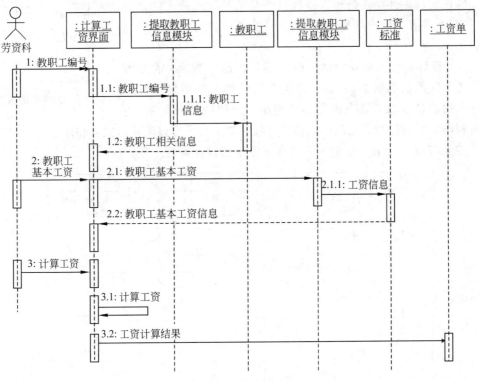

图10-8 "工资计算"用例的设计顺序图

2. 协作图

在系统设计阶段,协作图和顺序图的作用是相同的,究竟使用顺序图还是协作图来设计,主要依赖于开发团队的设计习惯和设计人员的个人爱好。因为协作图中不再用生命线来表示用例中对象交互的时间顺序,所以协作图中描述消息的格式与顺序图稍有不同,每个消息前面必须添加一个编号来说明它们之间的次序关系。在协作图中,对象之间、参与者与对象之间增加了一条连线,表示它们之间共享消息,其中一个对象负责发送消息,另一个对象负责接收消息,当然这种连线的目的是为了在对象之间传递消息,因此连线仅仅表示传输消息的通道。图10-9给出了人力资源管理系统中"工资计算"用例的设计协作图。与顺序图相比,协作图更关注用例中对象之间的协作,更容易观察出用例中所有对象的运行全貌,但是获取协作图中的消息顺序就变得困难了。

到底是画顺序图还是画协作图呢?通常在一个系统设计文档中,既会有协作图也会有顺序图,两种交互图可以混合使用,可以根据具体的情况来选择使用不同的图。一般情况下,可以先用协作图来草拟出用例的解决方案,对于比较简单、对象交互比较少的用例来说,给出用例的协作图就足够了。而对于业务流程比较复杂的用例,最好给出其对

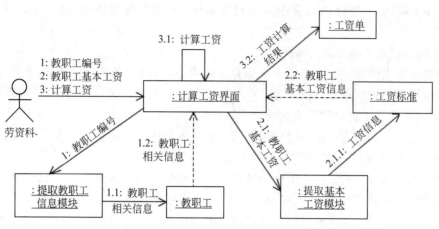

图 10-9 "工资计算"用例的设计协作图

应的顺序图,因为顺序图更能明确地描述消息的流向及顺序。

10.5 数据库的设计

数据库设计是系统设计中非常重要的任务之一,它会直接影响后面的系统实现工作。目前大多数数据库都支持面向对象的设计方法。判断数据库是否支持面向对象技术主要是看其数据库设计模式是否能够支持具体应用系统的对象模型。

一般而言,先进行应用系统设计,再设计数据库,所以面向对象的数据库设计的主要任务就是将应用系统的对象模型映射为数据库模式。与结构化的数据库设计相比,面向对象的数据库设计方法更具优势,因为它可以实现应用系统对象到数据库对象的直接映射,同时数据库的逻辑模型又可以直接模拟应用系统中的各个实体对象的关系。

1. 永久类的概念

类是由若干具有相同属性的对象组成的集合,而对象是类的一个实例。系统中的各种对象一般分为两大类:暂存对象和永久对象。暂存对象是指对象的属性在实例化或方法调用过程中只暂时存在于内存中,也可以说只存在于一个程序或过程的生命周期中,并不需要存储在数据库或某个物理文件中。暂存对象在程序中使用时由类实例化而产生,在程序结束时消失。需要长期存储的对象在概念上称为永久对象,其所属的类称为永久类。在永久对象被实例化或被调用过程中,其属性虽然也暂时存在于内存中,但当创建永久对象的程序或过程终止时,该永久对象将被永久地存储在某个物理文件或数据库管理系统中,而不会随着程序的结束而消失。

2. 面向对象的数据库设计步骤

下面介绍面向对象的数据库设计的主要过程,实现由类图到数据库模式的转换。面向对象的数据库设计步骤如下:识别永久类及其永久属性;实现类到数据表的映射;实现关联关系的映射；实现继承关系的映射；设置每个字段的数据类型和范围。下面介绍前 4 个步骤。

1) 识别永久类及其永久属性

一般认为实体类对象才需要永久地存储起来，即只有实体类才可能成为永久类，所以在设计类图中识别永久对象或暂存对象比较容易。例如，一个人力资源管理系统中的"教职工""教师""工资单""工资标准"等实体类就是永久类。实体类中的实体概念与结构化方法的 E-R 图中的实体概念非常类似，但实体类中的实体（对象）不仅包括数据，还包括行为或操作，而 E-R 图中的实体中只有数据，没有操作。

接下来的任务是确定永久类中需要永久化的属性。需要说明的是，识别出来的永久类中的属性并非都需要永久化，即只有一部分数据需要存储到数据库或物理文件中，这些需要永久化的属性其实就是以后数据库中的字段。例如，实体类中那些出于特殊目的而添加的临时属性以及可从其他属性导出的属性等是不需要永久化的。

2) 实现类到数据表的映射

永久类及其永久属性的确定为接下来的数据库设计工作奠定了基础。实现类到数据表的映射，既可以从分析类图入手，也可以从设计类图开始。因为分析类图与关系模型更接近，而且没有显示关联的方向，因此最好先从分析类图入手，将分析类映射到数据表。然后，结合设计类图进行适当调整和修改，并根据设计类的属性类型确定数据表中字段的类型。

由前面的分析可知，只有实体类才是永久类，才能映射成数据库中的关系表。映射后的关系表可以与实体类同名，关系表的每个字段名直接取自实体类中的每一个永久属性，而关系表中的每一条记录都对应着业务领域中的一个具体的对象实例。此外，还要给数据表定义一个属性（如职工编号）作为主键，这样可以唯一标识每一个实体对象，更便于面向对象的程序设计。

例如，把人力资源管理系统中的永久类"教职工"映射为数据库中的"教职工"数据表，表名为"教职工"，字段名与对象属性同名，主键为"职工编号"，如图 10-10 所示。

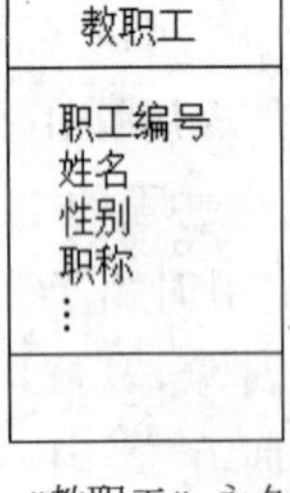

(a) "教职工" 永久类　　　　　(b) "教职工" 表

图 10-10　类到表的映射

3) 实现关联关系的映射

（1）一对一或一对多关联的映射。

在面向对象的系统中，可以使用对象指针来实现对象之间的关联。例如，对于一对一的关联，可以从关联的两个对象中选择一个对象，并在该对象中添加一个指针类型的属性,使其指向另一个对象,从而实现对象之间的关联。

对于一对多的关联,只能选择多重性为"多"的对象,并在该对象中添加一个指针类型的属性,使其指向另一个对象。

一对一或一对多的关联到关系数据库的映射使用关系数据库中的外键来实现。例如,对于一对多的关系,将在"多"方的数据表中添加一个外键指向"一"方数据表的主键,例如图10-11中的学生表外键"学院编号"。因此,数据表的外键相当于设计类中的对象指针。

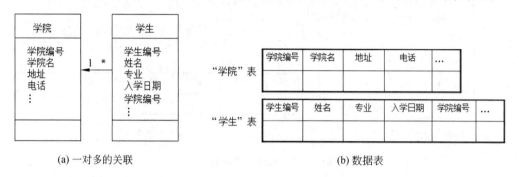

图 10-11　关联关系的映射

(2) 多对多关联的映射。

对于多对多的关联关系,可以采取在关联对象中间增加新对象的方法来实现,并且要在表示关联的新对象中增加两个指针类型的属性,分别指向关联的两个对象,从而使多对多的关系变成两个一对多的关系。经过这样的处理,就可以按照上面的一对多的处理方式来完成多对多关联(例如学生和老师的关联)到数据库的映射。

(3) 关联类的映射。

关联类非常类似于上面为多对多的关联而生成的新的对象类,但二者也有很大的区别,因为关联类本身就是一个实体类,它拥有自己的属性,而且不管关联两端的多重性如何,都必然要映射为数据表。关联类映射后的数据表字段与关联类的属性对应,有时还要为该数据表设置主键 ID 列。

例如,如图 10-12(a)所示的关联类"评教",可以生成一个数据表"评教"。"评教"也可以设置一个主键的 OID,两个外键("学生编号"和"教师编号")分别引用关联两端的对象("学生"和"教师"),还包括它自身的属性列("学期""课程名""成绩"等),如图 10-12(b)所示。

此外,整体与部分的关系(包括聚合和组合关系)实际上是一种特殊的关联关系,所以,完全可以按照上面的关联关系映射方法将聚合和组合关系转换成数据表。

4) 实现继承关系的映射

关系数据库并不支持面向对象方法中的继承关系,因此,无法实现对象继承关系到数据表的直接映射,只能采取适当的策略实现二者的转换。下面介绍两种常用的转换方法。

(1) 将继承关系中每个类都转换为一个数据表。该方法是将继承关系中父类及其所有子类分别转换成一个数据表,而且需要在各子类表中设置一个外键来引用其父类表。这样,父类表和子类表各自拥有自己的字段属性,而为了完全获取一个子类的所有数据,

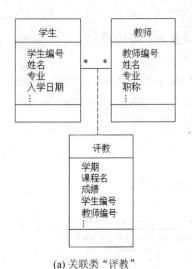

(a) 关联类"评教"　　　　　　　　　　(b) "评教"表

图 10-12　关联类的映射

必须将父类表与子类表通过主外键连接起来。该方法充分体现了面向对象方法中的继承概念，但由于需要额外的连接操作而会影响系统性能。

（2）只将继承关系中的每个子类转换成数据表。该方法只将继承关系中的每个子类转换成数据表，而对父类不独立创建数据表，将父类的所有属性都复制到子类表中。因为该策略使子类表包含从父类到子类的所有信息，从而省去了上面的连接操作，系统运行效率高，但不能体现面向对象方法中的继承关系概念。

以上两种继承关系的转换方法都有各自的优缺点，在设计时需要根据系统的具体需求来使用。例如，在人力资源管理系统中的"教职工"类是"教师"和"管理人员"类的父类，继承关系如图 10-13(a)所示。按照上面的第一种方法对此继承关系进行了转换，生成"教职工"表、"教师"表和"管理人员"表，并且在"教师"表、"管理人员"表中添加父类的主键"职工编号"，以便父类与之连接，如图 10-13(b)所示。

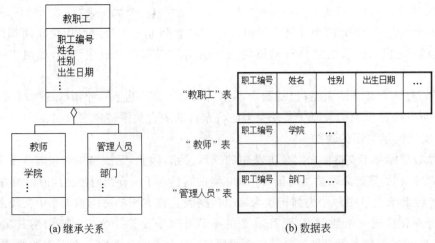

(a) 继承关系　　　　　　　　　　(b) 数据表

图 10-13　继承关系的映射

10.6 人机交互部分的设计

人机交互部分是面向对象设计模型的组成部分之一，突出人如何命令系统以及系统如何向用户提交信息。现在的系统大多采用图形方式的人机界面，因为这样的界面形象、直观、易学易用，远胜于命令行方式的人机界面。若要让人机界面变得友好，还要考虑很多因素，因为人机界面的开发不单纯是软件问题，还需要认知心理学、美学和工程学等许多其他学科的知识。

在人机交互部分设计阶段的前期仍可以采用界面原型法，即界面设计人员按用户需求设计出界面原型，提交给用户去评判；用户根据自己的经验和需求，对界面进行学习后，经过一定的评判，把结果反馈给设计人员，让设计人员继续设计。这种过程可能要反复进行多次，使得双方的意见达到一致，直到用户认可为止。

10.6.1 人机交互部分的需求分析

要设计人机交互部分，首先要对使用系统的人进行分析，以便设计出适合其特点的交互方式和界面表现形式；然后对人和机器的交互过程进行分析，解决的核心问题是人如何命令系统以及系统如何向人提交信息。

1. 分析与系统交互的人员

人对界面的需求不仅在于人机交互的内容，而且在于他们对界面表现形式、风格等方面的爱好。前者是客观需求，对谁都一样；后者是主观需求，因人而异。根据对不同的人员进行调查研究及了解他们的主观需求，按照一定的准则进行折中与均衡，确定界面表现形式和风格。

2. 通过用例分析人机交互过程

从与人有关的用例中抽取人机交互描述的方法为：针对各用例，先删除所有与输入输出无关的语句和不包含任何内容的控制语句与括号，剩下的就是对参与者(人)使用系统功能时的人机交互的描述。图 10-14 为一个从用例提取人机交互描述的示例。图 10-14(a)中的文字为对"收款"用例的描述，其中带有下画线的文字是准备删除的。图 10-14(b)中的文字为针对"收款"功能的人机交互的描述，该描述加上已有的界面原型就是针对"收款"功能的人机界面部分的需求分析结果。

10.6.2 人机交互部分的实现

现在一般使用窗口系统、图形用户界面和可视化编程环境来进行人机界面的开发。特别是在可视化编程环境中可以按所见即所得的方式定义所需的人机界面，并且按此方式定义的界面对象可由编程环境提供的工具自动地转化为程序代码，这使得人机界面的设计工作大大简化。然而，仍有一些采用面向对象方法所必须要考虑的设计工作要做。

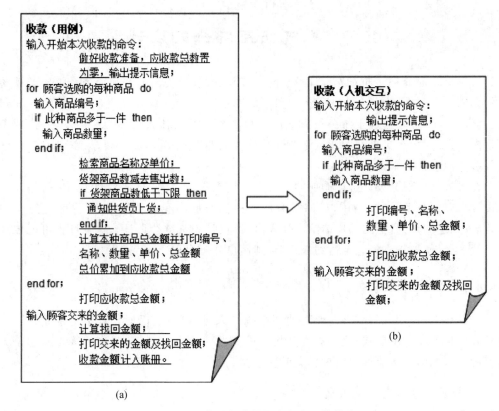

图 10-14 从用例中提取人机交互的描述

1. 设计输入输出

在设计输入输出的时候,要注意以下一些问题。

1) 输入的设计

输入的设计主要包括以下 3 个工作。

(1) 确定输入设备。常见的输入设备有键盘、鼠标、磁卡阅读器、条码阅读器、扫描仪、触摸屏、电子笔和书写板等。键盘和鼠标属于标准的计算机设备,无须考虑。对于一些非标准的计算机外部设备的接口程序,可以把它们放在相应的类中。如果要从外系统输入数据,可以把外系统的接口程序放在相应的类中。如果要隔离外部设备或外系统的变化对本系统的影响,可以为外部设备或外系统的接口程序单独设立类。

(2) 设计输入界面。在用户的输入界面中,主要的界面元素有窗口、菜单、图符、滚动条和按钮等,在设计的时候要分别处理。下面以菜单的设计为例。菜单是提供给用户的一系列命令。大部分系统都具有通用形式的菜单,如"文件""视图""工具""窗口"和"帮助"等,但也都具有自己的特有部分。在设计特有部分时,要保证术语的一致性和简洁性,并按逻辑对菜单项进行分组。如果要为不同用户设计不同的菜单,最好可以允许用户对菜单进行重组。

(3) 输入步骤的细化。向系统输入信息时,可以一次输入完毕,也可以分为若干步骤完成。以较少的步骤完成输入,意味着每一步输入的内容较多,不易记忆;以较多的步骤完成输入,可以使每个步骤的操作比较简单,并且容易对用户形成引导,但总的操作步骤会增加,使操作效率下降。技能熟练的用户倾向于追求效率,初学者和一般水平的人员更希望系统能够引导他们进行正确的操作。一项输入被细化后,可能变成输入与输出交替的动作序列,其中的输出是系统的计算结果或系统对用户的提示信息等。

2) 输出的设计

输出的设计主要包括以下 3 个工作。

(1) 确定输出设备。常见的输出设备有打印机、显示器、绘图仪、文件或数据库表等。一些非标准的计算机外部设备的接口程序可以放在相应的类中。如果要向外系统输出,可以把与外系统的接口程序放在相应的类中。如果要隔离外部设备或外系统的变化对本系统的影响,可以为外部设备或外系统的接口程序单独设立类。

(2) 确定输出的形式和内容。输出的形式有文本、表格、图形、图像、声音和视频片段等。输出的内容包括提示信息、系统的计算或处理结果、对输入处理情况的反馈信息等。

(3) 输出步骤的细化。如果系统输出的信息量较大,可以分若干步骤完成。一种常见的做法是显示一条简单的信息,通知用户如何得到更详细的输出信息。另一种做法是为用户设计一些阅读或浏览输出信息的动作,在这些动作的控制下,展示输出信息中用户所关心的部分。这样,一项输出就可以细化为一个输入与输出交织的过程。细化时考虑的主要问题是如何使用户感到方便以及输出介质(如显示屏、纸张等)的版面限制。

2. 用面向对象的概念表达所有的界面成分

在人机交互部分的设计中,要用面向对象的概念表达所有的界面成分。以下给出一些策略。

(1) 每个窗口对应一个类。

(2) 在窗口中,按照命令的逻辑部署需要的元素,如菜单、工作区和对话框等。窗口中的部件元素对应窗口类的部分类,部分类与窗口类形成聚合关系。

(3) 发现窗口类间的共性以及部件类间的共性,定义较一般的窗口类和部件类,分别形成窗口类间以及部件类间的泛化关系。

(4) 用类的属性表示窗口或部件的静态特征,如尺寸、位置和颜色等。如果使用界面生成工具可视化地定义界面,这样的属性往往会自动地出现在窗口和部件的属性栏中。重要的是用属性表示逻辑特征,例如在菜单类中,每个选项表示一条命令,属性的名称要与它所对应的命令相符。还要注意对表示界面类间聚合关系的属性的命名,这样的属性要确切地表达每个部件的名称。

(5) 用操作表示窗口或部件的动态特征,如选中、移动和滚屏等。如果使用界面生成工具,不需要对这些操作的特征标记花费过多的精力,重要的是对命令进行响应的部分的设计,如选中一个命令按钮后具体要执行什么后续操作。

(6) 发现界面类之间的联系,在其间建立关联。必要时,进一步绘制用户与系统会话的顺序图。

10.7 面向对象系统设计的实例

针对 9.4 节教学管理系统实例中的选课管理子系统,下面给出简单的系统设计过程。

1. 系统架构设计

在实现方面,使用 Windows 操作系统,用 JSP 和 Java 编程,用 Oracle 数据库系统管理数据。整个系统采用集中数据管理,Oracle 数据库系统运行在一台服务器上,所有程序放在 Web 服务器上,用户均通过浏览器使用系统,如图 10-15 所示。"Web 浏览器"中有一个多重性标识"1..*",表示"Web 浏览器"的实例至少有一个,没有上限。

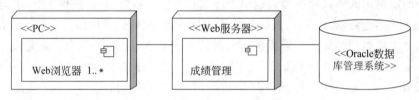

图 10-15 选课管理子系统的部署

2. 设计类图的构建

将图 9-36 中的各个分析类、类之间的关系以及类的一些属性直接转到设计类图当中,对各个类的属性进行核查和补充,并添加每个属性的可见性,设计相应的关联关系并添加依赖关系,从而构建出设计类图,如图 10-16 所示。

图 10-16 中的类和相应的接口以及它们间的关系如下。

(1) 课程管理员通过子系统"课程管理"实现的接口"课程申请"获得本学期的开课申请信息,并通过子系统"教室管理"实现的接口"教室分配"获得对本期各课程所在教室情况。根据上述信息生成选课表,其中包括课程的详细信息。在发布选课表前,课程管理员可增、删、改(维护)选课表中的课程;在第二周,课堂管理员还要从中去掉未达到规定人数的课程。为了完成上述工作,"课程管理员"类与"选课表"类设立关联"管理"。

(2) 在选课结束后,课程管理员要依据选课情况生成最终的开课汇总表,并进行发布,为此在"课程管理员"类与"选课名单"类间设立关联"计算",在"课程管理员"类与"开课汇总表"类间设立关联"生成"。

(3) 学生通过接口"学籍管理"查看自己已经取得的各科成绩,通过接口"教师管理"查看任课教师的情况,因此在"学生"类与上述两个接口间存在着依赖关系。

(4) 学生通过课程号查询课程内容,或通过在课程表中找到相应的课程名,再进一步查看课程内容,因此在"学生"类与"选课表"类以及"课程"类间均设立关于查询的关联。

(5) 在选课截止前,学生可随时在选课表中选择课程,并把所选结果记录在选课名单中。但在选课截止后,学生只能查看选课名单中自己的那部分,因此在"学生"类和"选课

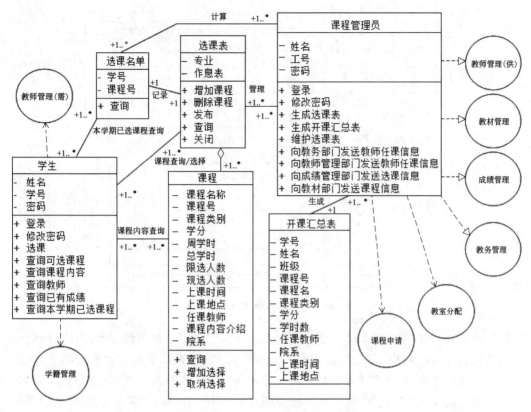

图 10-16 选课管理子系统的设计类图

名单"类间设立关联"本期已选课程查询",在"选课表"类和"选课名单"类间设立关联"记录"。在"学生"类和"选课表"类间设立关联,按照前面的分析,可能只查询而不选课,也可能选课,因此把二者间的关联命名为"课程查询/选择"。

3. 交互图的设计

前面以文字的形式说明了类图中类之间的关联的作用,这种说明往往不能清楚地描述事物间的交互情况,这就需要使用交互图来予以明确的表达。图 10-17 给出了与学生选课查询有关的顺序图。对于学生选课来说,"学生"类与其他 3 个类存在着关联,这些类的对象间的交互较为复杂。另外,学生通过接口"学籍管理"查看自己已经取得的各科成绩,通过接口"教师管理"查看任课教师的情况。通过图 10-17 的表达,这些关联与交互就清晰多了。

4. 数据管理部分的设计

在选课期间,学生随时会登录到系统进行选课和查询有关信息;在维护课程信息期间,有关教务人员随时使用系统。在一个用户登录成功后,相应的子系统就创建一个对象,如"学生"对象或"课程管理员"对象。

选课管理子系统通过数据库系统与其他子系统进行数据交换,即通过接口从数据库

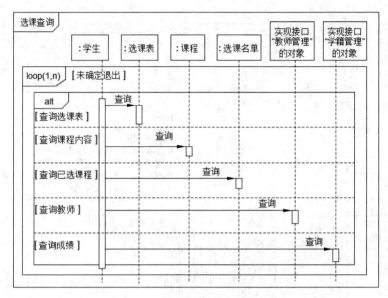

图 10-17　有关选课查询的顺序图

中获取数据,或者向数据库写入数据。因此需要按照供需双方共同约定的接口规约设计相应的数据库表的结构,并在接口相关的类操作中构造 SQL 语句。对于选课子系统,"学生"类的操作包括"查询可选课程""查询课程内容""查询教师""查询已有成绩"和"查询本学期已选课程"等,可用 SQL 构造相应的查询(select)语句。"课程管理员"类的操作包括"选课表维护"和"生成选课表"等,也要用 SQL 构造相应的插入(insert)语句、查询(select)语句、更改(update)语句和删除(delete)语句。

在选课管理子系统中,"学生"类和"课程管理员"类与数据库的存取有关,且二者的实例不会同时使用数据库,即,在课程管理员生成与维护选课表期间,学生是不能选课的,反之亦然。而学生之间或课程管理员之间的并发性,即同类参与者实例使用浏览器对服务器端的数据库进行访问而引起的并发性,由数据库本身的并发机制进行控制。

下面主要考虑对持久存储类的数据库表的设计。由于"选课表"类和"课程"类构成了聚合关系,现针对二者分别设立两张表,并在与"课程"类对应的表中用外键指明二者间的关联。用一张表存储"选课名单"类的对象的属性值。对于派生出来的"开课汇总表"类,考虑到查询效率,也用一张表存储它的对象的属性值。此外,对于"学生"类和"课程管理员"类也分别设立一张表,用于存储相应的对象的属性值。表 10-1 和表 10-2 分别给出了"选课表"类和"课程"类的数据库表的结构。

表 10-1　"选课表"类的数据库表的结构

字段	类型	长度	解释
专业	字符串	30	
作息表	文本		按每日 10 节课的时间安排
特殊日期	文本		节假日和运动会等日期

表 10-2 "课程"类的数据库表的结构

字段	类型	长度	字段	类型	长度
课程号	字符串	30	已选人数	整数	3
课程名	字符串	8	上课地点	字符串	30
课程类别	字符串	10	上课时间	字符串	20
学分	整数	1	任课教师	字符串	10
总学分	整数	2	课程内容	文本	
周学分	实数	4	院系	字符串	20
限选人数	整数	3	专业	字符串	30

表 10-1 的主键为专业。

表 10-2 的主键为课程号，外键为专业。

5．人机交互部分的设计

针对 9.4 节中的表 9-2 中的内容进行界面设计，每个界面用一个类来实现，这样的类可简称为界面类。在界面类的类名下标有<<JSP>>，表示这样的一个类实际上对应着一个 JSP 页面，并不是真正的类。页面之间存在着链接，页面间的关系均为<< Link >>。图 10-18 描述了 JSP 页面之间的这种关系。

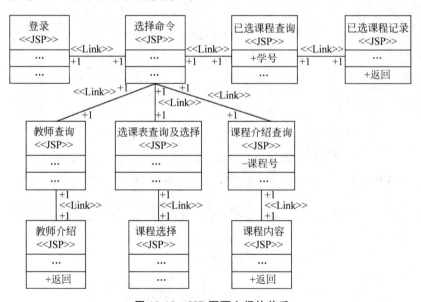

图 10-18 JSP 页面之间的关系

按照选课管理子系统界面设计的要求设计出相应的界面。图 10-19 是用户登录界面，适用于所有用户。

用户登录成功后，系统弹出如图 10-20 所示的选择命令界面。

图 10-19　用户登录界面　　　　　　　　图 10-20　选择命令界面

图 10-21 是课程介绍查询界面。用户填写正确的课程号并单击"提交"按钮后,弹出如图 10-22 所示的课程内容介绍界面。

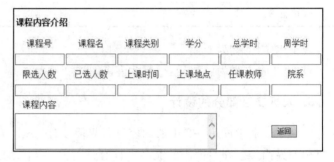

图 10-21　课程介绍查询界面　　　　　　图 10-22　课程内容介绍界面

图 10-23 和图 10-24 是任课教师查询界面和任课教师介绍页面。

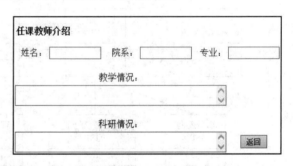

图 10-23　任课教师查询界面　　　　　　图 10-24　任课教师介绍界面

图 10-25 是选课表查询及选择界面,填写相应信息,单击"提交"按钮后,弹出如图 10-26 所示的课程查询/选择界面。

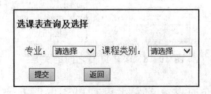

图 10-25　选课表查询及选择界面

如果学生想查询以往所选课程的记录,在如图 10-27 所示的界面中输入学号,单击

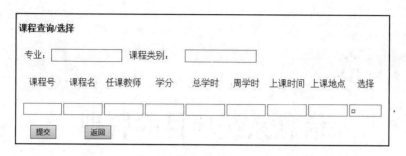

图 10-26　课程查询/选择界面

"提交"按钮后,可得到如图 10-28 所示的该学生已选课记录。

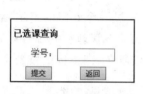

图 10-27　已选课查询界面

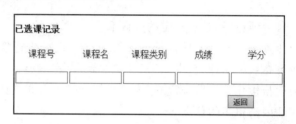

图 10-28　已选课记录

习　题　10

1. 名词解释

面向对象的设计、永久类

2. 选择题

在 UML 中通常使用(　　)来说明子系统。
A. 包图　　　　　B. 类图　　　　　C. 用例图　　　　　D. 协作图

3. 简答题

(1) 常用的系统架构方法有哪些?它们各有什么优缺点?
(2) 设计类图的构建步骤有哪些?
(3) 面向对象的数据库设计步骤有哪些?
(4) 如何进行人机交互部分的需求分析?

第 11 章 信息系统项目的管理

所谓项目,就是在一定的资源和要求的约束下,为实现既定目标而实施的一次性的系列任务。而项目管理就是以项目为对象的系统管理方法,通过一个专门的组织,对项目进行高效率的计划、组织、指导和控制,以实现项目全过程的动态管理和项目目标的综合协调与优化。一般来说,作为项目管理的一般是技术上比较复杂、工作量比较繁重、不确定性因素很多的任务。

信息系统的开发是一项涉及面广、技术难度大的综合性系统工程,需要投入大量的人力、财力、物力和时间等资源,只有使用现代项目管理的科学理念与方法对信息系统的整个开发过程进行控制,才能够以较小的投入取得较为理想的效果。信息系统开发的项目管理是为了使开发项目能够按照预定的成本、进度和质量顺利完成,根据管理科学的理论,对需求、成本、人员、进度、质量、风险等进行科学分析和有效管理及控制,并利用工程化开发方法所进行的系统活动。

信息系统的项目管理覆盖信息系统开发和建设的全过程和各个领域,主要包括项目的成本管理、项目的风险管理、项目的时间管理、项目的质量管理、项目的人员管理和项目的文档管理等。

11.1 信息系统项目的成本管理

项目的成本管理贯穿于项目实施的始终,其目标是确保在批准的预算内完成项目。一个项目的成本是否控制在预定的成本范围内,是衡量一个项目成败的因素之一。

项目成本管理包括制定资源计划、成本估算、成本预算和成本控制 4 个过程。

(1) 制订资源计划。主要用来确定为执行项目活动所需要的资源(人员、设备和材料)及其数量。该过程的输出是资源需求清单。

(2) 成本估算。估算出为完成项目活动所需资源的成本。

(3) 成本预算。将估算出的成本分配到各个子项目上去,以建立一个衡量绩效的基准计划。

(4) 成本控制。在项目实施过程中不间断地实施成本绩效分析,控制项目预算的改变,实现对成本的有效控制。

11.1.1 资源计划

信息系统项目的开发需要消耗一定的资源,项目成本管理的一个重要任务是要对完成该项目所需的资源进行估算。为了成本的估算、预算和控制,项目经理首要的工作就是根据项目计划书确定完成项目需要什么物质资源及资源的数量。

在做一个项目的资源计划时,通常需要确定以下资源。

（1）人员资源。考虑各种开发系统所需的资源时,人是最重要的资源。在安排开发活动时必须考虑人员的技术水平、专业、人数以及在开发过程各阶段中对各种人员的需要。人员资源计划必须包括系统项目要求的人员数,包括系统分析员、高级程序员、程序员、操作员、资料员、软件测试人员、外聘专家等以及各类人员工作的时间阶段。

（2）硬件资源。开发过程中需要使用的计算机及有关的外部设备,例如服务器、打印机、扫描仪、绘图仪等。

（3）软件资源。开发过程中所需要的系统软件、应用软件以及一些辅助软件工具,例如操作系统、数据库管理系统、编程工具、组装和测试工具、项目管理工具、网络支持工具、原型化和模拟工具、维护工具等。

资源计划的结果就是详细的资源需求清单。在资源需求清单中需要对每一种资源说明以下4个特性：

（1）资源的描述。

（2）资源的有效性说明。

（3）资源在何时开始需要。

（4）使用资源的持续时间。

11.1.2 成本估算

1. 成本的构成及影响因素

系统项目的成本随着系统的类型、范围及功能要求的不同而不同,可以根据系统生命周期将系统成本划分为开发成本与运行维护成本两大类,在各类中又可根据项目的目的进行逐级细分,如图11-1所示。开发成本主要是指系统开发过程中所花费的工作量及相应的代价,它不同于其他物理产品的成本,基本上不包括原材料和能源的消耗,主要是人的劳动的消耗。

在对系统建设项目进行成本估算时,还需要考虑各种因素对项目成本的影响,可以根据每个成本因素的重要程度和影响大小赋予它们一定权数,从而建立系统成本模型。在成本估算时一般都需要考虑以下成本因素。

（1）生产成本因素。这往往是由项目的规模和复杂程度所决定的。需要考虑的生产成本因素有系统功能复杂程度、系统数据库的规模、系统应用层次和系统的可靠性等。

（2）硬件成本因素。系统硬件购置应该本着满足信息系统设计要求的原则,不应盲目追求高端的硬件,而应该考虑实现最佳的性价比,当然同时还要考虑系统的可扩展性。

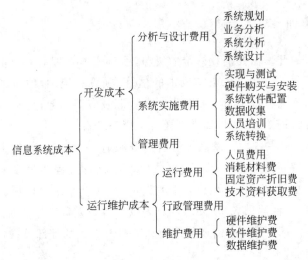

图 11-1 系统成本的构成

在具体估算时需要考虑以下因素：系统执行时间和网络响应时间要求、系统存储容量要求、系统升级要求等。

（3）软件成本因素。系统开发是在一定的开发环境下完成的，必然要利用一定的软件工具。信息系统项目的开发必须使用正版软件，这当然就要考虑软件成本因素，包括系统软件和应用软件。其中，系统软件相对固定，成本也容易估算；而应用软件的选择相对灵活，既要考虑软件功能和价格，又要考虑自身人员掌握程度。

（4）人力成本因素。人力成本也是信息系统建设项目需要考虑的一个重要因素，人员成本估算要考虑的因素有系统分析员的能力、应用经验，程序员的能力和对开发环境熟悉的程度以及人员培训等。

（5）管理成本因素。管理成本考虑的因素主要包括项目的整体组织、项目进度约束、项目的评估等方面的成本。

（6）其他因素。还有一些因素在成本估算时也必须考虑进去，包括：

① 开发经验。开发不熟悉的信息系统比开发技术已经比较成熟的信息系统需要多付出很多工作量。

② 用户需求。用户需求稳定程度对信息系统开发过程有很大影响，从而也对项目的成本产生影响。

③ 项目文档管理。项目创建过程中要产生许多标准化文档，以指导和辅助整个信息系统建设项目的实施，而对这些文档进行有效管理必然也将产生一定费用。

2．常见的成本估算方法

要进行有效的项目成本管理，首先必须对项目的成本进行准确的估算。在信息系统项目成本估算时一般可以采用以下 3 种估算方法。

（1）自顶向下估算法。该方法的主要思想是从项目的整体出发进行类推。即，估算人员根据以前已完成的类型和规模相近的项目的总成本(或总工作量)来推算将要开发的项目的总成本(或总工作量),然后按比例将它分配到各个开发任务的子单元中去。

自顶向下估算法的优点是估算工作量小、速度快;缺点是对项目中的特殊困难估计不足,估算出来的成本盲目性大,有时会遗漏某些部分的估算。

(2) 自底向上估算法。这是一种常见的估算方法,该方法的主要思想是:把待开发的项目细分,直到每一个子任务的开发工作量都已经明确,然后把它们加起来,得到项目开发的总工作量。

自底向上估算法的优点是估算各个部分的准确率高;缺点是缺少各项子任务之间相互联系、配合所需要的工作量,估算值偏低,必须用其他方法进行验证和校正。

(3) 差别估计法。该方法综合了上述两种方法的优点,其主要思想是:把待开发的项目与过去已完成的项目进行类比,从其开发的各个子任务中区分出类似的部分和不同的部分,类似的部分按实际量进行计算,不同的部分则采用相应的方法进行估算。这种方法的优点是可以提高估算的准确程度,缺点是不容易明确"类似"的界限。

在3.5.3小节中已经介绍了一些简单的成本估计方法,这里就不重复了。如果要比较精确地估计成本,可以使用一些成本估算经验模型,如 IBM 模型、Putnam 模型和 COCOMO 模型等,读者可以查阅相关参考书。

11.1.3 成本预算

项目成本预算就是将项目成本的估算分配给单个的工作单元,这些单个的工作单元是以项目工作分解为基础的。通常将项目工作单元分为6部分:①需求调研,可行性分析;②需求分析,系统设计;③构建环境,代码编写;④单元测试与集成测试;⑤系统安装,试用验收;⑥系统维护。各工作单元不再进行下一级分解了。

11.1.4 成本控制

成本控制是控制项目预算的变化,它的主要过程是修正成本估算、更新预算、纠正行动、完工估算和取得的经验教训总结。进行有效成本控制的关键就是:在项目实施过程中,通过不断进行成本绩效分析,及时发现系统项目实施过程中的成本差异(即系统实施过程中实际成本与成本估算的差异),从而采取相关措施,实现对成本的有效控制。在具体控制时,要对系统实施过程中的累计预算成本、累计实际成本、累计盈余量等进行定期的监控。

成本控制的一般步骤如下:
(1) 分析成本绩效。
(2) 决定可能采取的纠正措施。
(3) 实施纠正措施,修订项目的成本估计。

采取纠正措施时,重点应该放在两类任务上:一类是近期就要进行的任务,另一类是具有较大的估计成本的任务。

11.2 信息系统项目的风险管理

在系统开发领域,风险是不可回避的问题,因为信息系统项目一般投资巨大,实施周期长,难度大,在创建过程中又存在许多不确定性因素,会导致系统建设的失败,所以系统项目实施的风险性非常大。目前,风险管理一直是项目管理中的重点和难点问题,有效地管理和控制风险是信息系统项目实施成功的重要保证之一。

11.2.1 风险分类

从不同的角度可以将风险划分为不同的类型。

1. 从风险产生的后果划分

从风险产生的后果可将信息系统项目风险划分为以下 4 类:

(1)需求风险。用户的需求在项目开发过程中随着时间不断发生变化,致使项目难以正常进行。这可能是因为系统分析不深入、不完整造成的,也可能是用户自身需求不明确造成的。

(2)时间风险。由于各种因素,造成项目不能如期完成。例如最初制定进度计划时,遗漏了一些活动,对各项任务的工期估计不准,对可用资源的估计过于乐观,受领导意志的影响制定了不切实际的计划,等等。

(3)人员风险。软件开发行业的人员流动率高,而软件产品的开发特点又要求人员相对稳定,人员的流动对软件产品的开发进度和开发质量会产生巨大的影响。

(4)其他风险。例如不可预见的突发事件的发生,计划实施不力,开发团队内部矛盾,开发人员与顾客互不信任,相互指责,等等。

2. 从风险产生的本质来源划分

从风险产生的本质来源可将信息系统项目的风险划分为以下 3 类:

(1)项目风险,包括信息系统项目潜在的预算、进度、人员(包括个人和组织)、资源等问题对项目的影响,例如项目复杂性、规模和结构等都可构成风险因素。

(2)技术风险,包括潜在的设计、实现、接口、检验和维护等方面的问题。此外,规格说明的多义性、技术上的不确定性、技术陈旧、新技术的不成熟也是风险因素。技术风险之所以出现,是由于问题的解决比所预想的要复杂。

(3)商业风险,包括以下 4 个方面:
① 建立的系统虽然很优秀,但不符合用户需求。
② 建立的系统不适合整个企业战略需要。
③ 由于人员改变而失去上级管理部门的支持。
④ 项目实施与预算有较大偏差,产生了预算风险。

11.2.2 风险识别

风险识别就是识别项目已知的和可预测的风险，也就是确定哪些风险可能会影响项目的开发。识别风险的方法有检查表法、风险识别问询法（座谈法、专家法）、财务报表法、流程图法、现场观察法等。

检查表法是常用的一种识别风险的方法，具体做法是利用一组问卷来帮助项目计划人员了解在项目和技术方面有哪些风险。Boehm 建议使用风险项目检查表列出所有可能与每一个风险因素有关的提问。例如，管理人员或计划人员可以通过回答下列问题得到对有关人力风险的认识。

(1) 可用人员是最优秀的吗？
(2) 按照技能对人员进行了合理组合吗？
(3) 人力足够吗？
(4) 整个项目开发期间人员如何投入？
(5) 有多少人不是全工时投入本项目的工作？
(6) 人员对于手头上的工作是否有正确的目标？
(7) 项目成员是否接受过必要的培训？
(8) 项目的成员是不是稳定的和连续的？

对于这些提问，通过判定分析或假设分析，给出确定的回答，就可以帮助项目管理人员或项目计划人员估算风险的影响。当然，上面仅仅是针对人力资源风险的有效问题。同样，也可以对其他类型的风险列出必要的问题，利用上述方法，估算不同类别风险的影响。

11.2.3 风险预测与评估

风险预测又称为风险估算，它主要从两个方面去评价每一个风险：其一是风险发生的可能性或概率；其二是风险可能造成的后果。风险预测活动包括：建立一个尺度，以反映风险发生的可能性（尺度可以是布尔值，也可以是定性的或定量的形式）；描述风险的后果；估算风险对项目和产品的影响；标注风险整体预测的精确度，以免产生误解。

1. 建立风险表

建立一个风险表，如表 11-1 所示。将所有可能的风险都在第 1 列中列出；在第 2 列上加以分类；发生概率经评估后取平均值；将估计的影响程度填入第 4 列，取值为 1（表示灾难性的）、2（表示严重的）、3（表示轻微的）、4（表示可以忽略的）。然后根据概率和影响进行排序。高发生概率、高影响程序的风险移向表的前端，低发生概率、低影响程度的风险向后移动，完成第一次风险优先排队。

管理者研究已排序的风险表，定义一条截止线（在表中某一位置的一条横线），这条截止线表明，位于线上面的风险将给予进一步关注，而位于线下面的风险需要再评估，以完成第二次优先排队。

对风险表中所有在截止线以上的风险都应当进行管理。在表 11-1 的最后一列包含一个指针，指向为截止线以上的所有风险制定的风险缓解、监控和管理计划（Risk mitigation Monitoring and Management Plan，RMMMP）。

表 11-1 风险表

风险描述	风险类别	发生概率/%	估计的影响程度	RMMMP
规模估算可能非常低	产品规模风险	60	2	
用户数量大大超过计划	产品规模风险	30	3	
复用程度低于计划	产品规模风险	70	2	
最终用户抵制该系统	商业风险	40	3	
交付期限将被紧缩	商业风险	50	2	
资金将会流失	客户特性风险	40	1	风险缓解、监控、管理计划
用户将改变需求	产品规模风险	80	2	
技术达不到预期的效果	建造技术风险	30	1	
缺少对工具的培训	开发环境风险	80	3	
参与人员缺乏经验	人员规模与经验风险	30	2	
参与人员流动比较频繁	人员规模与经验风险	60	2	
⋮	⋮	⋮	⋮	

2．风险的评价

建立一个三元组进行风险评价：(R_i, L_i, X_i)，其中，R_i 是风险，L_i 是风险发生概率，X_i 是风险估计的影响程度。在进行风险评价时，应当进一步检验在风险预测时得到的估计的准确性（概率及影响程度），试图为已被发现的风险排出优先顺序，并开始考虑如何控制或避免可能发生的风险。

在进行风险评价时，经常采用的一个非常有效的方法就是定义风险参照水准。对于大多数系统项目来说，成本及进度就是典型的风险参照水准。对于成本超支、进度延期或两者的组合都应该定义风险参照水准，若风险超出该值，项目就必须终止。在进行系统风险分析时，可以绘制风险参照水准曲线，其中，一个风险参照水准就对应曲线上的一个点，称为临界点。获得风险评估结果后，应该依据风险参照水准曲线来确定是继续开发还是终止项目。

图 11-2 为风险参照水准曲线。如果风险位于曲线上或者曲线的右侧和上方区域，就说明风险会导致项目成本超支及进度延迟，则项目必须终止。

实际上，参照点在图 11-2 中形成一条平滑的曲线的情况很少。在做风险评价时，按以下步骤执行：

(1) 定义项目的各种风险参照水准。
(2) 找出各 (R_i, L_i, X_i) 和各参照水准之间的关系。

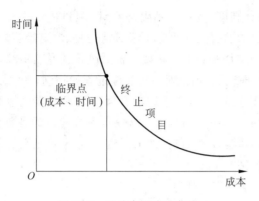

图 11-2　风险参照水准曲线

(3) 预测一组参照点形成一条曲线以定义一个项目终止区域。

(4) 预测各种风险或风险的组合将如何影响参照水准。

11.2.4　风险管理

信息系统项目的风险是由项目的内在性质所决定的,是客观存在的。项目的风险是不可能完全消除的,但可以通过有效的风险管理来降低风险发生的可能性和消除风险产生的影响。具体的风险管理措施如下。

(1) 统一认识,增强全体人员的风险意识。

风险意识薄弱将会人为地导致风险的发生,所以必须增强风险意识。信息系统项目的开发与应用涉及企业管理方法、经营机制、生产组织方式、人员素质、管理基础和国家经济体制等诸多因素,是一项系统工程,不仅需要有一套规范的实施原则和方法来对项目实施过程进行严格的组织和管理,而且涉及企业的每一个部门,这就要求参与项目的各个环节的所有人员对项目风险有清晰的认识,了解自己所完成的工作存在哪些风险,从而防患于未然。

(2) 建立风险管理规划。

信息系统规划工作是信息系统项目实施的重点和关键,它往往决定了系统发展方向。一个好的规划将对信息系统建设起到事半功倍的作用,可以少走弯路。在规划工作中要建立风险管理规划,进行有效的风险识别和评估,对每种风险建立风险管理规划,明确各种风险的管理者,确定风险管理工作的总体布置、责权分配和风险化解措施。

(3) 做好人才组织与培养工作。

信息系统的实施绝不只是软件产品的开发和使用,而是一项管理改造工程,这种管理改造工程是建立在信息基础之上的。所以,企业需要既懂计算机技术也了解企业内部管理的复合型人才。而目前企业这方面的人才极为缺乏,这也是信息系统实施风险高的一个原因。企业必须为实施信息系统做好人才的组织与培养工作。

(4) 建立有效的监督机构。

应该借助专业化的监督机构对信息系统项目进行风险分析和跟踪,并提出防范措施。监督机构可以指派企业内部的一个专业部门,也可以聘请外部的管理咨询公司。在国外,普遍采用项目审计制度,其中包括财务审计、项目进度审计、风险分析审计等。监督机构对信息系统项目的监督工作贯穿于项目从规划、准备、实施到系统运行的全过程。利用监督机构全过程的监督机制可以实现对各项风险的专项跟踪。

(5) 建立有效的管理机制,加强对项目实施过程的控制。

在信息系统项目实施过程中,应采用项目管理技术对实施过程进行控制和管理,以加强对风险的管理。项目实施控制是对参与信息系统建设的各部门的工作进行协调,其关键是建立组织内部的风险反馈通道,即通过建立各部门之间有效的沟通机制,对各种可能的风险信息及时反馈。

(6) 加强系统的安全管理工作。

随着信息技术的发展,企业信息系统经常遭受外界攻击,从而给企业带来巨大损失,使系统面临信息安全风险,所以必须加强系统的安全管理工作。系统安全管理工作包括操作系统授权、网络设备授权、应用系统功能授权、数据访问授权、病毒的预防、非法入侵的监督、数据的安全备份与存档、主机房的安全管理规章、系统管理员的监督等。此外,还要注意意外事故或灾难等的防范工作。

11.3 信息系统项目的时间管理

信息系统开发的普遍问题是不能准时完成开发项目,这对于时间要求严格的项目会产生很大影响,会导致用户不满意,影响整个项目组的声誉,或者丧失市场机会,影响产品的销售,进而影响整个项目组的生存和发展。

项目的时间管理涉及确保项目准时完成的必要过程,其主要任务就是项目进度计划的制定、执行和变更控制。项目的时间管理是整个项目管理的重要组成部分之一,它的作用是保证按时完成项目,合理分配资源,发挥最佳工作效率。下面重点介绍信息系统项目开发的进度管理。

11.3.1 信息系统项目进度的控制

现实中很多信息系统开发项目未能按计划进度完成,由此造成的损失也是很大的,因此信息系统项目开发的进度控制显得尤为重要。进度控制通过计划执行的监督和检查、计划延误的分析和解决等活动实现。

当计划发生延误时,要进行具体原因分析。除了与其他工程项目同样存在的环境变化、资金不到位、人员变动等原因外,还有如下一些特殊的原因:

(1) 各项开发活动的工作量是凭经验估计的,实际工作量与预计工作量存在较大的差别。

(2) 开发过程中产生了不少事先未估计到的活动,使工作量增加。

(3) 由于需求或其他情况发生变化,使已完成的成果要作局部修改,造成返工。

针对不同的原因,可能采取的解决措施如下:

(1) 对于开发中的不确定性问题,可事先在工作计划中留有一定的宽裕度,例如工作步骤的工作量取上限、预设机动时间等。

（2）开发过程中经常与用户交换意见，随时掌握企业的发展动向，及时明确以前各阶段遗留的不确定问题，以减少返工现象。

（3）当关键路线上的活动延误时，要调配现有开发人员，或加班加点，或集中人力予以重点解决。

（4）增加开发人员，充实薄弱环节，但应注意，开发人员的增加对延误问题的解决作用是很有限的。

（5）在上述措施难以有效解决延误问题时，就要对原定计划作调整。

信息系统是一个复杂的人机系统，开发项目工作计划进度的控制也必然是一项难度极大的工作，目前已有的方法也不是很成熟。从根本上说，信息系统开发进度问题的解决还有赖于企业管理模式的规范化、系统开发的标准化等问题的解决。

11.3.2 常用的进度计划方法

信息系统的开发一般需经过需求分析、系统设计、编码实现、软件测试等工作。进度计划应该给出每项工作的预定开始日期、完成日期及所需资源，规定各项工作任务完成的先后顺序以及每项工作完成时的交付成果。常见的项目进度计划方法有里程碑法、甘特图法和PERT网法。

1. 里程碑法

里程碑法是最简单的进度计划方法，记录可交付成果的计划开始和完成时间，它表达的是一个战略计划和项目框架，可以用图和表的形式来表示，如图11-3和表11-2所示。

里程碑事件	1月	2月	3月	4月	5月	6月	7月	8月	9月	10月	11月	12月
需求分析		▲										
系统设计				▲								
编码实现							▲					
软件测试								▲				

图11-3 里程碑图

表11-2 里程碑法表

序号	里程碑事件	交付成果	完成时间
1	需求分析完成	需求分析说明书	2018年2月18日
2	系统设计完成	系统总体设计和详细设计报告	2018年4月22日
3	编码实现完成	系统软件及编码文档	2018年7月28日
4	软件测试完成	测试报告	2018年8月30日

项目经理审核意见：

2. 甘特图法

甘特图法(Gantt chart)又称线条图,是基于二维坐标的项目进度图形表示法。例如,图 11-4 为某项目计划的简略甘特图。纵坐标表示组成项目的具体任务,如任务 A、B、C 等;横坐标表示完成整个项目的估计时间,时间单位可以是天、周或月。图中用长方形的进度条来表示某一个具体任务。

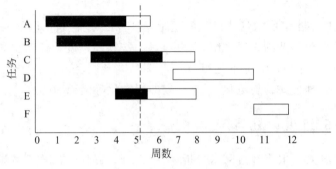

图 11-4 简单的甘特图

从图 11-4 可以清晰地看出每个任务的开始和结束时间以及各任务开始或结束的时间顺序关系。每个进度条的阴影部分表示目前某任务的进度。在重要的时间点上,在图上自顶至底画一条竖线,即可观察该时间点项目的进展情况,并且可以看到并行的任务。例如,在图 11-4 中画虚线的时间点,正在进行的任务有 A、C、E,已经结束的任务是 B,待执行的任务有 D 和 F。甘特图具有简单、直观和便于编制等特点。但是,它也有 3 个主要缺点:

(1) 不能显示各项作业之间的依赖关系。
(2) 进度计划的关键部分不明确,难以判定哪些部分应当是主攻和主控的对象。
(3) 计划中有潜力的部分和潜力的大小不明确,往往造成资源的浪费。

3. PERT 网法

PERT(Project Evaluation and Review Technique,计划评审技术)网是项目任务执行计划的可视化表示形式,从中可以观察到项目包含的相关任务、执行程序、时间周期以及依赖关系。PERT 网的符号说明如图 11-5 所示。

在 PRRT 网中,圆圈代表一个任务的起始节点或终止节点。对于一个 PERT 网,只能有一个起始节点和一个终止节点,最少有一个其他节点起始于起始节点,并且最少有一个其他节点终止于终止节点。每个节点包含 3 个数字信息,其中,左边的数字(即图 11-5 中的 n_1)是节点的标识号,右上方数字(即图 11-5 中的 n_2)是节点的最早完成时间,右下方的数字(即图 11-5 中的 n_3)是节点任务的最晚完成时间。关键路径指从项目的开始节点到项目的结束节点的最长时间路径,即项目的开发周期。细线箭头代表不在网络关键路径上的任务,粗线箭头代表处于网络关键路径上的任务。每个任务箭头上边的字母(即图 11-5 中的字母 A)是任务标识符。每个任务有一个唯一的字母标识符,可以

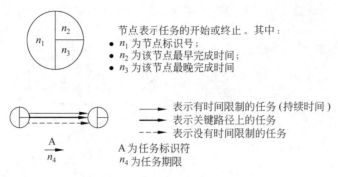

图 11-5 PERT 网的符号说明

使用任务标识符在任务列表中查找实际的任务名。使用任务标识符的目的是为了避免将图与实际的任务名混在一起。每个任务箭头下方的数字(即图 11-5 中的 n_4)是完成这个任务的预计时间段,所有的时间段必须使用相同的单位来表示。

1) 建立 PERT 网的步骤如下:

(1) 建立项目任务的列表。

(2) 对每个任务分配一个项目标识符。

(3) 决定每个任务的大致时间段。

(4) 决定任务之间的相互依赖性,例如 B 和 C 必须在 A 完成后才能开始。

(5) 画出 PERT 网,将每个任务用它的任务标识符标记,按照任务之间的次序关系从头至尾连接每个节点,并将每个任务的预计时间段标在任务箭头的下方。

(6) 确定每个任务的最早开始时间。

任务的最早开始时间是该任务可以发生的最早时间。通常 PERT 网中第一个任务的最早开始时间定义为 0,其他任务的最早开始时间在 PERT 网中从左至右按任务发生顺序计算。计算最早开始时间使用下述 3 条规则:

① 确定进入任务的所有作业。

② 对于每个作业,计算它的持续时间与起始任务的最早开始时间之和。

③ 选取上述和中的最大值作为该任务的最早开始时间。

(7) 确定每个任务节点的最晚开始时间。

任务的最晚开始时间是在不影响工程竣工时间的前提下该任务最晚的开始时间。按惯例,最后一个任务(项目结束)的最晚开始时间就是它的最晚开始时间。其他任务的最晚开始时间在 PERT 网中从右至左按逆作业流的方向计算。计算最晚开始时间使用下述 3 条规则:

① 确定离开该任务的所有作业。

② 计算每个作业的结束时间与该作业的持续时间之差。

③ 选取上述差中的最小值作为该任务的最晚开始时间。

(8) 验证 PERT 网的正确性。

图 11-6 为某项目的 PERT 网。可以看出,该项目的周期为 19 周,项目的关键路径是 A→B→D→G,这 4 个任务的延误和提前将直接影响到项目的周期,所以对整个项目的

周期控制重点在于对这 4 个任务周期的控制。

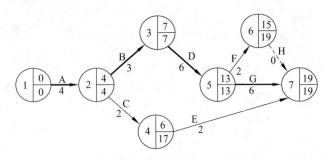

图 11-6　某项目的 PERT 网

2）关键路径和机动时间

图 11-6 中有几个任务的最早开始时间和最晚开始时间是相同的,这些任务定义了关键路径,在图 11-6 中关键路径用粗线箭头表示。关键路径上的任务(关键任务)必须准时发生,组成关键任务的作业(关键作业)的实际持续时间不能超过估计的持续时间,否则项目就不能按时结束。项目的管理人员应该密切注意关键作业的进展情况,如果关键作业的开始时间比预计的时间晚,则会使项目的最终完成时间拖后。如果希望缩短工期,只有向关键作业中增加资源才会有效果。

不在关键路径上的作业有一定的机动时间,它的实际开始时间可以比预计的开始时间晚一些,或者实际持续时间可以比预计的持续时间长一些,而并不影响项目的结束时间。一个作业的机动时间等于它结束的最晚时间减去它开始的最早时间,再减去这个作业的持续时间。

11.4　信息系统项目的质量管理

项目质量管理的作用是保证满足承诺的项目质量要求。IBM 公司对造成信息系统质量问题的各种错误的发生进行了统计,其结果为:编程错误占 25%,系统分析和设计错误占 45%,程序修改错误占 20%,文档错误占 7%,其他错误占 3%。从质量管理的角度来说,错误发现得越早,修改越容易,所花代价越小。曾有人作过研究,在系统分析阶段出现的错误,假若在系统分析阶段修改的费用为 1,拖到系统设计才修改就需 4 倍的费用,而到运行阶段再修改则需 30 倍的费用。可见,项目质量控制从一开始就显得十分重要。

11.4.1　项目质量的定义

信息系统项目的质量是贯穿软件生命周期的一个极为重要的问题。关于项目质量的定义有多种说法,从实际应用来说,项目质量包含如下 3 个一致性:

(1) 与所确定的功能和性能需求的一致性。

(2) 与成文的开发标准的一致性。

(3) 与所有专业开发的系统所期望的隐含特性的一致性。

上述项目质量定义反映了以下 3 方面的问题：

(1) 系统需求是度量项目质量的基础，不符合需求的系统就达不到质量要求。

(2) 专门的标准中定义了一些开发准则，用来指导开发人员用工程化的方法来开发软件。如果不遵守这些开发准则，项目质量就得不到保证。

(3) 往往会有一些隐含的需求没有明确地提出来。例如，系统应具备良好的可维护性。如果系统只满足那些精确定义了的需求，而没有满足这些隐含的需求，项目质量也不能保证。

项目质量是各种特性的复杂组合。它随着应用的不同而不同，随着用户提出的质量要求不同而不同。

11.4.2 项目质量的度量和评价

从管理角度对项目质量进行度量，可以给出一些影响系统项目质量的因素。这些质量因素可以分成 3 组，分别反映用户在使用系统产品时的 3 种不同倾向，具体表现为 3 种产品活动，分别是产品运行、产品修改和产品转移。图 11-7 描绘了项目质量因素和上述 3 种产品活动之间的关系。表 11-3 列出了项目质量因素的简明定义。

图 11-7　项目质量因素与产品活动的关系

表 11-3　项目质量因素的定义

项目质量因素	定　　义
正确性	系统满足规格说明和用户目标的程度，即在预定环境下能正确地完成预期功能的程度
健壮性	在硬件发生故障、输入的数据无效或操作错误等意外环境下，系统能做出适当响应的程度
效率	为了完成预定的功能，系统需要的计算机资源的多少
完整性(安全性)	对未经授权的人使用软件或数据的企图，系统能够控制(禁止)的程度
可用性	系统在完成预定应该完成的功能时令人满意的程度
风险	按预定的成本和进度把系统开发出来，并且使用户满意的概率

续表

项目质量因素	定 义
可理解性	理解和使用该系统的容易程度
可维修性	诊断和改正在运行现场发现的错误所需要的工作量的多少
灵活性(适应性)	修改和改进正在运行的系统需要的工作量的多少
可测试性	软件容易测试的程度
可移植性	把程序从一种配置和环境转移到另一种配置和环境时需要的工作量的多少。一种定量度量的方法是用原来程序设计和调试的成本除以移植时需要的费用
可再用性	在其他应用中该程序可以被再次使用的程度(或范围)
互运行性	把该系统和另一个系统结合起来需要的工作量的多少

11.4.3 项目质量的保证

1. 项目质量保证的含义

项目的质量保证就是向用户及社会提供令其满意的、高质量的产品,确保系统产品从诞生到消亡为止的所有阶段的质量活动,即为确定、达到和维护需要的项目质量而进行的所有有计划的、系统的管理活动。它包括的主要内容如下:质量方针的制定;质量保证方针和质量保证标准的制定;质量保证体系的建立和管理;明确各阶段的质量保证工作;各阶段的质量评审;确保设计质量;重要质量问题的提出与分析;总结实现阶段的质量保证活动;整理面向用户的文档、说明书等;产品质量鉴定、质量保证系统鉴定;质量信息的收集、分析和使用。

2. 质量保证的策略

质量保证策略的发展大致可以分为以下 3 个阶段:

(1) 以检测为重。产品制成后才进行检测,这种检测只能判断产品质量,不能提高产品质量。

(2) 以过程管理为重。把质量保证工作重点放在过程管理上,对制造过程的每一道工序都进行质量控制。

(3) 以新产品开发为重。许多产品的质量问题源于新产品的开发设计阶段,因此在产品开发设计阶段就采取有力措施,以消灭由于设计原因而产生的质量隐患。

由以上可知,项目质量保证应从项目计划和设计开始,直到投入使用和售后服务的系统生命周期的每一阶段中的每一步骤。

3. 质量保证的主要任务

项目质量保证的任务大致可归结为以下几点。

(1) 正确定义用户要求。项目质量保证人员必须正确定义用户所要求的技术,必须十分重视领导全体开发人员收集和积累有关用户业务领域的各种业务资料和技术技能信息。

（2）技术方法的应用。开发新系统一般采用软件工程学的方法，标准化、设计方法论、工具化等都属此列。应当在开发新系统的过程中大力使用和推行软件工程学中所介绍的开发方法和工具。

（3）提高系统开发的工程能力。只有具备高水平的软件工程能力，才能生产出高质量的系统产品。因此要在系统开发环境或系统工具的支持下，运用先进的开发技术、工具和管理方法提高开发系统的能力。

（4）软件的复用。利用已有的软件成果是提高软件质量和软件生产率的重要途径。不要从一开始考虑如何开发新软件，而要首先考虑哪些已有软件可以复用，并在开发过程中随时考虑软件的复用性。

（5）发挥每个开发者的能力。软件生产是人的智能生产活动，它依赖于开发组织团队的能力。开发者必须有学习各专业业务知识、生产技术和管理技术的能动性。管理者或产品服务者要制定技术培训计划、技术水平标准。

（6）组织外部力量协作。一个系统自始至终由一家系统开发公司来开发也许是最理想的，但在现实中难以做到。因此需要加强对外部协作部门的开发管理，必须明确规定进度管理、质量管理、交接检查和维护体制等各方面的要求，建立跟踪检查的机制。

（7）排除无效劳动。最大的无效劳动是因需求说明有误、设计有误而造成的返工。准确记录返工工作量，收集和分析返工劳动成本的数据非常重要。另一种较大的无效劳动是重复劳动，即相似的系统在几个地方同时开发，这多是因项目开发计划不当或者开发信息不流畅造成的。为此，要建立互相交流、信息往来通畅和具有横向交流特征的信息流通渠道。

（8）提高计划和管理质量。对于大型系统项目来说，提高工程项目管理能力是极其重要的。必须重视项目计划评价、计划执行过程评价及计划完成报告的评价，要在工程实施之前就将评审工作列入整个开发项目的计划之中。

4．质量保证措施

信息系统项目的软件质量保证（Software Quality Assurance，SQA）的措施主要有基于非执行的测试（即技术复审）、基于执行的测试（即系统测试）和程序正确性证明。

1）技术复审

技术复审主要用来保证在编码之前各阶段产生的文档的质量。技术复审的显著优点是能够较早发现系统错误，从而可防止错误被传播到系统开发过程的后续阶段。

统计数字表明，在大型系统产品中检测出的错误有60%～70%属于规格说明错误或设计错误，而技术复审在发现规格说明错误和设计错误方面的有效性高达75%。由于能够检测并排除绝大部分这类错误，技术复审可大大降低后续开发和维护阶段的成本。

2）系统测试

系统测试是指用已有的输入在已有的环境中动态地执行系统或每个部件，观察测试结果。如果与预期的结果不一致,则可判定产品中有可能存在错误。

3)程序正确性证明

测试只能证明程序中有错误,并不能证明程序中没有错误。人们自然希望研究出完善的正确性证明技术。一旦研究出实用的正确性证明程序(即能自动证明其他程序的正确性的程序),系统可靠性将更有保证。正确性证明的基本思想是证明程序能完成预定的功能。因此,应该提供对程序功能的严格数学说明,然后根据程序代码证明程序确实能实现它的功能。

参加系统质量保证工作的人员可以分成两类:软件工程师和 SQA 小组。软件工程师通过采用先进的技术方法,进行技术复审以及完成计划周密的系统测试来保证系统质量;SQA 小组的职责是辅助软件工程师获得高质量的系统产品,其从事的系统质量保证活动主要是计划、监督、记录、分析和报告。简而言之,SQA 小组的作用是通过确保系统过程的质量来保证系统产品的质量。

11.5 信息系统项目的人员管理

信息系统建设成功的关键是有高素质的系统开发队伍。信息系统建设是一个复杂的工程,并不是由两三个程序员就能完成的,而是一个团队共同工作的成果。因此,必须把各类系统建设人员有效地组织起来,使他们分工协作,共同完成项目建设工作。项目管理归根到底是人员的管理,项目负责人的素质以及项目组的结构、责任心、能力对项目能否成功有决定性作用。

11.5.1 项目的人员组织方式

为了成功地完成系统开发工作,项目组成员必须以一种有意义且有效的方式彼此交流和通信。经验表明,项目组组织得越好,其生产率越高,而且产品质量也越好。现有的项目组的组织方式很多,通常,组织系统开发人员的方法取决于其承担的项目的特点、以往的组织经验以及管理者的看法和喜好。下面介绍 3 种典型的组织方式。

1. 民主制程序员组

民主制程序员组的重要特点是:小组成员完全平等,享有充分民主,通过协商做出技术决策。小组成员之间的通信是平行的,如果小组内有 n 个成员,则可能的通信信道共有 $n(n-1)/2$ 条,因此,程序设计小组的人数不能太多,否则组员间彼此通信的时间将多于程序设计时间。一般来说,程序设计小组的规模以 2~8 名成员为宜。如果项目规模很大,用一个小组不能在预定时间内完成开发任务,则应该使用多个程序设计小组,每个小组承担工程项目的一部分任务,在一定程度上独立自主地完成各自的任务。

民主制程序员组的主要优点是:组员对发现程序错误持积极的态度,这种态度有助于更快速地发现错误,从而确保产生高质量的代码;组员享有充分民主,小组有高度凝聚力,组内学术气氛浓厚,有利于攻克技术难关。因此,当有难题需要解决时,也就是说,当要开发的软件的技术难度较高时,采用民主制程序员组是适宜的。

2. 主程序员组

典型的主程序员组的组织形式如图11-8所示。它由主程序员、后备程序员、编程秘书以及1~3名程序员组成,在必要的时候,它还要由其他领域的专家协助。

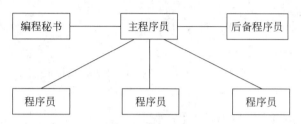

图11-8 主程序员组的结构

虽然主程序员组的组织方式有不少优点,但是,它在许多方面却是不切实际的:首先,在现实社会中严重缺乏兼备高级程序员和优秀管理者这两方面才能的主程序员;其次,后备程序员和编程秘书也非常难找。因此,需要一种更合理、更现实的组织程序员组的方法,这种方法应该能充分结合民主制程序员组和主程序员组的优点,并且能用于实现更大规模的系统产品。现代程序员组就是一种比较好的组织方法。

3. 现代程序员组

现代程序员组的组织形式如图11-9所示。该组选用一名经验丰富、技术好、能力强的信息技术人员担任技术组长,负责技术性决策问题;再选取一名行政组长,负责非技术性管理决策问题。

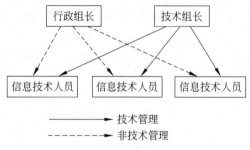

图11-9 现代程序员组的结构

信息系统项目开发一般采用按任务分组的形式来组织,例如,一般设立系统分析组、系统设计组、编程组、系统测试组等。这样,从整体上就形成了如图11-10所示的信息系统项目开发团队结构。在这样的组织方式中,每个小组的负责人由两人担当,各司其职,既有利于管理,又可以提高开发效率;同时,该组织方式有利于形成畅通的通信渠道,以便充分发挥每个程序员的积极性和主动性,集思广益,攻克技术难关。

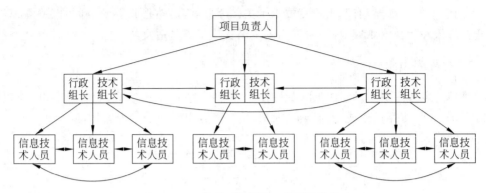

图 11-10　信息系统项目开发团队结构

11.5.2　项目开发中的人力资源分配

信息系统项目的建设时间主要取决于应用软件的开发时间。信息系统项目中表现出了人员与进度的非线性替代关系，即当开发人员以算术级数增长时，人员之间的通信量将以几何级数增长，从而增加了许多工作量。可见，简单增加人员并不一定能加快进度。经验表明，信息系统项目的人力分配呈现出前后用人少、中间用人多的不稳定情况。但是，信息系统开发人员作为特殊技术人员，不是一旦需要马上就能找到的，人力资源计划平衡是制定使人力资源需求波动最小化的进度计划的一种方法，这种方法力求尽可能均衡地利用人力资源并满足项目的进度要求。下面举例说明人力资源计划平衡方法的使用。

图 11-11 为某公司信息系统项目人力资源需求网络图。为了讨论方便，假设参加该项目的所有成员都可以胜任所有工作并相互替代。一般地，人们都希望各项活动能尽可能早开始且早结束。现在假设网络图中每一项活动在其最早时间执行，可以绘制相应的人力资源分配图，如图 11-12 所示。从图 11-12(a)中可以看出，该公司信息系统项目共需 32 周的时间，总工作量为 91 人周，前 3 周需要 5 个开发人员，第 4、5 周需要 4 个开发人员，第 6～20 周只需要 3 个开发人员，第 21～31 周需要 2 个开发人员，第 32 周需要 1 个

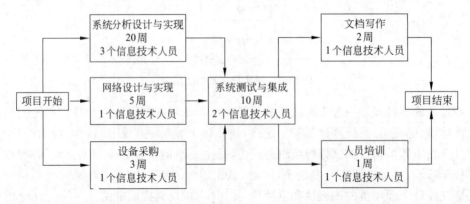

图 11-11　某公司信息系统项目人力资源需求网络图

开发人员。显然,该项目的人力资源需求波动较大,其变化趋势如图11-12(b)所示。为使人力资源尽可能平衡,现考察该项目的网络图。从图11-11中可以看出,该项目的关键路径是系统分析设计与实现、系统测试与集成、文档写作3个活动。而其他3个活动处于非关键路径上,这样就可以把设备采购活动推迟到第6周开始。调整后的人力资源分配图如图11-13所示。

												活动人周
	系统分析设计与实现(3人)											60
	网络设计与实现(1人)											5
	设备采购(1人)											3
							系统测试与集成(2人)					20
									文档写作(1人)			2
									人员培训(1人)			1
第几周	1	2	3	4	5	6	…	20	21	…	30	31	32	总计91人周
每周人数	5	5	5	4	4	3	3	3	2	2	2	2	1	

(a) 人力资源分配

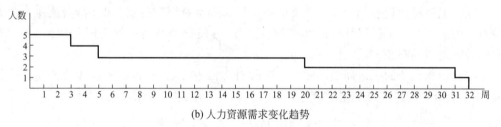

(b) 人力资源需求变化趋势

图 11-12　基于活动最早开始时间的人力资源分配图

												活动人周
	系统分析设计与实现(3人)											60
	网络设计与实现(1人)											5
					设备采购(1人)							3
							系统测试与集成(2人)					20
									文档写作(1人)			2
									人员培训(1人)			1
第几周	1	2	3	4	5	6	…	20	21	…	30	31	32	总计91人周
每周人数	4	4	4	4	4	4	4	3	2	2	2	2	1	

(a) 优化后的人力资源分配

图 11-13　基于人力资源计划平衡的人力资源分配图

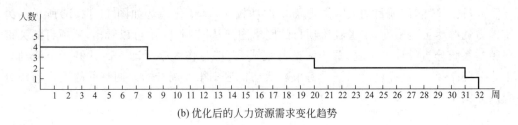

(b) 优化后的人力资源需求变化趋势

图 11-13（续）

11.6 信息系统项目的文档管理

文档是记录信息系统开发思路、过程、方法及运行状态的书面形式的文字资料，是系统维护人员的指南，也是开发人员与用户的交流工具。规范的文档是信息系统质量的有效保障，文档的欠缺、随意和不规范极有可能导致原来的开发人员流动以后系统不可维护和升级，变成一个没有扩展性、没有生命力的系统。

11.6.1 文档的内容与归类

在信息系统建设过程中涉及的文档类资料多而且杂，资料的格式、内容、载体等都有着很大的区别。为了做好系统的文档管理工作，方便归档和将来使用时的检索，必须对它们进行适当的归类。

按照信息系统的生命周期法的 5 个阶段对文档进行划分，各阶段包含的主要文档如表 11-4 所示。这是普遍采用的信息系统文档归类方法，实际应用非常广泛。

表 11-4 信息系统开发各阶段的文档

阶 段	文 档	相 关 内 容
系统规划	可行性研究报告 系统开发计划	• 项目背景； • 系统目标及总体功能需求和关键信息需求； • 系统可行性分析； • 开发进度
系统分析	系统分析报告	• 组织结构及人员配备； • 组织职能划分及同其他部门关系； • 业务及相关数据调查表； • 业务及相关数据原始单据和报表； • 调查记录和整理结果； • 业务流程图； • 数据流程图； • 数据字典； • U/C 矩阵图 • 管理模型及相应的计算关系公式； • 各种图表的辅助文字说明； • 目标系统的逻辑功能结构

续表

阶 段	文 档	相 关 内 容
系统设计	总体设计报告 详细设计报告	• 目标系统的硬件配置方案； • 目标系统的系统软件配置方案； • 目标系统的业务流程描述； • 目标系统的数据类描述； • 目标系统的功能结构； • 数据库文件的设计； • 安全保密机制； • 编码方案； • 功能模块的输入输出设计； • 功能模块的处理流程
系统实施	程序设计说明书 源程序备份文件 系统测试报告 用户使用手册	• 变量说明； • 程序处理流程； • 程序间的调用关系； • 使用的数据库文件； • 公共程序等的特殊功能说明； • 测试环境、数据准备； • 测试时间、人员安排； • 测试结果； • 用户培训计划； • 系统使用说明； • 系统试运行阶段的试运行和修改记录
系统运行与维护	系统运行日志 系统修改与维护报告	• 系统运行阶段的运行记录； • 系统运行阶段的维护和修改记录； • 系统的评价或鉴定结果

除了表 11-4 所示的归类方法，还可以根据格式或载体对系统文档进行划分。按照这种划分方法可以将系统文档分为原始单据或报表、磁盘文件、磁盘文件打印件、大型图表、重要文件原件、光盘存档等几大类。

（1）原始单据或报表。在信息系统的调查分析阶段会获取大量的原始单据和原始报表。这类资料一般都是以纸张为存储介质，大小、格式一般都没有统一的标准，且容易散落、破损及丢失，例如入库单、领料单、过秤单、材料台账、生产日报等。对这类文档资料应编好目录，装订成册。如果需要，可以同时复印并装订一个副本。

（2）磁盘文件。磁盘文件是目前信息系统文档最主要的存储方式。由于计算机办公软件的普遍使用，各类报告或说明书一般都是采用 Word、Excel、PowerPoint 等文字处理、表格处理、幻灯片制作软件工具生成的。可行性研究报告、系统分析说明书、系统设计说明书、程序设计说明书等一般都采用这种方式编写和保存。磁介质的文档资料占用空间小，信息量大，易于保管。但是，如果磁盘发生损坏，会引起数据的彻底丢失，因此需要做好备份工作。

（3）磁盘文件打印件。磁盘文件打印件同磁盘文件是同时存在的，这主要是为了交流和使用上的方便。这些打印的文档应该装订成册，切忌散页存放，以免部分丢失。另外,各种报告和说明书都有反复修改的过程,要注意区分修改前的版本和修改后的版本,避免混淆,带来使用上的不便甚至出现错误。

(4) 大型图表。在信息系统文档中,还可能出现一些大型图表。例如,在大型企业管理信息系统建设过程中用到的 U/C 矩阵图、E-R 图等。有时这类图表的大小可以占一面墙。由于这些图表需要折叠存放,因此在绘制时,一定要选择不易被折断的纸张。在保存时,需要将其放在档案袋或档案盒里,以免磨损。

(5) 重要文件原件。信息系统的文档主要是技术文档,但也有一些涉及权利义务关系的重要文件,如项目合同或协议书、系统验收或评审报告等。

(6) 光盘存档。光盘存档是近几年发展起来的文档保存方式。由于光盘存储量大,体积小,所以光盘存档得到了普遍的欢迎。

11.6.2 文档编制的质量要求

系统文档是信息系统项目实施的桥梁,它有助于系统分析设计人员了解需求规范设计,有助于程序员编制程序,有助于管理人员监督和管理项目的实施,有助于用户了解系统的操作,有助于维护人员进行有效的修改和扩充。文档的编制必须保证一定的质量,系统文档质量太差不仅会给使用者造成许多不便,而且会使管理人员难以确认项目的进展情况,从而无法有效地对系统建设进行控制管理,增加了系统实施的成本,甚至造成更大的危害。

造成系统文档质量不高的原因有:缺乏实践经验,缺乏评价文档质量的标准;不重视文档编写工作,或对文档的编写工作的安排不恰当。

最常见到的情况是在系统开发过程中不能够按进度、分阶段及时完成文档的编制工作,而是在开发工作接近完成时集中人力和时间专门编写文档,这样的做法不可能得到高质量的文档。实际上,要得到真正高质量的文档并不容易,除去应在认识上对文档工作给予足够的重视外,常常需要经过编写初稿,听取意见进行修改,甚至重新改写的过程。高质量文档的要求体现在以下几个方面。

(1) 针对性。在编制文档以前应分清读者对象,根据不同类型、不同层次的读者,决定怎样满足他们的需要。例如,管理文档主要是面向管理人员的,用户文档主要是面向用户的,这两类文档不应该像开发文档(面向系统开发人员)那样过多地使用软件的专业术语。

(2) 精确性。文档的行文应当十分确切,不能出现多义性的描述。同一项目的若干文档内容应该协调一致,不相互矛盾。

(3) 清晰性。任何一个文档都应是完整的、独立的、自成体系的。例如,前言部分应作一般性介绍;正文给出中心内容;必要时还有附录,列出参考资料等。同一项目的几个文档之间可能有些部分相同,重复也是必要的。例如,同一项目的用户手册和操作手册中关于本项目功能、性能、实现环境等方面的描述是没有差别的。特别要避免在文档中出现转引其他文档内容的情况。

(4) 灵活性。对于不同信息系统项目,由于其规模和复杂程度有着许多实际差别,其文档书写要求应灵活掌握,不能一律看待。

(5) 可追溯性。由于各开发阶段编制的文档与各阶段完成的工作有着紧密的关系，前后两个阶段生成的文档具有一定的继承关系。例如，系统开发计划必定在系统分析报告、设计报告、程序实际说明书以至用户使用手册中有所体现，必要时应做到跟踪追溯。

11.6.3 文档的规范化管理

信息系统文档管理尚没有统一的标准，在具体工作中也没有固定的模式。但是，每一个信息系统项目由始至终必须有一个统一的内部文档管理规范，并应该严格执行。信息系统文档的规范化管理主要体现在文档书写规范、图表编号规则、文档目录编写标准、文档管理制度等几个方面。

1. 文档书写规范

信息系统的文档资料涉及文本、图形、表格等多种类型，为了提高文档的可读性、可用性，实现文档书写规范化十分重要。对于各种类型的文档有统一遵循的书写规范，包括符号的使用、图标的含义、程序中注释行的使用，并应注明文档书写人及书写日期。同时，各种文档又有自己特定的内容。下面介绍几种文档的书写内容要求。

1) 可行性研究报告

可行性研究报告是说明信息系统项目的实现在技术上、经济上和社会条件上的可行性，论述为达到开发目的而可能选择的各种方案，说明并论证所选定的方案。其内容如下：

- 引言（编写目的、背景、定义、参考资料等）。
- 可行性研究的前提（要求、目的、条件、假设、限制、进行可行性研究的方法、评价尺度）。
- 对现有系统的分析（数据流程和处理流程、工作负荷、费用开支、人员、设备、局限性）。
- 建议的系统方案（对该系统的说明、数据流程和处理流程、改进之处、局限性、技术条件方面的可行性）。
- 可选择的其他系统方案。
- 投资及收益分析（支出、收益、收益/投资比、投资回收周期、敏感性分析）。
- 社会条件方面的可行性（法律方面的可行性、使用方面的可行性）
- 结论。

2) 系统开发计划

系统开发计划是对开发过程中有关各项工作的负责人员、开发进度、经费预算、软硬件等问题做出的计划安排，以便根据本计划开展和检查本项目的开发工作。其内容如下：

- 引言（编写目的、背景、定义、参考资料）。
- 项目概述（工作内容、主要参加人员、产品及成果、验收标准、完成项目的最迟期限、本计划的审查者与批准者）。
- 实施总计划（工作任务的分解、接口、人员、进度、预算、关键问题）。

- 支持条件(计算机系统支持、用户承担的工作、外单位提供的条件)。
- 专题计划要点。

3) 详细设计报告

详细设计报告是说明一个软件系统各个层次中的每一个模块或子模块的设计考虑的文档。其内容如下:

- 引言(编写的目的、背景、定义、参考资料)。
- 程序系统的组织结构。
- 各模块设计说明。

4) 用户使用手册

用户使用手册是使用非专门术语描述该软件系统所具有的功能和使用方法的文档。它的目的是使用户了解该系统的用途,以便正确操作、使用它。其内容如下:

- 引言(编写目的、背景、定义、参考资料)。
- 用途(功能、性能、安全保密)。
- 运行环境(硬件环境、支撑软件、数据结构)。
- 使用过程(安装与初始化、输入、输出、文卷查询、出错处理与恢复、终端操作)。

2. 图表编号规则

在信息系统的开发过程中会用到很多图表。对这些图表按规则进行编号,可以方便图表的查找。图表的编号一般采用分类结构。根据生命周期法的 5 个阶段,可以给出如图 11-14 所示的分类编号规则。根据该规则,就可以通过图表编号判断出该图表处于系统开发周期的哪一个阶段,属于哪一个文档,在文档中的哪一部分内容以及是第几张图表。

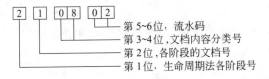

图 11-14 分类编号规则

3. 文档目录编写标准

为了存档及以后查询的方便,应该编写文档目录。信息系统的文档目录中应包含文档编号、文档名称、格式或载体、份数、每份页数或件数、存储地点、存档时间、保管人等。文档编号一般为分类结构,可以采用与图表编号类似的编号规则。文档名称要书写完整、规范。格式或载体指的是原始单据或报表、磁盘文件、磁盘文件打印件、大型图表、重要文件原件、光盘存档等。信息系统文档目录的编写可以采用如表 11-5 所示的形式。

表 11-5 某信息系统文档目录

文档编号	文档名称	格式/载体	份数	页数/件数	存储地点	存档日期	保管人
1-1	可行性研究报告	磁盘	2	1	507 档案柜	2018/2/9	选辉
1-2	系统开发进度	磁盘	2	1	507 档案柜	2018/2/9	选辉
2-1	系统分析说明书	磁盘	2	1	507 档案柜	2018/2/9	胜杰
2-1-04	业务原始单据和报表	原始单据或报表	1	56	507 档案柜	2018/2/9	胜豪
2-1-09	U/C 矩阵图	大型图表	1	1	507 档案柜	2018/2/9	胜杰
⋮	⋮	⋮	⋮	⋮	⋮	⋮	⋮
5-2-03	系统鉴定报告	重要文件原件	1	3	506 档案柜	2018/3/9	胜豪

4. 文档管理制度

为了更好地进行信息系统文档的管理,应该建立相应的文档管理制度。文档的管理制度需根据组织的具体情况而定,主要包括建立文档的相关规范、文档借阅记录的登记制度、文档使用权限控制规则等。建立文档的相关规范是指文档书写规范、图表编号规则和文档目录编写标准等。对文档的借阅应该进行详细的记录,并且需要考虑借阅人是否有使用权限。如果在文档中存在商业机密或技术机密,还应注意保密。

习题 11

1. 名词解释

项目管理、项目质量保证

2. 选择题

(1) 信息系统项目进度的控制可以采用的方法是(　　)。
　　A. 甘特图　　　　B. DFD　　　　C. CASE　　　　D. DD
(2) 以下(　　)是比较好的项目的人员组织方式。
　　A. 民主制程序员组　　　　B. 主程序员组
　　C. 现代程序员组　　　　　D. 分散式程序员组

3. 简答题

(1) 信息系统的成本管理包括哪些内容?
(2) 针对一个信息系统的某一方面设计一个风险项目检查表。
(3) 风险管理的措施有哪些?

(4) 常见的项目进度计划方法有哪些?
(5) 信息系统项目的质量保证措施有哪些?
(6) 项目的人员组织方式有哪些?各有什么优缺点?
(7) 文档的规范化管理包括哪些内容?
(8) 编写用户手册的目的是什么?其主要内容有哪些?

附录 A

课程实验

A.1 实习要求

4人一组，完成系统分析、设计、编码、测试等各阶段的任务，提交系统产品，并编写各阶段的开发文档。

A.2 要求提交的开发文档

每一小组实验结束后必须提交系统产品及下列各文档：
(1) 选题及可行性分析报告。
(2) 结构化的需求分析说明书/面向对象的系统分析报告。
(3) 结构化的系统设计说明书/面向对象的系统设计报告。
(4) 编码与测试报告。
文档参考内容和格式见 A.4 节。
系统开发可以采用结构化系统开发方法或者面向对象的开发方法，在实现部分可以使用原型法开发界面和其中的某个功能。

A.3 参考题目

学生可以自选题目，也可以从以下的 10 个参考题目中选择，其中的用户需求可根据实际情况通过与用户进一步交流获得。下面的每个参考题目给出了一种可能的需求情况，只作为参考。

1) 教学事务管理系统

某学院教务处教学事务现在采用人工管理，效率低，易出错，耗费人力。教务处希望设计一个实用的教学事务管理系统，实现学生的学籍管理、报到注册、课程选择、成绩管理和其他功能。

估计开发该系统需购买硬件、外部设备（高性能计算机 1 台、打印机 1 台），花费 1.2 万元左右；开发工作量约需 3 个人月，每人月工资约为 2000 元；开发完成后的维护费用每年约600元。开发完成后,原有的3名管理人员可以减少为两名,每人月工资是600元。

用户的具体需求主要如下:

(1) 学籍管理。建立学生学籍档案,包括学生的学号、姓名、性别、出生年月、籍贯、政治面貌、家庭住址、入学时间、学院、专业、年级、班级等;对新入学的学生进行登记并将他们的信息记入学籍档案,对毕业、休学、退学的学生进行除名、注销,对调整专业的学生必须做调整记载;对变动情况建立备忘录,对上述情况的变动原因、时间、去向等进行记载。

(2) 报到注册。完成学生新学期的注册、报到登记。

(3) 课程选择。实现学生学期开学的课程选择,对必修课、限选课直接录入,选修课由学生填选课单,将选课单录入,对超过选课人数的课程进行调配。

(4) 成绩管理。录入学生学期末的成绩,计算总成绩、平均成绩,并按班级排出名次;统计各门课程的及格率、优秀率、各分数段的人数。

(5) 其他功能。系统可查询学生的学籍情况和选课、学习情况,打印学籍表、个人成绩报告单、班级名次表、各门课程统计表等表格。

2) 计算机辅助语言教学系统

对于计算机语言(如C语言),初学者会感觉困难。计算机辅助语言教学系统可以形象、生动地进行计算机语言教学,并可在教学完成后进行测试,系统具有灵活的人机界面和交互能力。

估计开发该系统需购买硬件、外部设备(高性能计算机1台、打印机1台),花费1.2万元左右;开发工作量约需3个人月,每人月工资约为2000元;开发完成后的维护费用每年约600元。开发完成后,可以减少教师的部分教学工作量,还可提高学生的学习兴趣。

该系统要实现教学功能,同时能测试学习者掌握知识的情况。教学部分主要完成C语言的有关语句指令的教学,并辅助学习者进行初步程序设计的学习,动态地给出C语言主要语句指令的格式和在程序中的应用范例,然后让学习者完成相应的练习,为学习者指出其中的错误,并给出正确答案。在每单元教学完成后,学习者可以做综合练习和测试,系统为其打分。

3) 毕业论文管理系统

学生的毕业论文目前采用人工管理,当需要查找或参考时很不方便。因此希望设计一个小型的毕业论文管理系统,对学生的毕业论文进行计算机化管理。

估计开发该系统需购买硬件、外部设备(高性能计算机1台,打印机1台),花费1.2万元左右;开发工作量约3个人月,每人月工资约为2000元;开发完成后维护费用每年约600元。开发完成后,原有的两名管理人员可以减少为一名,月工资是600元。

用户的主要需求是:

(1) 在毕业论文开始阶段,对可以带毕业设计的导师进行登记(或对原来的导师进行更新),对导师提出的毕业论文题目和要求进行登记,并对论文题目进行分类;对毕业的学生进行登记,然后按照一些限定条件(如导师所带学生人数的限制),由学生选择导师和论文题目,对发生冲突的情况能进行合理调配。

(2) 当学生选定了题目并完成论文工作后,对论文的主要内容进行登记,由答辩委员会对论文的成绩进行评定并做记录。

(3) 将来可以根据用户的需求对论文进行查询和分类检索,并根据需要打印有关内容。

4) 运动会管理系统

某校每年都要开运动会,由于运动会综合管理采用人工方式,经常发生记录错误的情况。因此希望开发学校运动会管理系统,功能包括报名编号、比赛安排、成绩登录、单项名次公布、团体总分公布等,并可查询和打印比赛成绩。开发完成后,可减少管理人员的数量,提高效率。

用户的具体需求有:

(1) 登录比赛项目,提出报名的限制要求(包括运动员所报项目、班级运动员人数等)。

(2) 各个班级运动员报名后,登录报名情况,检查报名者是否符合要求,为符合要求的运动员自动编号,并为比赛安排裁判员。

(3) 比赛时先进行检录(运动员报到),检查实际参赛者与报名者是否相符,为符合要求的运动员安排比赛。

(4) 比赛后,录入成绩,并计算单项名次,取前若干名,登记并颁发奖品,为班级累计总分。

(5) 全部比赛结束后,公布团体总分,并取前若干名。

(6) 在比赛过程中和比赛结束后,可查询报名和比赛情况,并可打印查询结果。

5) 小型超市销售管理系统

某小型超市的销售目前采用人工管理,效率低,易出错,会计工作量大。因此希望设计一个小型超市销售管理系统,登记每天的收入、支出,统计每月销售情况,按规定格式打印销售报表,允许采用多种方式查询货物库存情况,并按货物销售情况自动发出缺货预警通知等。

估计开发该系统需购买硬件、外部设备(高性能计算机1台、打印机1台),花费1.2万元左右;开发工作量约需3个人月,每人月工资约为2000元;开发完成后维护费用每年约600元。开发成功后,原有的两名管理人员可以减少为一名,月工资是600元。

用户的具体需求是:

(1) 以月为结算单位,当采购新的商品并验收合格时,可以进行入库登记,登记的项目包括编号、货号、品名、规格、计量单位、数量等,并修改库存账,产生当天库存报表。

(2) 当售出商品时,记录获得的销售收入,销售的成本按照该类货物的月进货平均价格计算,并修改现有的库存,对当天的其他支出也要进行记录,根据处理后的信息产生当天的收入、支出情况日报。

(3) 能够根据需要以多种方式进行货物情况查询,并能查询某一货物的储备情况,若低于最低储备量,给出缺货警告,并将结果通过报表形式通知采购人员。

(4) 每天打印收入、支出情况日报以及日库存表,每月底统计该月的销售情况,将按年计算的支出项目分摊入该月,并打印销售报表。

6）图书管理系统

某校图书馆现为人工管理，效率低，易出错，手续烦琐，而且耗费大量的人力。图书馆希望设计一个图书管理系统，管理读者的登记以及图书的购入、借出、归还、注销等。管理人员还可以查阅某位读者、某本图书的借阅情况，对当前借阅情况给出一些统计，给出统计表格，以全面掌握图书的流通情况。

估计开发该系统需购买硬件、外部设备（高性能计算机1台、打印机1台），花费1.2万元左右；开发工作量约需3个人月，每人月工资约为2000元；开发完成后维护费用每年约600元。开发成功后，原有的3名管理人员可以减少为两名，每人月工资是600元。

用户的具体需求是：

（1）读者登记时，要为读者编制读者卡片，包括读者的具体信息（读者编号、姓名、学院、专业、年龄等），写入读者目录文件中。

（2）购入新书时，要为该书编制图书卡片，包括分类目录号、流水号（唯一）、书名、作者、内容摘要、价格和购书日期等信息，写入图书目录文件中。

（3）读者借书时，先检查该读者是否是有效的读者，若无效则拒绝借书；检查该读者所借图书是否超过最大限制数（根据情况自定）以及是否有未归还的过期图书，若有上述情况则拒绝借书；查找该图书是否还有，如果有则可以借出，登记图书分类号、读者号和借阅日期等。

（4）读者还书时，根据流水号从借书文件中读出有关记录，查明应还书日期，如果已过期，则处以罚款，并打印罚款单。

（5）在某些情况下，需要对图书馆的图书进行清理工作，对无价值的和过时的图书要注销。

（6）查询，分为查询某位读者、某种图书和所有图书3种情况。

（7）打印读者和图书情况统计表。

7）人事管理系统

某学校的人事档案采用人工处理，需要的人员多，效率低，易出错。学校希望设计一个人事档案管理系统，以便对学校所有职工的各种信息进行处理，包括统计、查询、修改、根据需要制表等。

估计开发该系统需购买硬件、外部设备（高性能计算机1台、打印机1台），花费1.2万元左右；开发工作量约需5个人月，每人月工资约为2500元；开发完成后维护费用每年约600元。开发完成后，原有的4名管理人员可以减少为两名，每人月工资是600元。

用户的具体需求是：

（1）建立职工人事档案，包括工资号、姓名、性别、出生年月、部门、文化程度、职称、参加工作时间、住址等。

（2）对新来的职工（包括调入、分配、招聘人员）进行登记，将他们的信息记入人事档案；对调出、死亡、开除的职工进行除名、注销；对本校内部调动的职工和离退休人员必须做调整记载，如修改部门名称、任职情况、调职后的新职务等，对人事的变动情况建立备忘录，对上述情况的变动原因、时间、去向等进行记载，可以进行各种查询。

（3）完成各种统计，人事部门必须随时掌握各单位的人员结构，以便对各种人员的配备计划进行调整,包括职称结构、年龄结构、知识结构等,例如职称结构要求列出各部门人员的职称及其人数、百分比等。人员是经常变动的,系统应随时可列出这些信息。

(4) 打印各种表格。除人事档案存档表以外,还需要一些表格,例如:职工花名册,只包括部分信息如工号、姓名、年龄、部门等;职工住址表,只包括职工所在部门和住址;变更备忘录,专供查询历史记录,特别是在主文档中已被清除的信息,在备忘录中留下必要信息以备查询。

系统要求有良好的安全保密性,能只向专门从事此工作的用户授予操作权限。

8) 学校实验设备管理系统

某学校的实验设备目前由人工管理,管理混乱,设备丢失、损耗情况严重。学校希望开发设备管理系统,对实验设备的入库、出库进行管理,并完成查询和打印功能。

估计开发该系统需购买硬件、外部设备(高性能计算机1台、打印机1台),花费1.2万元左右;开发工作量约需4个人月,每人月工资约为2500元;开发完成后维护费用每年约600元。开发完成后,原有的两名管理人员可以减少为一名,月工资是700元。

用户的具体需求是:

(1) 当购买了新的实验设备并验收合格时,可以进行入库登记,登记的项目包括编号、货号、品名、规格、计量单位、数量等,并修改库存账,产生当天日库报表。

(2) 根据领料单发出物资。若价格已调整,按调整的价格出库;若未调整,按照领料单上物资编号中入库批次的相应价格计算。由处理后的信息产生当天的出库日报。

(3) 根据调价通知和储备量的调整通知,修改设备的价格和合理储备量。

(4) 根据需要进行物资情况查询,并能查询某一物资储备情况,若低于最低储备量或高于最高储备量,给出警告,并将结果通过报表通知相关人员。

(5) 打印入库、出库日报。

9) 课程考试辅助系统

当前课程考试存在着考试形式和方法单一、阅卷工作量大、透明度低等问题。因此学校希望开发计算机辅助考试系统,实施标准化考试,同时培养学生使用计算机的能力。

估计开发该系统需购买硬件、外部设备(高性能计算机1台、打印机1台),花费1.2万元左右(考试设备利用原有计算机,不用增添新设备);开发工作量约需5个人月,每人月工资约为2000元;开发完成后维护费用每年约600元。开发完成后,可以减少出题、监考、阅卷等环节的工作量,并提高考试透明度和组卷灵活性。

用户的具体要求是:

(1) 建立一个可增、删、改的试题库,各题目有参考答案和评分标准,可以根据用户需求生成试卷。

(2) 考生可以在计算机上进行考试。首先输入自己的基本情况,系统进行记录。

(3) 在考试过程中,系统可接收考试答案并控制考试时间。

(4) 系统可进行评卷和打分,并可汇总全体考生的成绩。

(5) 打印生成的试卷和学生成绩报告单。

(6) 考生可查询自己的成绩。

10）仓库管理信息系统

仓库管理信息系统是购物中心整个计算机网络与管理信息系统中的重要组成部分，在企业规范管理、减少部门库存、加快物流周转、降低人力成本等方面成效显著。为减少员工重复性动作和帮助管理人员规范化管理，某企业希望开发仓库管理信息系统。

估计开发该系统需购买硬件、外部设备（高性能计算机 1 台、打印机 1 台），花费 1.2 万元左右；开发工作量约需 5 个人月，每人月工资约为 2500 元；开发完成后维护费用每年约 600 元。开发完成后，原有的 4 名管理人员可以减少为两名，每人月工资是 700 元。

用户的具体需求是：

（1）用户登录以及权限设置，可增加或删除系统的操作人员，并且设定操作人员的权限。

（2）仓库信息管理，对仓库信息进行管理，包括仓库信息的建立、编辑和删除工作。

（3）材料编号管理，使用材料编号的方式进行材料管理，方便掌握材料的种类、数量。

（4）材料出入库管理，根据材料的编号或名称进行出入库管理。

（5）库存盘点，可以掌握实时库存，方便进货，减少库存堆积。

（6）打印各种报表清单。

A.4 要求提交的开发文档的参考格式和内容

下面列出了课程实验要求提交的开发文档的参考内容及简要说明，可以根据实际情况进行调整修改。这些文档包括选题及可行性分析报告、结构化的需求分析说明书/面向对象的系统分析报告、结构化的系统设计说明书/面向对象的系统设计报告、编码与测试报告等。当然，开发文档还有很多种类，也可以根据实验情况增删。

信息系统分析与设计课程实验提交报告一
选题及可行性分析

1. 项目背景
   1.1 本开发项目的名称
   1.2 选题的依据
   1.3 选题的意义
2. 国内外该选题的研究现状及发展趋势
   2.1 国外研究现状
   2.2 国内研究现状
   2.3 发展趋势
3. 对现有系统的分析
4. 拟开发系统的要求和目标
   4.1 与现有系统比较的优越性

  4.2 对拟开发系统的基本要求
  4.3 主要开发目标
5. 可行性研究

从技术可行性、经济可行性、社会可行性3个方面进行分析。

信息系统分析与设计课程实验提交报告二
结构化的需求分析说明书

1. 确定对系统的综合要求
  1.1 功能要求
  1.2 性能要求
  1.3 运行要求
  1.4 其他要求
2. 系统的数据流图

逐层画出系统的数据流图。

3. 数据字典

分4类写出数据字典(每类选择写一个即可)。

信息系统分析与设计课程实验提交报告三
结构化的系统设计说明书

1. 总体设计要求
  1.1 系统结构图
    导出软件系统结构图并优化。
  1.2 数据库结构
    构造相关的数据库结构。
2. 详细设计要求
  2.1 某模块的流程图描述
    用程序流程图描述系统中的某个模块。
  2.2 某模块的N-S图描述
    用N-S图描述系统中的某个模块。
  2.3 某模块的PAD描述
    用PAD描述系统中的某个模块。
  2.4 某模块的PDL描述
    用PDL描述系统中的某个模块。

信息系统分析与设计课程实验提交报告四
编码与测试报告

1. 编码
   1.1 系统主界面截图
   1.2 系统部分功能界面截图
2. 测试
   2.1 某模块白盒测试用例
      针对系统中某个模块使用白盒测试的逻辑覆盖技术进行测试用例的设计,达到条件组合覆盖和路径覆盖标准。
   2.2 某模块黑盒测试用例
      针对系统中某个功能使用黑盒测试的等价类划分测试技术进行测试用例的设计。

如果使用面向对象的开发方法,分析与设计报告可参考以下内容。

信息系统分析与设计课程实验提交报告五
面向对象的系统分析报告

系统分析报告是系统分析阶段形成的主要文档,它能够准确地描述出最终用户的需求。

系统分析报告主要包括以下内容。
1. 引言
   1.1 编写目的
   1.2 背景
   1.3 参考资料
2. 系统的业务功能需求分析
3. 建立需求模型
   3.1 系统参与者和系统用例列表
   3.2 系统用例建模
4. 建立分析模型
   4.1 静态分析和分析类图
   4.2 动态分析和交互图

信息系统分析与设计课程实验提交报告六 面向对象的系统设计报告

系统设计报告是在系统分析报告的基础上，经过总体设计和各种详细设计后形成的所有设计成果的体现和最终描述，也是后期程序设计以及系统开发完成后运行和维护的重要依据。

系统设计报告主要包括以下内容。

1. 引言
    1.1 编写目的
    1.2 背景
    1.3 参考资料
2. 系统架构设计
    2.1 系统体系设计
    2.2 子系统结构设计
3. 建立设计类
    3.1 设计类图的构建
    3.2 交互图的设计
4. 数据库的设计
5. 界面设计

参 考 文 献

[1] 杨选辉.信息系统分析与设计[M].北京：清华大学出版社,2007.
[2] 麻志毅.面向对象分析与设计[M].2版.北京：机械工业出版社,2013.
[3] 李洪波,邹海林.企业级典型 Web 信息系统项目实践[M].北京：清华大学出版社,2015.
[4] 薛均晓,李占波.UML 系统分析与设计[M].北京：机械工业出版社,2016.
[5] 胡智喜,唐学忠,殷凯.UML 面向对象系统分析与设计教程[M].北京：电子工业出版社,2014.
[6] 杨律青.软件项目管理[M].北京：电子工业出版社,2012.
[7] 邵维忠,杨芙清.面向对象的系统分析[M].北京：清华大学出版社,2006.
[8] 邵维忠,杨芙清.面向对象的系统设计[M].北京：清华大学出版社,2006.

图 书 资 源 支 持

感谢您一直以来对清华版图书的支持和爱护。为了配合本书的使用,本书提供配套的资源,有需求的读者请扫描下方的"书圈"微信公众号二维码,在图书专区下载,也可以拨打电话或发送电子邮件咨询。

如果您在使用本书的过程中遇到了什么问题,或者有相关图书出版计划,也请您发邮件告诉我们,以便我们更好地为您服务。

我们的联系方式:

地　　址:北京市海淀区双清路学研大厦 A 座 701

邮　　编:100084

电　　话:010-62770175-4608

资源下载:http://www.tup.com.cn

客服邮箱:tupjsj@vip.163.com

QQ:2301891038(请写明您的单位和姓名)

用微信扫一扫右边的二维码,即可关注清华大学出版社公众号"书圈"。

书圈

扫一扫,获取最新目录